Study on the Relationship between Global Energy Consumption and Earth Surafce Layer Ecological Heat Capacity

全球能量消费与地球表层生态热容量关系研究

Shichang Wang

王世昌　著

中国海洋大学出版社

·青岛·

图书在版编目(CIP)数据

全球能量消费与地球表层生态热容量关系研究 / 王
世昌著. --青岛:中国海洋大学出版社,2024.8.
ISBN 978-7-5670-3965-0

Ⅰ.TK01

中国国家版本馆 CIP 数据核字 2024NZ8326 号

出版发行	中国海洋大学出版社		
社　　址	青岛市香港东路 23 号	邮政编码	266071
出 版 人	刘文菁		
网　　址	http://pub.ouc.edu.cn		
电子信箱	1774782741@qq.com		
订购电话	0532-82032573(传真)		
责任编辑	邹伟真　刘　琳	电　话	0532-85902533
印　　制	青岛国彩印刷股份有限公司		
版　　次	2024 年 8 月第 1 版		
印　　次	2024 年 8 月第 1 次印刷		
成品尺寸	185 mm×260 mm		
印　　张	15.75		
字　　数	317 千		
印　　数	1~1000		
定　　价	99.00 元		

发现印装质量问题,请致电 0532-58700166,由印刷厂负责调换。

内容提要

A study was conducted on the global consumption of non renewable energy sources such as oil, natural gas, coal, and nuclear power, focusing on the rise in atmospheric temperature and CO_2 concentration caused by global energy consumption. The research results indicate that: (1) The extension of the Lunar revolution period is approximately linearly positively correlated with the increase in CO_2 concentration in the Earth's atmosphere. (2) The ratio of the Earth's circular energy to global non renewable energy consumption, k_1, such as agriculture, forestry, animal husbandry, and fishing, has been decreasing year by year, indicating that the Earth's circular energy's ability to homogenize global atmospheric temperature has been decreasing year by year. (3) The ratio of the heat capacity of the Earth's surface rising by 1.0 ℃ to the global non renewable energy consumption has been decreasing year by year, k_2, indicating that the disturbance ability of global energy consumption on the Earth's surface heat capacity has been increasing year by year. (4) The decrease in global forest area, increase in food production, fishing of marine fish, mining, glacier melting, and other factors have led to an increase in the bare land area of the Earth, as well as an increase in the absorption rate of Solar energy on the Earth's surface, thereby increasing the emission of low-temperature waste heat on the basis of global energy consumption. (5) To restore the ability of the Earth's surface ecosystem to absorb CO_2 and excess low-temperature waste heat from the atmosphere, it is necessary to significantly reduce the global population and increase the area of artificial forests worldwide.

以全球石油、天然气、煤炭、核电等非可再生能源消费为主线,对全球能量消费引起的大气温度升高和CO_2浓度升高进行了研究。结果表明:(1)月球公转周期的延长量与地球大气CO_2浓度的增加量近似呈线性正相关关系;(2)农林牧渔等地球循环能量与全球非可再生能源消费量的比值k_1总体上逐年降低,说明地球循环能量对全球大气温度的均匀化能力总体上逐年减弱;(3)地球表层升高1.0 ℃的热容量与全球非可再生能源消费量的比值k_2总体上逐年降低,说明全球能量消费对地球表层热容量的扰动能力总体上逐年提高;(4)全球林地面积减少、食品产量增加、海洋鱼类捕捞、矿山开采、冰川融化等引起地球裸地面积增加,地球表面对太阳能吸收率增加,从而在全球能源消费基础上增加了低温废热的排放量;(5)要恢复地球表层生态圈吸收大气中的CO_2和多余的低温废热的能力,需要大幅度减少全球人口数量、大幅度提高全球人造林地面积。

This monograph can serve as a professional reference book for researchers in energy and power engineering, ecology, demography, forestry, agriculture, meteorology, oceanography, and doctoral, master's, and undergraduate students.

本书可作为能源动力工程、生态学、人口学、林学、农学、气象学、海洋学相关专业研究人员和在校博士、硕士、本科学生的专业参考书。

About Author
作者简介

Shichang Wang，male，Han ethnicity.

王世昌，男，汉族。

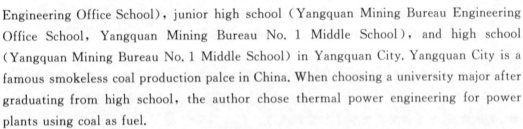

Born on April 1，1966 in the Fourth Mine of Yangquan City，Shanxi Province，China.

1966 年 4 月 1 日出生于山西省阳泉市矿区四矿。

The author completed primary school（Yangquan Mining Bureau Engineering Office School），junior high school（Yangquan Mining Bureau Engineering Office School，Yangquan Mining Bureau No. 1 Middle School），and high school（Yangquan Mining Bureau No. 1 Middle School）in Yangquan City. Yangquan City is a famous smokeless coal production palce in China. When choosing a university major after graduating from high school，the author chose thermal power engineering for power plants using coal as fuel.

作者在阳泉市完成了小学(阳泉市矿务局工程处学校)、初中(阳泉市矿务局工程处学校,阳泉市矿务局第一中学)、高中(阳泉市矿务局第一中学)的学习。阳泉市是中国著名的无烟煤生产基地,作者高中毕业后选择大学专业时,就选择了以煤炭作为燃料的电厂热能动力工程。

From September 1985 to July 1989，the author completed university studies in the Department of Thermal Energy Engineering at Taiyuan University of Technology and obtained a Bachelor's degree in Engineering.

1985 年 9 月—1989 年 7 月,作者在山西省太原工业大学热能工程系上学,获得工学学士学位。

From August 1989 to August 1991，the author worked as a technician in the power workshop of Taiyuan Cigarette Factory.

1989 年 8 月—1991 年 8 月,作者在太原卷烟厂动力车间任技术员。

The power workshop of Taiyuan Cigarette Factory has industrial boilerscapacities of 4.5 t/h to 6.5 t/h. The work experience has given the author a clear understanding of the carbon content in industrial boiler ash. At the same time，author have gained an intuitive understanding of the characteristics of the furnace side structure and national policy of industrial boilers，as well as the relatively low combustion efficiency of industrial boilers.

太原卷烟厂动力车间有 4.5～6.5 t/h 工业锅炉。这段工作经历使得作者对工业锅炉灰渣中的含碳量有了直观的认识。同时对于工业锅炉的炉侧结构特点、国家政策以及工业锅炉燃烧效率比较低的现状有了直观的认识。

From September 1991 to July 1994, the author pursued a master's degree in thermal engineering at Tsinghua University and obtained a master's degree in engineering.

1991 年 9 月—1994 年 7 月,作者在清华大学热能工程系攻读硕士研究生,获得工学硕士学位。

From August 1994 to February 2000, the author worked as a designer, assistant engineer, and engineer in the combustion group of the design department of Shanghai Boiler Factory Co., Ltd.

1994 年 8 月—2000 年 2 月,作者在上海锅炉厂有限公司设计处燃烧组任设计员、助理工程师、工程师。

During work, the autohr gained a clear engineering understanding of the furnace side component structure, boiler side component structure, and auxiliary equipment of power plant boilers. The autohr have had preliminary thoughts on the working characteristics of boiler units and their relationship with coal quality parameters, economic level of the power plant location, electricity consumption, heating capacity, and meteorological conditions.

工作期间,作者对电站锅炉的炉侧部件结构、锅侧部件结构以及电站锅炉的辅机有了直观的认识。对于锅炉机组的工作特点以及与煤质参数、电厂所在地的经济水平、用电量、供热量、气象条件的关系有了初步的思考。

From March 2000 to February 2005, the autohr pursued a doctoral degree in Thermal Engineering at Tsinghua University and obtained a Ph. D. Degree in Engineering.

2000 年 3 月—2005 年 2 月,作者在清华大学热能工程系攻读博士研究生,获得工学博士学位。

Since March 2005 until now, the author have been a lecturer at the School of Energy, Power and Mechanical Engineering, North China Electric Power University, Beijing.

2005 年 3 月至今,作者在北京市华北电力大学能源动力与机械工程学院任讲师。

During the work period, the author conducted the following research work: (1) Combustion technology of Chinese power plant boilers; (2) The relationship between various losses of power plant boilers and coal consumption for power supply; (3) CO_2 emissions and reductions in China's power industry from 1949 to 2015; (4) The adiabatic combustion temperature variation law of world thermal coal; (5) The author have conducted a gradually refined professional research on the relationship between the world's energy consumption structure and development trends, environmental pollution, population, and urbanization rate.

工作期间,作者进行了以下研究工作。(1)中国电站锅炉的燃烧技术;(2)电站锅炉的各项损失与供电煤耗的关系;(3)中国 1949—2015 年电力工业的 CO_2 排放量与减排量；(4) 世界动力煤的绝热燃烧温度变化规律；(5) 世界的能源消费结构和发展趋势与环境污染、人口、城市化率的关系方面的研究。

The authur's academy results：3 monographs，5 textbook and 32 papers have been pubnlished.

作者主要学术成果：出版专著 3 本，出版教材 5 本，发表论文 32 篇。

Authur's E-mail Address：wangsc@ncepu. edu. cn

作者电子邮箱：wangsc@ncepu. edu. cn

In February 2005, the author obtained a doctoral degree in Power Engineering and Engineering Thermophysics from Tsinghua University. Afterwards, the author mainly taught undergraduate courses such as "Boiler Principles" and "Circulating Fluidized Bed Boiler Equipment and Operation" at the School of Energy, Power and Mechanical Engineering, North China Electric Power University.

2005 年 2 月,作者获得清华大学的动力工程及工程热物理专业博士学位。之后,作者在华北电力大学能源动力与机械工程学院主要讲授《锅炉原理》《循环流化床锅炉设备与运行》等本科生课程。

China's primary energy source israw coal, and the main fuel for power plant boilers and industrial boilers is coal. Burning coal will emit greenhouse gases such as carbon dioxide into the atmosphere. The renewable energy fuels for boilers include: (1) crop straw; (2) Forest litter; (3) Urban garbage, etc.

中国的一次能源以煤炭为主,电站锅炉和工业锅炉的主要燃料是煤炭。燃烧煤炭会向大气排放二氧化碳等温室气体。锅炉的可再生能源燃料包括农作物秸秆、森林凋落物、城市垃圾等。

In recent years, there have been numerous literature reports both domestically and internationally on the inevitable relationship between greenhouse gas emissions such as CO_2 and rising atmospheric temperature. There is a viewpoint that the main reason for the increase in atmospheric temperature is the large consumption of fossil fuels, the emission of waste heat, and the greenhouse effect of CO_2 gas.

近年来,国内外有大量文献报道了 CO_2 等温室气体排放与大气温度升高之间存在必然联系的研究成果。有一种观点认为:大气温度升高的主要原因是化石燃料的大量消耗排放的废热以及 CO_2 气体导致的温室效应。

This led the author to come up with an idea: if we consider the Earth as a whole, to what extent will the increase in surface temperature continue? (1) The continuous increase in CO_2 concentration in the atmosphere will lead to discomfort in the human body，which in turn will ultimately lead to a comprehensive deterioration of the human living environment. (2) The primary energy sources worldwide are mainly oil，natural gas，coal，and nuclear energy. The extensive consumption of these fuels generates a large amount of low-temperature waste heat，which accumulates in the Earth's surface (collectively known as the atmosphere，land surface，and ocean surface)，leading to a sustained increase in atmospheric temperature. If the atmospheric temperature continues to rise，it will also lead to a comprehensive deterioration of the human living environment. (3) To what extent can the trend of environmental degradation be terminated? The trend of environmental degradation will only come to an end when the total amount of energy，minerals，food，cotton and other resources that humans need reaches a balance with the total amount of resources that the Earth can provide.

这就使作者产生了一个构想：如果把地球作为总体对象考虑，那么地球表层温度的升高会持续到怎样的程度？(1) 大气中的 CO_2 浓度持续升高会导致人体不适，进而最终导致人类的居住环境全面恶化。(2) 世界范围内的一次能源主要是石油、天然气、煤炭、核能，这些燃料的大量消耗会产生大量低温废热。这些低温废热会在地球表层(大气、陆地表层、海洋表层的统称)中积累，导致大气温度持续升高。如果大气温度持续升高，也会导致人类的居住环境全面恶化。(3) 环境恶化的趋势要到怎样的程度才能终止？当人类需求的能源、矿产、食品、棉花等资源总量与地球能提供的资源总量达到平衡时，环境恶化的趋势才会终止。

The continuous deterioration of the ecological environment will inevitably lead to ecological disasters (such as extremehot wether，extreme cold wether，desertification，reduced food production，high CO_2 concentration causing human poisoning，etc.)，resulting in a large number of deaths among the global population. In order to avoid ecological disasters，it is necessary for each government and international organizations to work together and take legal measures.

生态环境的持续恶化一定会导致生态灾难(如酷暑、严寒、荒漠化、粮食减产、CO_2 浓度太高引起人体中毒)，从而导致全球人口的大量死亡。为了避免生态灾难，需要各国政府和国际组织共同努力，采取法律措施。

Simultaneously quantitatively studying the ecologicalheat capacity of the Earth's surface ecosystem provides necessary basis for global economic and cultural development. This professional work has important engineering guidance significance.

同时定量研究地球表层的生态圈的生态容量，为全球经济和文化发展提供必要的依据。这项专业工作具有重要的工程指导意义。

The energy balance relationship on the Earth's surface is as follows.

地球表层的能量平衡关系如下。

Input energy：(1) Receive the Solar radiation energy；(2) Receive heat from the mantle below the surface；(3) The consumption of non renewable energy sources such as oil, coal, natural gas, and nuclear energy generates a large amount of low-temperature waste heat; (4) The heat emitted by volcanic eruptions. This part of the heat has irregular data every year, which has a certain degree of uncertainty.

输入能量包括:(1) 接收太阳的辐射能;(2) 接收地表以下的地幔热量;(3) 石油、煤炭、天然气、核能等非可再生能源的消耗产生大量低温废热;(4) 火山喷发排放的热量。这部分热量每年多有不规则数据,具有一定程度的不确定性。

Output energy: (1) The radiation energy of the Earth towards the universe; (2) The heat energy absorbed by forest; (3) The heat absorbed by the growth of wild plants and animals outside the forest; (4) The heat energy absorbed by the growth of marine plants and animals; (5) Glacier melting absorb the low-temperature waste heat.

输出能量包括:(1) 地球对宇宙的辐射能;(2) 森林吸收的热能;(3) 森林以外的野生植物和野生动物的生长吸收的热能;(4) 海洋植物和海洋动物的生长吸收的热能;(5) 冰川融化吸收的热量。

The input energy is greater than the output energy, so the temperature of the Earth's atmosphere continues to rise year by year generally.

输入能量大于输出能量,因此地球大气的温度持续升高。

Circulating energy: (1) The energy of grains and straw; (2) The energy of vegetables, fruits, and their waste; (3) The energy of meat, eggs, and milk; (4) The energy obtained from ocean fishing includes kelp, seaweed, and fish; (5) Forest litter.

循环能量包括:(1) 粮食与秸秆的能量;(2) 蔬菜、水果及其废弃物的能量;(3) 肉、蛋、奶的能量;(4) 海洋捕捞获得的海带、紫菜、鱼的能量;(5) 森林凋落物。

The heat capacity of the Earth's surface: the energy required for the atmosphere, ocean surface, and land surface to rise by 1.0 ℃.

地球表层的热容量:大气、海洋表面、陆地表面升高 1.0 ℃需要的能量。

There are two factors that have not been fully considered regarding forests and oceans.

关于森林和海洋,有两种因素考虑不足。

The continuous decrease in forest area has expanded the cultivated land area. The reduction of forest area ultimately converts the original wood into low-temperature thermal energy in the atmosphere. The reduction of forest area has reduced the ability of forests to absorb carbon from the atmosphere and low-temperature waste heat. After the forest area is converted into farmland, although the chemical energy of agricultural products is recycled every year, in fact, the Solar energy received by farmland is also converted into low-temperature waste heat discharged into the atmosphere. Therefore, the area of forest land converted into arable land is actually potential bare land, known as the first invisible bare land.

森林面积的持续降低扩大了耕地面积。森林面积缩小,原来的木材最终转化为大气中的低温热能。森林面积缩小,降低了森林吸收大气中碳的能力和吸收低温废热的能力。

森林面积转化为耕地以后，虽然农产品的化学能是每年循环使用的，实际上，耕地接受的太阳能也转化为排向大气的低温废热。因此，转化为耕地的森林面积实际上就是潜在的裸地，称为第一隐形裸地。

The fishing volume of fish in the ocean has been increasing year by year, but the fishing volume in the ocean is now stable at around 90 Mt/a. This indicates that there is an upper limit to the fishing resources in the ocean. At the same time, the chemical energy stored in 90 Mt/a of marine caught fish is ultimately converted into low-temperature thermal energy discharged into the atmosphere. Fishing for fish in the ocean is equivalent to cutting down "marine forests". The fish caught in the ocean are converted from carbon sinks and heat sinks into carbon source and heat source. Therefore, the marine fishing industry can be referred to as the second invisible bare land.

海洋的鱼类捕捞量逐年上升，但是海洋的捕捞量现在稳定在 90 Mt/a 左右。这说明海洋的渔业资源存在上限。同时，90 Mt/a 海洋捕捞鱼类蕴藏的化学能最终转化为排向大气的低温热能。海洋捕捞鱼类相当于砍伐"海洋森林"。海洋捕捞的鱼类由碳汇、热汇转化为碳源、热源。因此，海洋捕捞业可以称为第二隐形裸地。

Regarding the energy balance on the Earth's surface layer, the author once believed that the consumption of fossil fuels was the dominant factor causing an increase in atmospheric temperature. In fact, a large amount of waste heat emissions, deforestation, and fishing for marine fish will form new heat sources on the Earth's surface. These heat sources melt the ice sheet and glaciers on the Earth's surface through the increase in atmospheric temperature, forming new bare land, wetlands, shrubs, and sea surfaces. The albedo of these bare land, wetlands, shrubs, and sea surfaces to Solar energy is much lower than that of glaciers and ice sheets to Solar energy. Therefore, the Earth's surface layer has absorbed a large amount of the Solar energy, and the magnitude of the Solar energy exceeds the low-temperature thermal energy generated by fossil fuel consumption. Due to the continuous generation of the Solar energy absorbed by the Earth every year, the global atmospheric temperature continues to rise.

关于地球表层的能量平衡，作者曾经认为化石燃料的消耗是造成大气温度上升的主导因素。实际上，大量的废热排放、砍伐森林、捕捞海洋鱼类会在地球表面形成新的热源。这些热源通过大气温度升高，融化了地球表面的冰盖、冰川，形成新的裸地、湿地、灌丛、海面。这些裸地、湿地、灌丛、海面对太阳能的反照率比冰川、冰盖对太阳能的反照率低得多。因此，地球表面额外吸收了大量的太阳能，而太阳能的量级超过化石燃料消费产生的低温热能。由于地球每年吸收的太阳能不断产生，全球大气温度才持续上升。

The research in this book has found some relevant data through literature review, conducted quantitative calculations and analysis, and revealed the proportion of different energy sources in the energy balance of the Earth's surface, thereby explaining the reason for the continuous increase in Earth's atmospheric temperature.

本书的研究通过查阅文献资料，找到了一部分相关数据，进行定量计算和分析，揭示了地球表面能量平衡的不同能源的比例,从而解释了地球大气温度持续升高的原因。

The annual circulation of heat on the Earth's surface acts as an energy stirrer. The ratio of the annual circulating heat on the Earth's surface layer to the heat emitted by humans avtivity to the Earth's surface is called the cycle rate k_1. The smaller the value of k_1, the higher the degree of temperature uniformity in the atmosphere, ocean surface, and land surface.

地球表层每年的循环热量作用是能量搅拌器。地球表层每年的循环热量与人类活动每年向地球表层排放的热量之比,称为循环倍率 k_1。k_1 值越小,表示大气、海洋表层、陆地表层的温度均匀化程度越高。

The energy required to raise the Earth's surfacelayer by $1.0 ℃$ is defined as the heat capacity of the Earth's surface layer, or ecosystem heat capacity. The ratio of the heat capacity of the Earth's surface to the annual consumption of non renewable energy sources (oil, natural gas, coal, nuclear power) is called the cycle rate k_2. The smaller the k_2 value, the greater the disturbance ability of human activities on the ecological environment.

地球表层升高 $1.0 ℃$ 需要的能量定义为地球表层的热容量,或者生态热容量。地球表层的热容量与地球每年消费的非可再生能源(石油、天然气、煤炭、核电)能量的比值称为循环倍率 k_2。k_2 值越小,表示人类活动对生态环境的扰动能力越大。

The attraction of the Earth to the atmosphere is constant. The CO_2 and other gases emitted by human activities into the atmosphere every year repel a portion of dry air, causing dry air molecules to detach from the Earth's gravitational field and enter space. This causes the total mass of the Earth and atmosphere to decrease every year, leading to an extension of the Moon's orbital period. The increase in CO_2 concentration in the atmosphere is almost linearly positively correlated with the extension of the Lunar revolution period.

地球对于大气的吸引力是常数,人类活动每年向大气排放的 CO_2 等气体会排斥一部分干空气,使得干空气分子脱离地球的引力场进入太空。这使得地球和大气的总质量每年都在下降,从而导致了月球公转周期的延长。大气中 CO_2 浓度的增量和月球公转周期的延长量几乎是线性正相关关系。

The global population has exceeded 8 billion in 2023. The continuous increase in global population and urbanization rate has led to a continuous increase in global energy demand, resulting in a continuous increase in low-temperature waste heat and CO_2 emissions. At the same time, the continuous decrease in forest area and saturation of ocean fishing have reduced the Solar albedo on the Earth's surface, increased the absorption rate of Solar energy, and further exacerbated the sustained rise in Earth's atmospheric temperature. To restore the self repairing ability of the Earth's surface ecosystem, it is necessary to significantly reduce the demand for minerals, energy, food and wood.

2023 年全球人口已经超过 80 亿。全球人口的持续增加以及全球人口的城市化率持续升高导致了全球能源需求的持续增长,进而引起了低温废热、CO_2 排放量持续提高。同时,森林面积持续降低,海洋捕捞量达到饱和,降低了地球表面的太阳能反照率,提高了太阳能的吸收率,进而加剧了地球大气温度的持续升高。要恢复地球表面生态系统的自我修复能力,必须大规模降低矿产、能源、食品和木材的需求量。

目 录
CONTENTS

Chapter 1　The Earth energy balance

第 1 章　地球的能量平衡

The energy consumed by the Earth includes the energy consumed by human activities and the energy consumed by natural phenomena. The Earth receives most of its energy from the Solar radiation.

地球消耗的能量包括人类活动消耗的能量以及自然现象消耗的能量。地球接受的能量主要来自太阳辐射。

1.1　Energy consumed by human activities

1.1　人类活动消耗的能量

The energy consumed by human activities includes：(1) fossil fuels, including coal, oil, and natural gas；(2) Water energy, i. e. drop water energy, with obvious seasonal characteristics. For example, the drop water energy in the northern hemisphere is mainly concentrated in June, July and August；(3) The Solar energy, which covers the whole world, but varies with seasons and latitudes and weather conditions；(4) Wind energy, the utilization of wind energy resources, according to the geographical location of the country, the season, the degree of industrialization；(5) Geothermal energy, the amount is small, depending on the distribution of geothermal energy；(6) Tidal energy, in small quantities, distributed in coastal areas；(7) Ocean current energy, is currently in a small state of use；(8) Biomass energy, including grain, straw, forest litterfall, garden waste, grassland grass, freshwater plants, marine plants, domestic waste, grain, vegetables, fruits, meat, eggs, milk, sugar, tobacco leaf, tea, etc. At present, grain, vegetables, fruits, meat, eggs, milk, sugar, tobacco leaf and tea have been used on a large scale. Straw, garden waste and household waste are used on a large scale in the world, but the proportion is not very high. Human survival consumes a large scale of food, vegetables, fruits, meat, eggs, milk, sugar, tobacco, tea and so on, and overall the global food production is insufficient. There are still some countries in the world where people are hungry. (9) Nuclear fission energy. The current technology is mature and used on a large scale.

人类活动消耗的能量包括：（1）化石燃料，包括煤炭、石油、天然气等。（2）水能，落差水能具有明显的季节特征，比如北半球的落差水能主要集中在 6 月、7 月、8 月。（3）太阳能，覆盖全球，但是随着季节和纬度以及天气情况有所变化。（4）风能，风能资源的利用根据国家的地理位置、季节、工业化程度而定。（5）地热能，数量较少，根据地热能分布情况而定。（6）潮汐能，数量较少，分布在沿海地区。（7）海洋洋流能量目前处于少量使用状态。（8）生物质能，包括粮食、秸秆、森林、园林废弃物、草原牧草、淡水植物、海洋植物、生活垃圾、粮食、蔬菜、水果、肉、蛋、奶、糖、烟叶、茶叶等。目前，粮食、蔬菜、水果、肉、蛋、奶、糖、烟叶、茶叶已经大规模使用，秸秆、园林废弃物、生活垃圾在全球处于大规模使用状态，但是比例不是很高；人类生存消耗的粮食、蔬菜、水果、肉、蛋、奶、糖、烟叶、茶叶等规模很大，总体而言全球的粮食产量不足。世界上仍然有一些国家的居民处于饥饿状态。（9）核裂变能，目前的技术已经成熟，且大规模使用。

Among them, the source of energy consumed by food, meat, eggs, milk, fish, poultry and livestock for human survival and the Solar energy are ultimately converted into heat energy. The fruits, seeds, leaves, meat, grass, algae, marine microorganisms, etc. that animals need to survive consume energy from the Solar energy, which is eventually converted into low-temperature heat energy.

其中，人类生存需要的粮食、肉、蛋、奶、鱼类、家禽家畜消耗的能量来源于太阳能，最终消耗转化成热能。动物生存需要的果子、种子、树叶、肉类、牧草、藻类、海洋微生物等消耗的能量来源于太阳能，最终转化成低温热能。

1.2 The energy consumed by natural phenomena

1.2 自然现象消耗的能量

The energy consumed by natural phenomena includes：（1）Volcanic eruptions that release heat into the Earth's environment；（2）Earthquake, which release heat into the Earth's environment；（3）Tsunamis, which release heat into the Earth's environment；（4）Lightning, which releases heat into the Earth's environment；（5）Rivers flow, releasing heat into the Earth's environment；（6）The waterfall flows, releasing heat into the Earth's environment；（7）Rainfall, water evaporation heat absorption, rainfall process heat release；（8）Snowfall, water evaporation heat, snowfall process heat release；（9）Glaciers melt and absorb heat from the atmosphere；（10）Plant growth, absorb the heat of the atmospheric environment；（11）Animals grow and absorb heat from the atmospheric environment；（12）The mechanical energy generated by meteorite landing is converted into heat energy；（13）Debris flow, the mechanical energy generated, is converted into heat energy；（14）The mechanical energy generated by the movement of glaciers is converted into heat energy；（15）The Lunar energy, tidal energy generated by gravity, is eventually converted into low-temperature heat energy after electricity generation. The portion that does not generate electricity is converted into low-temperature heat energy. (16) The energy of sunlight striking the surface of the Moon is reflected to the part of the Earth. It varies with latitude, altitude, and time of day. It's not a large quantity and hasn't been used yet. (17) The radiation energy of the Earth to the dark side of the Moon; (18) The Earth's background radiation energy to the universe; (19) The heat conduction energy of the mantle to the crust, part of the low heat energy is used for power generation, and most of the geothermal energy is converted into low temperature heat energy.

　　自然现象消耗的能量包括:(1) 火山喷发,向地球环境释放热量;(2) 地震,向地球环境释放热量;(3) 海啸,向地球环境释放热量;(4) 雷电,向地球环境释放热量;(5) 河流流动,向地球环境释放热量;(6) 瀑布流动,向地球环境释放热量;(7) 降雨,水的蒸发吸热,降雨过程放热;(8) 降雪,水的蒸发吸热,降雪过程放热;(9) 冰川融化,吸收大气环境的热量;(10) 植物生长,吸收大气环境的热量;(11) 动物生长,吸收大气环境的热量;(12) 陨石降落产生的机械能,转化为热能;(13) 泥石流产生的机械能,转化为热能;(14) 冰川运动产生的机械能,转化为热能;(15) 月球能,万有引力产生的潮汐能,发电以后最终转化为低温热能,没有发电的部分转化为低温热能;(16) 太阳光照射到月球表面的能量反射到地球的部分,随着纬度、海拔、时刻的不同而不同,数量不大,还未使用;(17) 地球对月球暗面的辐射能量;(18) 地球对宇宙的背景辐射能量;(19) 地幔对地壳的导热能量,一部分低热能被用于发电,大部分地热能转化成低温热能。

1.3　The energy that the Earth receives

1.3　地球接受的能量

The energy received by the Earth includes: (1) the radiation energy of the Sun; (2) The radiant energy of the bright surface of the Moon; (3) Cosmic background radiation; (4) the energy produced by the burning of fossil fuels; (5) Thermal energy from volcanic eruptions; (6) Heat energy generated by burning straw; (7) Heat generated by the flow of wind; (7) The heat energy generated by the flow of water; (8) Heat energy generated by glacier movement; (9) Heat generated by glacial movement; (10) Thermal energy generated by debris flow movement; (11) heat energy generated by animal movement; (12) Heat generated by forest fires; (13) Heat generated by friction as meteorites pass through the atmosphere.

　　地球接受的能量包括:(1) 太阳的辐射能量;(2) 月球亮面的辐射能量;(3) 宇宙背景辐射;(4) 化石燃料燃烧产生的能量;(5) 火山喷发的热能;(6) 燃烧秸秆产生的热能;(7) 风的流动产生的热能;(8) 水的流动产生的热能;(9) 冰川运动产生的热能;(10) 泥石流运动产生的热能;(11) 动物运动产生的热能;(12) 森林火灾产生的热能;(13) 陨石穿过大气层时摩擦产生的热能。

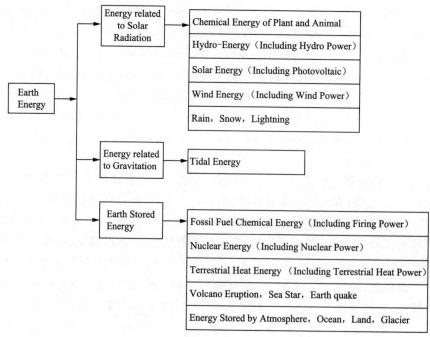

Figure 1-1　Energy classification of the Earth

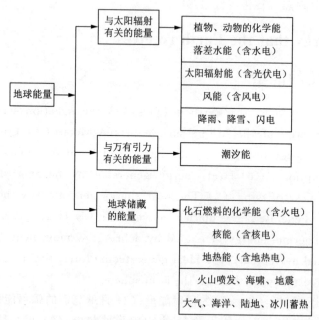

图 1-1　地球的能量分类

1.4　The uncertainty of the Earth consumed energy

1.4　地球消耗能量的不确定性

There are about 197 countries and regions in the world, and each government has national economic statistics every year. Some countries are in local armed conflicts, the statistical functions of other countries are not very clear, the statistical caliber is not the same, and the operational efficiency of governments around the world is not the same, so the annual global energy consumption statistics can not be accurately reflected at the end of the year(Chen et al.,2022;Luo et al., 2014;Ma, 2022).

世界上有 197 个国家和地区,各国政府每年都会有国民经济统计数据。有一些国家处于局部武装冲突,有一些国家的统计职能并不十分清晰,统计口径不尽相同,再加上世界各国政府的运行效率不尽相同,因此全球每年的能源消耗统计数据不可能在当年年末得到准确体现(陈冠英等,2022;罗朝春等, 2014;马伟忠, 2022)。

1.5　The certainty of the energy consumed by the Earth

1.5　地球消耗能量的确定性

Although there are interference factors such as statistical caliber, statistical function, and government operation efficiency, the energy consumption data of major countries in the world can be obtained through literature consultion.

As a result, the data on the total amount of energy the world consumes each year is generally reliable, but there is also a degree of uncertainty.

虽然有统计口径、统计职能、政府运行效率等因素的干扰,世界主要国家的能源消耗量数据是可以通过查阅文献获得的。

因此,世界每年消耗的能源总量的数据基本可信,同时也存在着一定程度的不确定性。

Chapter 2   The material balance of the Earth

第 2 章   地球的物质平衡

The foreign material that the Earth receives is meteorites, and the material that the Earth loses isdry air molecules in the atmosphere. Due to the large mass of the Earth, the mass of the meteorite that lands on the Earth every year is very small, and the mass of the dry air molecule that is lost is also very small, so the mass of the Earth can be considered approximately constant.

地球接受的外来物质是陨石,地球失去的物质是大气中的干空气分子。由于地球的质量很大,每年降落在地球的陨石质量很小,失去的氮气干空气分子质量也很小,因此,地球的质量可以认为近似不变。

The burning of fossil fuels and volcanic eruptions cause a large number of CO_2 gas molecules to enter the atmosphere. When a glacier melts, the CO_2 gas molecules dissolved in the glacier or glacier enter the atmosphere. Human activities consume a lot of forest resources, and finally through burning, a lot of CO_2 gas molecules are released into the atmosphere.

化石燃料的燃烧和火山喷发使得大量的 CO_2 气体分子进入大气。冰川融化使溶解在其中的 CO_2 气体分子进入大气。人类活动大量消耗森林资源,最后通过燃烧,向大气中释放了大量的 CO_2 气体分子。

When CO_2 molecules enter the atmosphere, they repel dry air molecules. Due to the limited gravity of the Earth, when the mass of gas in the atmosphere exceeds the constraint of Earth's gravity, a part of dry air molecules will escape from Earth's gravity and enter space.

这些 CO_2 气体分子进入大气以后,会排斥干空气分子。由于地球的引力有限,当大气中的气体质量超过地球引力的约束时,就会有一部分 N_2 分子脱离地球引力的束缚,进入太空。

Since the steam engine came into use on a large scale, a large number of dry air molecules have entered the atmosphere, and an equal mass of dry air molecules have escaped from the Earth' and entered space. So one of the effects of the industrial revolution was the continuous slight loss of Earth's mass(Figure 2-1).

自从蒸汽机大规模投入使用以来,大量的 CO_2 分子进入大气,同时就会有大量摩尔数相等的 N_2 分子脱离地球,进入太空。所以,工业革命带来的一个效应就是地球质量连续微量降低(图 2-1)。

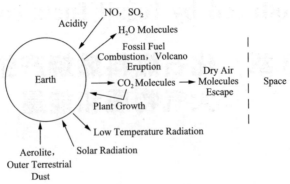

Figure 2-1　Mass balance of the Earth

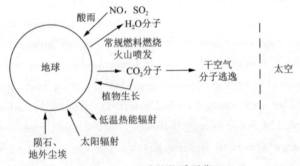

图 2-1　地球的物质平衡

The Earth receives about 40 000 tons of extraterrestrial dust every year. The flux of meteorite is 50 t/a(Xia et al., 2018).

地球每年要接受 40 000 t 地外尘埃。陨石的通量为 50 t/a(夏志鹏等,2018)。

The Sun shines on the Earth and gives it nearly 9,000 tons of mass every year.

太阳对地球的照射,每年会使地球增加近 9 000 t 质量。

In fact, the mass of gas produced by fossil fuel consumption is far greater than the mass of extraterrestrial dust received by the Earth and the mass of photons emitted by the Sun. So the mass of the meteorite is negligible.

实际上,化石燃料的消费产生的气体质量远远大于地球接受的地外尘埃质量以及太阳辐射的光子的质量。所以,陨石的质量就可以忽略不计。

Chapter 3　The atmospheric matter and energy produced by fossil fuels combustion

第3章　化石燃料燃烧产生的
大气物质和能量

The energy consumed by the Earth is divided into three parts: (1) The energy stored by the Earth; The chemical energy contained in coal, oil and natural gas; Geothermal energy; Nuclear energy, volcanic eruption heat, etc. (2) The Solar energy and its derived energy; Chemical energy contained in hydropower, wind power, photovoltaic power generation, photo-heat power generation and biomass; Ocean currents etc. Biomass energy includes chemical energy contained in grain, straw, forest, garden waste, forest litter and garbage. The drop energy includes both hydropower and the drop energy of unused water energy. The Solar energy includes photovoltaic power generation, the Solar thermal power, energy absorbed by the Earth's surface layer and not converted into electricity, and the heat absorbed by melting glaciers. (3) Tidal energy caused by the gravity of the Sun and the Moon, and the energy generated by extraterrestrial dust such as meteorites entering the Earth.

The mass balance of the Earth's atmosphere: (1) The lost energy corresponds to the mass: the low temperature radiation(long wave) energy of the Earth to space; (2) The material loss of the Earth: C(consumption of atmospheric O_2, and finally converted into CO_2), CO_2 (consumption of oxygen contained in fuels, and converted into CO_2), and the material loss of CO_2 from volcanic eruptions to repel dry air molecules; (3) The mass of matter accepted by the Earth: extraterrestrial dust.

This chapter deals with the energy and atmospheric matter produced by the consumption of coal, oil, and natural gas, which is the energy of the Earth's reserves and has nothing to do with current the Solar radiation.

地球消费的能量分为三部分：(1)地球储备的能量；煤炭、石油、天然气蕴含的化学能；地热能；核能、火山喷发热能等。(2)太阳能及其衍生能量；水电、风电、光伏发电、生物质蕴含的化学能；洋流能等。生物质能包括粮食、秸秆、森林、园林废弃物、垃圾中蕴含的化学能;落差水能包括水电,也包括未被利用的水的落差能量。太阳能包括光伏发电、太阳能热电站电能、被地球表面吸收而未被转化成电能的能量以及冰川融化吸收的热量。(3) 太阳引力和月球引力引起的潮汐能;陨石等地外尘埃进入地球产生的能量。

地球大气的质量平衡包括:(1) 失去的能量对应的质量:地球对于太空的低温辐射能量;(2) 地球失去的物质质量:由于化石燃料消耗产生的 C(消耗大气中的 O_2,最后转化成 CO_2)、CO_2(消耗燃料中含有的氧元素,转化成 CO_2),以及火山喷发产生的 CO_2 排斥干空气产生的物质损失;(3) 地球接受的物质质量:地外尘埃。

本章研究煤炭、石油、天然气的消费产生的能量和大气物质,这部分能量是地球储备的能量,与现在的太阳照射无关。

3.1　Energy and air quality from coal consumption

3.1　煤炭消费产生的能量和空气质量

Theprimary analytical components of coal are moisture(M_{ar}), ash(A_{ar}), volatile (V_{ar}) and fixed carbon(FC_{ar}). The ultimate analysis components of coal are carbon(C_{ar}), hydrogen(H_{ar}), oxygen(O_{ar}), nitrogen(N_{ar}), sulfur(S_{ar}).

煤炭的工业分析成分是水分(M_{ar})、灰分(A_{ar})、挥发分(V_r)和固定碳(FC_{ar})。煤的元素分析成分是碳(C_{ar})、氢(H_{ar})、氧(O_{ar})、氮(N_{ar})、硫(S_{ar})。

$$M_{ar} + A_{ar} + V_{ar} + FC_{ar} = 100(\%) \tag{3-1}$$

$$M_{ar} + A_{ar} + C_{ar} + H_{ar} + O_{ar} + N_{ar} + S_{ar} = 100(\%) \tag{3-2}$$

The carbon element includes two parts: volatile carbon and fixed carbon.

其中,碳元素包括挥发分碳($C_{ar,v}$)和固定碳(FC_{ar})两部分:

$$C_{ar} = C_{ar,v} + FC_{ar} \tag{3-3}$$

Volatile components include volatile carbon and the rest of theultimate analysis components.

挥发分包括了挥发分碳和其余的元素分析成分:

$$V_{ar} = C_{ar,v} + H_{ar} + O_{ar} + N_{ar} + S_{ar} \tag{3-4}$$

In the process of burning coal, gas and solid are formed. Carbon burns to form CO_2 gas.

煤炭在燃烧过程中形成了气体和固体。碳元素燃烧形成 CO_2 气体。

$$C(s) + O_2(g) \longrightarrow CO_2(g) \tag{3-5}$$

In formula(3-5), s represents solid and g represents gas.

公式(3-5)中,s 表示固体,g 表示气体。

The hydrogen in coal burns to form water vapor.

煤炭中的氢元素燃烧形成水蒸气。

$$H(s) + 0.5O(s) \longrightarrow 0.5H_2O(g) \tag{3-6}$$

The nitrogen in coal is burned to form nitrogen(N_2) and nitrogen oxide, which is assumed to be nitric oxide NO for simplicity. In the flue gas generated by coal combustion，more than 90% of NO gas is fixed by the denitrification device.

煤炭中的氮元素燃烧形成氮气（N_2）和氮氧化物，为了简化起见，假设氮氧化物是一氧化氮（NO）。煤炭燃烧生成的烟气中，90%以上的 NO 气体被脱氮装置固定下来。

$$N(s) = 0.5N_2(g) \tag{3-7}$$

$$N(s) + 0.5O(g) = NO(g) \tag{3-8}$$

$$N_2(g) + O_2(g) = 2NO(g) \tag{3-9}$$

$$NO(g) + NH_3(g) + 0.25O_2(g) = N_2(g) + 1.5H_2O(g) \tag{3-10}$$

The sulfur in coal is burned to form sulfur dioxide(SO_2) gas，and more than 90% of the SO_2 gas is fixed by the desulfurization device in coal fired power plant. It is assumed that the desulfurization process is limestone-gypsum wet desulfurization.

煤炭中的硫元素燃烧形成二氧化硫（SO_2）气体，90%以上的 SO_2 气体被脱硫装置固定下来。假定脱硫工艺为石灰石-石膏湿法脱硫。

$$S(s) + O_2(g) = SO_2(g) \tag{3-11}$$

$$SO_2(g) + CaCO_3(s) + 0.5O_2(g) = CaSO_4(s) + CO_2(g) \tag{3-12}$$

The element 1.0 mol sulfur corresponds to the gas 1.0 mol CO_2.

1.0 mol 硫元素对应 1.0 mol CO_2 气体。

The moisture in coal forms water vapor(H_2O) when the coal is burned.

煤炭中的水分在煤炭燃烧后形成水蒸气（H_2O）。

$$\frac{M_{ar}}{100} \frac{1\ 000}{18}(s) = \frac{10}{18}H_2O(g) \tag{3-13}$$

Ash in coal forms slag particles，fly ash particles and inhalable particulate matter (PM 2.5) when coal is burned.

煤炭中的灰分燃烧形成炉渣颗粒、飞灰颗粒和可吸入颗粒物（PM 2.5）。

$$m_{Ash} = \frac{A_{ar}(s)}{100}(kg/kg) \tag{3-14}$$

From the point of view of material balance analysis：(1) Ash contained in coal, coarse slag produced after combustion is fixed. Fly ash is captured by the dust collector. Inhalable particulate matter is mainly concentrated in the atmosphere below the altitude of 10.0 km. (2) The water contained in coal prosuces water vapor，and the water vapor goes up into the atmosphere after combustion. (3) The carbon elements contained in coal form CO_2 into the atmosphere after combustion. (4) The hydrogen contained in coal, after combustion to form water vapor into the atmosphere. (5) The oxygen element contained in coal，after combustion to form water steam or SO_2 gas into the atmosphere. (6) Most of the nitrogen contained in coal enters the atmosphere as nitrogen(N_2). A small amount of NO is formed，which is converted into nitrogen and water vapor into the atmosphere by the flue gas denitrification device. (7) The sulfur element contained in coal forms SO_2 gas after combustion，and most of the SO_2 gas is fixed by the flue gas desulfurization device in the form of calcium sulfate solid particles.

从物质平衡角度分析：(1)煤炭所含的灰分,在燃烧后产生的粗渣被固定下来,飞灰被除尘器捕捉下来,可吸入颗粒物主要集中在海拔高度 10 km 以下的大气中。(2)煤炭所含的水分,在煤炭燃烧以后形成水蒸气进入大气。(3)煤炭所含的碳元素,燃烧以后形成 CO_2 进入大气。(4)煤炭所含的氢元素,燃烧以后形成水蒸气进入大气。(5)煤炭所含的氧元素,燃烧以后形成水蒸气或者 SO_2 气体进入大气。(6)煤炭中所含的氮元素,大部分形成氮气进入大气;少量形成 NO,被烟气脱氮装置转化成氮气和水蒸气进入大气。(7)煤炭中所含的硫元素,燃烧后形成 SO_2 气体,大部分 SO_2 气体被烟气脱硫装置以硫酸钙固体颗粒的方式固定下来。

The amount of material produced after burning 1.0 kg of coal is calculated below. Data for coal worldwide are given in Appendix A, assuming anthracite accounts 10%, bituminous coal accounts 70%, and lignite accounts 20%. The average value of elemental analysis and industrial analysis of coal in the world is shown in Table 3-1.

下面计算 1.0 kg 煤炭燃烧后产生的物质的量。全世界煤炭的数据见附录 A,假设无烟煤占 10%,烟煤占 70%,褐煤占 20%。全世界煤炭的元素分析、工业分析平均值见表 3-1。

Table 3-1　Ultimate analysis, primary analysis composition and average calorific value of coal in the world

表 3-1　世界煤炭的元素分析、工业分析成分、发热量平均值

$M_{ar}(\%)$	$A_{ar}(\%)$	$V_{daf}(\%)$	$C_{ar}(\%)$	$H_{ar}(\%)$	$O_{ar}(\%)$	$N_{ar}(\%)$	$S_{ar}(\%)$	$Q_{ar,net}(kJ/kg)$
10.15	20.56	26.30	58.86	3.13	6.22	1.07	0.99	22 672

1.0 kg of air required for coal combustion:

1.0 kg 煤炭燃烧需要的空气量:

$$V^0 = (1.866C_{ar} + 5.55H_{ar} + 0.7S_{ar} - 0.7O_{ar})/21 \ \text{Nm}^3/\text{kg} \tag{3-15}$$

By substituting the data in Table 3-1 into the equation(3-15), we can get:(Nm³ refers to 1 atm and 1 m³ volume of dry clean atmosphere at 0 ℃)

将表 3-1 的数据代入式(3-15)得到:(Nm³ 指的是 0 ℃状态下 1 atm、1 m³ 干洁大气的体积)

$$V^0 = 5.883 \ \text{Nm}^3/\text{kg}$$

CO_2 volume from coal combustion of 1.0 kg:

1.0 kg 煤炭燃烧产生的 CO_2 体积:

$$V_{CO_2} = 1.866C_{ar}/100 \ \text{Nm}^3/\text{kg} \tag{3-16}$$

By substituting the data in Table 3-1 into the equation(3-16), we get:

将表 3-1 的数据代入式(3-16)得到:

$$V_{CO_2} = 1.098 \ \text{Nm}^3/\text{kg}$$

Volume of water vapor produced by coal combustion of 1.0 kg:

1.0 kg 煤炭燃烧产生的水蒸气体积:

$$V_{H_2O} = 11.1H_{ar}/100 + 1.24M_{ar}/100 \ \text{Nm}^3/\text{kg} \tag{3-17}$$

By substituting the data in Table 3-1 into the equation(3-17), we get:

将表 3-1 的数据代入式(3-17)得到：

$$V_{H_2O} = 0.473 \ \text{Nm}^3/\text{kg}$$

SO₂ volume produced by combustion of 1.0 kg coal:

1.0 kg 煤炭燃烧产生的 SO₂ 体积：

$$V_{SO_2} = 0.7 S_{ar}/100 \ \text{Nm}^3/\text{kg} \tag{3-18}$$

By substituting the data in Table 3-1 into the equation(3-18), we get:

将表 3-1 的数据代入式(3-18)得到：

$$V_{SO_2} = 0.007 \ \text{Nm}^3/\text{kg}$$

N₂ volume produced by combustion of 1.0 kg coal:

1.0 kg 煤炭燃烧产生的 N₂ 体积：

$$V_{N_2} = 0.8 N_{ar}/100 \ \text{Nm}^3/\text{kg} \tag{3-19}$$

By substituting the data in Table 3-1 into the equation(3-19), we get:

将表 3-1 的数据代入式(3-19)得到：

$$V_{N_2} = 0.009 \ \text{Nm}^3/\text{kg}$$

N₂ mass emitted by combustion of 1.0 kg coal:

1.0 kg 煤碳燃烧排放的 N₂ 质量：

$$m_{N_2} = \frac{1\,000 V_{N_2}}{22.4} \frac{28}{1\,000} = \frac{28}{22.4} V_{N_2}^0 \ \text{kg/kg} \tag{3-20}$$

The NO_x formed by coal combustion is mainly NO. It is assumed that the concentration of NO flue gas in the boiler is 450 mg/Nm³, and the emission concentration after denitrification by ammonia gas is 80 mg/Nm³.

煤炭燃烧形成的 NO_x 以 NO 为主，假定锅炉的 NO 烟气浓度为 450 mg/Nm³，经过氨气脱氮以后的排放浓度为 80 mg/Nm³。

$$NO(g) + NH_3(g) + 0.5O(g) = N_2(g) + 1.5H_2O(g) \tag{3-21}$$

N₂ emissions from flue gas denitrification equipment:

烟气脱氮装置引起的 N₂ 排放量：

$$V_{N_2,deNO} = 1.4 V^0 \frac{450-80}{1\,000} \frac{22.4}{28} \frac{1}{1\,000} \ \text{Nm}^3/\text{kg} \tag{3-22}$$

Bring in data and get:

带入数据得到：

$$V_{N_2,deNO} = 0.002 \ \text{Nm}^3/\text{kg}$$

The volume of nitrogen discharged to the atmosphere after the combustion of 1.0 kg coal:

1.0 kg 煤燃烧后向大气排放的氮气体积：

$$V_{N_2,1} = V_{N_2} + 0.5 V_{N_2,deNO} = 0.010 \ \text{Nm}^3/\text{kg}$$

Mass of nitrogen emitted to the atmosphere after combustion of 1.0 kg coal:

1.0 kg 煤燃烧后向大气排放的氮气质量：

$$m_{N_2} = \frac{1\ 000}{22.4} V_{N_2,1} \frac{28}{1\ 000} = \frac{28}{22.4} V_{N_2,1} \text{ kg/kg} \tag{3-23}$$

$$m_{N_2} = (28/22.4) V_{N_2,1} = 0.012 \text{ kg/kg}$$

Oxygen volume required for combustion of H_{ar}, S_{ar}, O_{ar} in 1.0 kg coal:

1.0 kg 煤炭中，H_{ar}、S_{ar}、O_{ar} 燃烧需要的氧气体积：

$$V_{HSO}^0 = (5.55 H_{ar} + 0.7 S_{ar} - 0.7 O_{ar})/100 \text{ Nm}^3/\text{kg} \tag{3-24}$$

By substituting the data in Table 3-1 into equation(3-20), we get:

将表 3-1 的数据代入式(3-20)得到：

$$V_{HSO}^0 = 0.137 \text{ Nm}^3/\text{kg}$$

$V_{HSO}^0/V^0 = 10.56\%$, indicating that the oxygen element(O_{ar}) carried by coal itself cannot meet the oxygen amount required by $H_{ar}(\%)$ and $S_{ar}(\%)$ combustion. In the process of coal combustion, H_{ar} and S_{ar} combustion first consumes the oxygen element O_{ar} inherent in the fuel, and then consumes the oxygen in the air. The carbon in coal(C_{ar}) burns slowly, requiring 89.44% of the air.

$V_{HSO}^0/V^0 = 10.56\%$，说明煤炭自身携带的氧元素(O_{ar})不能满足 H_{ar}、S_{ar} 燃烧需要的氧气量，煤炭燃烧过程中，H_{ar}、S_{ar} 燃烧首先消耗完燃料自带的氧元素 O_{ar}，然后消耗空气中的氧气。而煤炭中的碳元素(C_{ar})的燃烧很缓慢，需要 89.44% 的空气。

Coal-fired power plants or industrial boiler houses have flue gas desulfurization units, assuming a desulfurization rate of 90%, only 10% of SO_2 into the atmosphere. It is also considered that part of the coal is burned in the civilian sector, and there is no flue gas desulfurization device. The flue gas desulfurization lost 1.0 kg of coal SO_2 volume:

燃煤电厂或者工业锅炉房都有烟气脱硫装置，假设脱硫率为 90%，只有 10% 的 SO_2 进入大气。这里也考虑了一部分煤在民间燃烧，没有烟气脱硫装置。烟气脱硫失去的 1.0 kg 煤 SO_2 体积：

$$V_{SO_2}^0 = 0.007 \times 90\% = 6.25 \times 10^{-3} \text{ Nm}^3/\text{kg}$$

According to equation (3-13), 1.0 mol of CO_2 is produced after 1.0 mol of SO_2 desulfurization, then the volume of CO_2 produced by 1.0 kg of coal combustion:

根据式(3-13)，1.0 mol SO_2 脱硫以后产生 1.0 mol CO_2，则 1.0 kg 煤燃烧产生的 CO_2 体积：

$$V_{CO_2,1} = V_{CO_2} + (44/64)V_{SO_2}^0 = 1.103 \text{ Nm}^3/\text{kg}$$

Assuming that the solid incomplete combustion loss in the coal combustion process is $q_4 = 2.0\%$ and the heat obtained from 1.0kg pure carbon combustion is 32 792 kJ/kg, the unburned carbon content $C_{ar,q4}$:

假设煤炭燃烧过程中的固体不完全燃烧损失为 $q_4 = 2.0\%$，1.0 kg 纯碳燃烧得到的热量为 32 792 kJ/kg，则未燃尽碳含量 $C_{ar,q4}$：

$$C_{ar,q4} = \frac{2 Q_{ar,net}}{32\ 792} \% \tag{3-25}$$

Bring the data in Table 3-1 into equation(3-21), and get:

将表 3-1 的数据带入式(3-21),得到:

$$C_{ar,q4}=1.38\%$$

The volume of CO_2 reduced due to unburned carbon is calculated according to equation(3-16):

未燃尽碳减少的 CO_2 体积,按照式(3-16)计算,得到:

$$V_{CO_2,q4}=2.575\times10^{-2}\ Nm^3/kg$$

Therefore, the volume of CO_2 emitted to the atmosphere after 1.0 kg of coal carbon combustion:

因此,1.0 kg 煤碳燃烧以后向大气排放的 CO_2 体积:

$$V_{CO_2,2}=V_{CO_2,1}-V_{CO_2,ubC}=1.077\ Nm^3/kg$$

Mass of CO_2 emitted to the atmosphere after combustion of 1.0kg coal:

1.0 kg 煤碳燃烧以后向大气排放的 CO_2 质量:

$$m_C=\frac{16}{22.4}V_{CO_2,2}\ kg/kg \tag{3-26}$$

bring in the data to get:

代入数据得到:

$$m_C=0.769\ kg/kg$$

The mass of gas emitted to the atmosphere after 1.0 kg coal combustion is summarized in Table 3-2.

将 1.0 kg 煤炭燃烧以后向大气排放的气体质量汇总于表 3-2 中。

Table 3-2　The amount of substances discharged into the atmosphere after the combustion of 1.0 kg coal based on world average coal composition

表 3-2　以世界煤炭成分均值为基础的 1.0 kg 煤炭燃烧以后向大气排放的物质的量

m_C(kg/kg)	m_{N_2} (kg/kg)
0.769	0.012

Based on the data of the *Statistical Review of World Energy* published by British Petroleum company(BP), the quality of element C emitted to the atmosphere by the world coal consumption is calculated every year:

以英国石油公司(BP)公布的《世界能源统计年鉴》数据为准,计算得到每年世界煤炭消费向大气排放的 C 元素质量:

$$M_C=\frac{10^{15}E_{BP,coal}}{Q_{ar,net}}\frac{m_C}{10^9}\ Mt/a \tag{3-27}$$

N_2 mass emitted to the atmosphere by world coal consumption each year:

每年世界煤炭消费向大气排放的 N_2 质量:

$$M_{N_2}=\frac{10^{15}E_{BP,coal}}{Q_{ar,net}}\frac{m_{N_2}}{10^9}\ Mt/a \tag{3-28}$$

Based on data of the *Statistical Review of the World Energy* published by British

Petroleum company(BP), the amount of atmospheric gaseous substances produced by the world's consumption of coal is calculated in Table 3-3.

基于英国石油公司(BP)公布的《世界能源统计年鉴》的数据,世界消费煤炭产生的大气气体物质的量,计算结果见表 3-3。

The radius of the Earth rearth $r_{earth} = 6.371 \times 10^6$ m, the atmospheric pressure on the surface of the Earth is $p_{atm} = 101\ 325$ Pa, the molar mass of the atmosphere $MW_{air} = 29$ g/mole, then the atmospheric mass of the Earth is:

地球的半径 $r_{earth} = 6.371 \times 10^6$ m,地球表面的大气压力为 $p_{atm} = 101\ 325$ Pa,大气的摩尔质量 $MW_{air} = 29$ g/mole,则地球大气质量:

$$M_{air} = 4\pi r_{earth}^2 p_{atm} / 9.806 / 10^6 \text{ Mt} \tag{3-29}$$

Plug the data into equation(3-29) to get the atmospheric mass of the Earth:

把数据代入式(3-29)得到地球的大气质量:

$$M_{air} = 6.815 \times 10^{12} \text{ Mt}$$

Therefore, the mass loss of N_2 due to coal consumption on Earth is $2.117 \times 10^{-3}(m)$ to $2.253 \times 10^{-3}(m)$. The reduction in volume concentration is $2.193 \times 10^{-3}(v)$ to $2.333 \times 10^{-3}(v)$.

因此,地球的煤炭消费引起的 N_2 损失质量为 $2.117 \times 10^{-3}(m) \sim 2.253 \times 10^{-3}(m)$。换算成体积浓度的减少量为 $2.193 \times 10^{-3}(v) \sim 2.333 \times 10^{-3}(v)$。

The average increase rate of atmospheric CO_2 concentration from 1959 to 2022 is $1.607 \times 10^{-3}(v)/a$, and the remaining CO_2 is absorbed by forests, grasslands, wetland plants, and marine plants on the Earth's surface.

1959—2022 年,大气 CO_2 浓度平均增长速率是 $1.607 \times 10^{-3}(v)/a$,其余的 CO_2 被地球表面的森林、草原、湿地植物、海洋植物吸收。

Let's calculate the mass of coal consumed in the world.

下面计算世界消费煤炭的能量对应的质量。

The energy generated by coal consumption is divided into two categories:(1) the electricity generated by coal-fired power plants, which is converted into low temperature heat after consumption;(2) Low temperature thermal energy. According to Einstein's relativity formula(Liu, 1983):

煤炭的消费产生的能量分为两类:(1) 燃煤电厂产生的电能,电能经过消费以后转化成低温热能;(2) 低温热能。根据爱因斯坦相对论公式(刘文,1983):

$$E = mc^2 \text{(J)} \tag{3-30}$$

The photon mass corresponding to the energy produced by coal consumption is obtained:

得到煤炭消费产生的能量对应的光子质量:

$$M_{E,coal} = \frac{E}{c^2} \text{(kg)} \tag{3-31}$$

Table 3-3 shows the calculation results.

计算结果见表 3-3。

Table 3-3　The gas mass emited by global coal combustion each year

表 3-3　世界每年燃烧煤炭排放的气体物质质量

年份	E(EJ)	M_C(Mt/a)	M_{N_2}(Mt/a)	$M_{E,coal}$(kg)
2015	161	5 453	86	1 788
2016	156	5 300	84	1 738
2017	156	5 300	84	1 738
2018	158	5 357	85	1 757
2019	158	5 357	85	1 757
2020	151	5 125	81	1 681
2021	160	5 432	86	1 781

It should be noted that the fine particles of fly ash PM 2. 5 emitted by coal burning will eventually return to the ground or sea with the process of rainfall and snowfall. Therefore，the mass of PM 2. 5 particles is not recorded in the calculation of atmospheric matter produced by coal.

需要说明的是,燃煤排放的飞灰细颗粒 PM 2.5,最终会随着降雨、降雪过程回到地面或者海洋。因此,煤炭产生的大气物质计算过程中没有将 PM 2.5 颗粒的质量记录在内。

3.2　Energy and air mass quality from oil consumption

3.2　石油消费产生的能量和空气质量

Fossil fuels are the fuels stored by the Earth itself and have nothing to do with the Sun's radiation to the Earth nowadays. In the energy consumed by fossil fuels，oil dominates(Li et al., 2022). The main components of petroleum are carbon and hydrogen (Table 3-4). After the carbon element is burned，CO_2 gas is formed and discharged into the atmosphere. When hydrogen is burned，it forms water vapor，which is discharged into the atmosphere and then incorporated into the water system on the Earth's surface. The consumption of carbon and hydrogen contained in petroleum reduces the atmospheric oxygen concentration，increases the CO_2 concentration，and repels the nitrogen in the atmosphere，making the Earth's atmosphere lose part of its mass，and eventually causes a small reduction in the Earth's mass.

化石燃料是地球自身储藏的燃料,与太阳对地球的现时辐射没有关系。在化石燃料消费的能量中,石油占主要地位(李洪言等,2022)。石油的主要成分是碳元素和氢元素(表 3-4)。碳元素燃烧以后,形成的 CO_2 气体排入大气;氢元素燃烧以后形成水蒸气,排入大气,然后并入地球表面的水汽系统。石油所含碳元素和氢元素的消耗降低了大气的氧气浓度,提高了 CO_2 浓度,同时排斥了大气中的氮气,使得地球大气丧失了一部分质量,最终引起地球质量的小幅度降低。

Table 3-4　Elemental analysis of crude oil components and their mean values

表 3-4　原油的元素分析成分及其均值

原油名称	$C_{ar}(\%)$	$H_{ar}(\%)$	$O_{ar}(\%)$	$N_{ar}(\%)$	$S_{ar}(\%)$	LHV(kJ/kg)	参考文献
新疆红前油田原油	85.40	12.60	1.63	0.53	0.14	40 675	Li 等，2022
中国蒸馏油	87.93	9.94	1.08	0.61	0.44	38 875	Ran 等，2019
巴西原油	78.20	9.50	10.80	1.70	2.80	35 457	André 等，2015
中国石化真空汽油	83.17	14.68	0.97	0.11	1.07	42 108	Li 等，2023
辽河炼油厂汽油 1	85.42	13.71	0.41	0.24	0.22	41 801	Li 等，2023
辽河炼油厂汽油 2	84.32	14.88	0.55	0.14	0.11	42 598	Li 等，2023
华北炼油厂汽油	83.05	15.33	0.18	0.12	1.32	42 744	Li 等，2023
均值	83.93	12.95	2.23	0.49	0.87	40 608	
整合均值	83.53	12.89	2.22	0.49	0.87	40 418	

The CO_2 volume obtained by burning 1.0 kg of crude oil is calculated according to equation(3-16). Put the integrated mean value of Table 3-5 into the equation(3-16), and get:

燃烧 1.0 kg 原油得到的 CO_2 体积按照式(3-16)计算。将表 3-5 的整合均值带入式(3-16)，得到：

$$V_{CO_2} = 1.559 \ \text{Nm}^3/\text{kg}$$

The volume of water vapor obtained by burning 1.0 kg of crude oil is calculated according to equation(3-17), where $M_{ar} = 0\%$. Put the integrated mean value of Table 3-5 into the equation(3-17), and get:

燃烧 1.0 kg 原油得到的水蒸气体积按照式(3-17)计算，其中 $M_{ar} = 0\%$。将表 3-5 的整合均值带入式(3-17)，得到：

$$V_{H_2O} = 1.431 \ \text{Nm}^3/\text{kg}$$

The volume of N_2 obtained by combustion of 1.0 kg crude oil is calculated according to equation(3-19). Put the integrated mean value of Table 3-5 into the equation(3-19), and get:

燃烧 1.0 kg 原油得到的 N_2 体积按照式(3-19)计算。将表 3-5 的整合均值带入式(3-19)，得到：

$$V_{N_2} = 0.004 \ \text{Nm}^3/\text{kg}$$

The SO_2 volume obtained by burning 1.0 kg of crude oil is calculated according to equation

(3-18). Put the integrated mean value of Table 3-5 into the formula(3-18), and get:

燃烧 1.0 kg 原油得到的 SO_2 体积按照式(3-18)计算。将表 3-5 的整合均值带入式(3-18),得到:

$$V_{SO_2} = 0.006 \ Nm^3/kg$$

The volume of oxygen required for combustion of H_{ar} and S_{ar} contained in 1.0 kg crude oil is calculated according to equation(3-24). Put the integrated mean value of Table 3-5 into the formula(3-24), and get:

1.0 kg 原油所含的 H_{ar} 和 S_{ar} 燃烧需要的氧气体积按照式(3-24)计算。将表 3-5 的整合均值带入式(3-24),得到:

$$V^0_{HSO} = 1.39 \ Nm^3(O_2)/kg$$

The above calculation results are summarized in Table 3-5.

将上述计算结果汇总于表 3-5。

Table 3-5　Amounts of various gases produced by combustion of 1.0 kg crude oil

表 3-5　1.0 kg 原油燃烧产生的各种气体的量

$CO_2(Nm^3/kg)$	$H_2O(Nm^3/kg)$	$SO_2(Nm^3/kg)$	$V_{N_2}(Nm^3/kg)$	$V^0_{HSO}(Nm^3/kg)$
1.559	1.431	0.006	0.004	0.706
(kg/kg)	(kg/kg)	(kg/kg)	(kg/kg)	(kg/kg)
3.06	1.15	0.02	0.005	1.01

If the energy of the crude oil consumed per year is $E(10^{18}J)$, the C mass produced by burning the crude oil:

如果每年消耗的原油的能量为 $E(10^{18}J)$,则燃烧原油产生的 C 质量:

$$M_{C, \ raw \ oil} = 1.113 \frac{10^{15}E}{LHV} \frac{1}{10^9} \ Mt/a \tag{3-32}$$

其中,$LHV = Q_{ar,net}(kJ/kg)$

SO_2 mass produced by burning crude oil per year:

每年燃烧原油产生的 SO_2 质量:

$$M_{SO_2, \ raw \ oil} = 0.02 \frac{10^{15}E}{LHV} \frac{1}{10^9} \ Mt/a \tag{3-33}$$

N_2 mass produced by burning crude oil each year:

每年燃烧原油产生的 N_2 质量:

$$M_{N_2, \ raw \ oil} = 0.005 \frac{10^{15}E}{LHV} \frac{1}{10^9} \ Mt/a \tag{3-34}$$

The annual mass of water vapor produced by burning crude oil:

每年燃烧原油产生的水蒸气质量:

$$M_{H_2O, \ raw \ oil} = 1.15 \frac{10^{15}E}{LHV} \frac{1}{10^9} \ Mt/a \tag{3-35}$$

The calculation results based on the data of the *Statistical Review of World Energy* published by the British Petroleum Company (BP) are shown in Table 3-6. The photon mass lost by low-temperature thermal radiation calculated by using an algorithm similar to equation(3-31) is also listed in Table 3-6.

根据英国石油公司 BP 的《世界能源统计年鉴》数据得到的计算结果如表 3-6 所示。用式(3-31)的算法,计算得到的低温热能辐射失去的光子质量也列于表 3-6 中。

Table 3-6　Mass of various gases emitted from burning oil during 2015—2021

表 3-6　2015—2021 年燃烧石油排放的各种气体的质量

年份	Raw Oil Energy (10^{18} J)	Raw Oil Heating Value (kJ/kg)	Raw Oil Cosumption (kg/a)	$M_{C,raw\ oil}$ (Mt/a)	$M_{H_2O,raw\ oil}$ (Mt/a)	$M_{SO_2,raw\ oil}$ (Mt/a)	$M_{N_2,raw\ oil}$ (Mt/a)	$M_{E,raw\ oil}$ (kg)
2015	181	40 418	4.49E+12	3 746	5 157	77.8	22.0	2 017
2016	185	40 418	4.58E+12	3 821	5 260	79.4	22.4	2 058
2017	185	40 418	4.58E+12	3 821	5 260	79.4	22.4	2 058
2018	195	40 418	4.83E+12	4 032	5 551	83.8	23.7	2 171
2019	193	40 418	4.78E+12	3 987	5 489	82.8	23.4	2 147
2020	174	40 418	4.31E+12	3 598	4 954	74.8	21.1	1 938
2021	184	40 418	4.56E+12	3 806	5 239	79.1	22.4	2 050

注:Raw Oil Energy　石油能量;

　　Raw Oil Heating Value　原油热值;

　　Raw Oil Cosumption　原油消耗量;

　　$M_{C,raw\ oil}$　全球每年消费的原油排放的碳的质量;

　　$M_{H2O,raw\ oil}$　全球每年消费的原油排放的水蒸气的质量;

　　$M_{SO2,raw\ oil}$　全全球每年消费的原油排放的二氧化硫气体的质量;

　　$M_{N2,raw\ oil}$　全球每年消费的原油排放的氮气的质量;

　　$M_{E,raw\ oil}$　全球每年消费的原油释放的能量对应的光子质量。

3.3　Energy and atmospheric quality from natural gas consumption

3.3　天然气消费产生的能量和大气质量

Natural gas is also one of the world's main sources of fossil energy(Table 3-7). The data in Table 3-7 are the average values of 120 natural gas parameters. The main chemical components of natural gas are carbon and hydrogen(Table 3-8).

天然气也是世界化石能源的主要来源之一(表 3-7)。表 3-7 的数据是 120 种天然气参数的平均值。天然气的主要化学成分是碳元素和氢元素(表 3-8)。

Table 3-7　Volume parameters of natural gas（%）

表 3-7　天然气的容积参数(%)

CH₄	C₂H₆	C₃H₈	C₄H₁₀	C₅H₁₂	C₆H₁₄	N₂	CO₂	参考文献
93	3	1.0	0.5	0.1	0.1	1.8	0.5	Burstein 等，1999

Table 3-8　Natural gas mass parameters

表 3-8　天然气的质量参数

$C_{ar}(\%)$	$H_{ar}(\%)$	$O_{ar}(\%)$	$N_{ar}(\%)$	$S_{ar}(\%)$	HHV(kJ/kg)	LHV(kJ/m³)
73.46	23.32	0.32	2.90	0	47 462	34 336

For 1.0 kg of natural gas, CO_2 gas is emitted to the atmosphere after carbon element combustion, and the integrated mean value of Table 3-8 is brought into the formula (3-16):

对于 1.0 天然气而言，碳元素燃烧以后向大气排放的 CO_2 气体按照式(3-16)计算，将表 3-8 的整合均值带入式(3-16)，得到：

$$V_{CO_2} = 1.371 \ \text{Nm}^3/\text{kg}$$

For 1.0 kg of natural gas and hydrogen combustion, water vapor（H_2O）is discharged into the atmosphere, and the integrated mean value of Table 3-9 is brought into the equation(3-17), where Mar=0, it is obtained

对于 1.0 kg 天然气而言，氢元素燃烧以后向大气排放的水蒸气(H_2O)按照式(3-17)计算，将表 3-9 的整合均值带入式(3-17)，此时 $M_{ar}=0$，得到：

$$V_{H_2O} = 2.589 \ \text{Nm}^3/\text{kg}$$

For 1.0 kg of natural gas is burned, nitrogen（N_2）is discharged into the atmosphere, and the integrated mean value of Table 3-9 is put into the formula(3-19):

对于 1.0 kg 天然气而言，氮元素燃烧以后向大气排放的氮气(N_2)按照式(3-19)计算，将表 3-9 的整合均值带入式(3-19)，得到：

$$V_{N_2} = 0.023 \ \text{Nm}^3/\text{kg}$$

For 1.0 kg of natural gas and oxygen required for hydrogen combustion(O_2 volume) put the integrated mean value of Table 3-9 into the formula(3-24), where $S_{ar}=0$, and get

对于 1.0 kg 天然气而言，氢元素燃烧需要的氧气量(O_2 体积)按照式(3-24)计算，将表 3-9 的整合均值带入式(3-24)，此时 $S_{ar}=0$，得到：

$$V_{HSO}^0 = 1.292 \ \text{Nm}^3/\text{kg} > 0$$

It indicates that the oxygen element of natural gas is not easy to complete the combustion process of hydrogen element, and the oxygen in the air needs to be consumed in addition.

这说明天然气自带的氧元素不易完成氢元素的燃烧过程，需要另外消耗空气中的氧气。

Assuming that the constituent gases of natural gas are ideal gases，the emission mass ratio corresponding to CO_2：

假设天然气的组分气体都是理想气体，对应于 CO_2 的排放质量比：

$$x_{CO_2} = 44/22.4V_{CO_2} = 2.693 \text{ kg/kg}$$

$$x_C = 12/44x_{CO_2} = 0.734 \text{ kg/kg}$$

The emission mass ratio corresponding to H_2O：

对应于 H_2O 的排放质量比：

$$x_{H_2O} = 18/22.4V_{H_2O} = 2.080 \text{ kg/kg}$$

The emission mass ratio corresponding to N_2：

对应于 N_2 的排放质量比：

$$x_{N_2} = 28/22.4V_{N_2} = 0.029 \text{ kg/kg}$$

If the energy of the gas consumed per year is $E(10^{18} J)$，the mass of CO_2 produced by burning the crude oil：

如果每年消耗的天然气的能量为 $E(10^{18} J)$，则燃烧原油产生的 CO_2 质量：

$$M_{C,NG} = 0.734 \frac{10^{15}E}{LHV} \frac{1}{10^9} \text{ Mt/a} \tag{3-36}$$

N_2 mass produced by burning crude oil each year：

每年燃烧原油产生的 N_2 质量：

$$M_{N_2,NG} = 0.029 \frac{10^{15}E}{LHV} \frac{1}{10^9} \text{ Mt/a} \tag{3-37}$$

The annual mass of water vapor produced by burning crude oil：

每年燃烧原油产生的水蒸气质量：

$$M_{H_2O,NG} = 2.080 \frac{10^{15}E}{LHV} \frac{1}{10^9} \text{ Mt/a} \tag{3-38}$$

The calculation results based on the data of the *Statistical Review of World Energy* published by the British Petroleum Company(BP) are shown in Table 3-9. $m_{E,NG}$ indicates the photon mass corresponding to the energy produced by burning natural gas. The photon mass lost by low-temperature thermal radiation calculated by using an algorithm similar to equation(3-31) is also listed in Table 3-9.

根据英国石油公司(BP)的《世界能源统计年鉴》数据得到的计算结果如表 3-9 所示。$m_{E,NG}$ 表示燃烧天然气产生的能量对应的光子质量。用式(3-31)的算法，计算得到的低温热能辐射失去的光子质量也列于表 3-9 中。

Table 3-9　Atmospheric mass emitted by global nutral gas consumption

表 3-9　世界天然气消费排放的大气物质的量

BP	$E(EJ)$	$M_{NG}(kg/a)$	$M_{C,NG}(Mt/a)$	$M_{H_2O,NG}(Mt/a)$	$M_{N_2,NG}(Mt/a)$	$M_{E,NG}(kg)$
2015	131	2.765E+12	3 989	4 622	100	1 460
2016	134	2.826E+12	4 077	4 724	102	1 492

续表

BP	E(EJ)	M_{NG}(kg/a)	M_{C,N_G}(Mt/a)	$M_{H_2O,NG}$(Mt/a)	$M_{N_2,NG}$(Mt/a)	$M_{E,NG}$(kg)
2017	134	2.826E+12	4 077	4 724	102	1 492
2018	139	2.919E+12	4 211	4 879	106	1 541
2019	142	2.981E+12	4 301	4 983	108	1 574
2020	138	2.917E+12	4 208	4 876	106	1 540
2021	145	3.062E+12	4 418	5 119	111	1 617

Chapter 4　Global consumption of nuclear, hydropower, renewable energy and the corresponding quality

第4章　全球消费的核能、水电、可再生能源及对应的质量

The energy of nuclear energy comes from nuclear ore and has nothing to do with the current radiation energy of the Sun. The energy of hydropower comes from the drop water energy, which is the energy produced by the evaporation of water and the flow of air due to the Solar radiation. Renewable energy includes:(1) Chemical energy contained in plants and animals;(2) The Solar radiant energy, including photovoltaic power generation or the Solar thermal power;(3) Wind energy, including wind power generation;(4) Tidal energy, which comes from the ebb and flow of seawater caused by the Moon'sand Sun's gravitational pull on the Earth;(5) Ocean current energy, which comes from the macroscopic directional flow of the Earth's ocean water;(6) Geothermal energy, heat energy from the Earth's crust, is unrelated to the current radiation of the Sun.

核能的能量来自核矿石,与太阳的现时辐射能量没有关系。水电的能量来自落差水能,是由于太阳辐射引起的水的蒸发和空气流动产生的能量。可再生能源包括:(1) 植物、动物体内蕴藏的化学能;(2) 太阳辐射能,含光伏发电或者太阳能热电;(3) 风能,含风力发电;(4) 潮汐能,来自月球和太阳对地球的引力引起的海水潮涨潮落;(5) 洋流能,来自地球海水的宏观定向流动;(6) 地热能,来自地壳蕴藏的热能,与太阳的现时辐射无关。

According to the data of the *Statistical Review of World Energy* published by the British Petroleum Company(BP) and equation(3-31), the corresponding quality of the world's annual consumption of nuclear energy, hydropower and renewable energy is calculated and listed in Table 4-1.

根据英国石油公司(BP)公布的《世界能源年鉴统计》数据和式(3-31),计算得到世界每年消耗的核能、水电、可再生能源对应的质量列于表4-1。

Table 4-1 Corresponding quality of nuclear energy, hydropower and
renewable energy consumed in the world
表 4-1 世界消费的核能、水电、可再生能源对应的质量

年份	Nuclear Power(EJ)	Hydro power(EJ)	Renewable Energy(EJ)	$M_{E,N}$(kg/a)	$M_{E,H}$(kg/a)	$M_{E,R}$(kg/a)
2015	24.4	37.4	15.3	272	416	170
2016	24.8	38.1	17.6	276	424	195
2017	24.8	38.1	17.6	276	424	195
2018	25.6	39.7	23.5	285	442	261
2019	24.9	37.6	29.0	277	418	323
2020	24.4	41.1	34.8	272	457	387
2021	25.3	40.3	39.9	282	448	444

Note: The value of the speed of light is $c=299\ 792\ 458$ m/s.
注：光速取值 $c=299\ 792\ 458$ m/s。

Nuclear Power 核能；

Hydro power 水电；

Renewable Energy 可再生能源；

$M_{E,N}$ 全球每年消费的核能释放的能量对应的光子质量；

$M_{E,H}$ 全球每年消费的水电能量对应的光子质量；

$M_{E,R}$ 全球每年消费的可再生能量对应的光子质量。

The photon mass corresponding to nuclear energy is $272\sim285$ kg/a, the photon mass corresponding to hydropower is $416\sim457$ kg/a, and the photon mass corresponding to renewable energy is $170\sim444$ kg/a. Cmpared to Table 3-3, Table 3-6, Table 3-9, the photon mass corresponding to coal, oil, and natural gas energy is much smaller.

核能对应的光子质量为 $272\sim285$ kg/a，水电对应的光子质量为 $416\sim457$ kg/a，可再生能源对应的光子质量为 $170\sim444$ kg/a。与煤炭、石油、天然气能量（表 3-3，表 3-6，表 3-9）对应的光子质量相比小得多。

Low temperature heat has two functions: (1) Providing relatively high atmospheric temperature, oceansurface layer temperature, land surface layer temperature, which are suitable for plant growth. (2) Radiating energy through the Earth's atmosphere into outer space.

低温热能有两个作用：(1)提供比较高的大气温度、表层海洋温度、表层陆地温度，适合于植物生长。(2)透过地球大气层向地外太空辐射能量。

Chapter 5   The Lunar cycle variation based on BP data

第 5 章   以 BP 数据为基础的月球周期变化

In this chapter, the Lunar cycle changes caused byglobal energy consumption are preliminarily calculated based on BP data.

本章以 BP 数据为基准,初步计算全球能量消费引起的月球周期的变化。

5.1   Overview of atmospheric mass balance

5.1   大气质量平衡概述

Carbon(C) released by the burning of fossil fuels is converted into CO_2 gas and enters the atmosphere. The mass of the atmosphere has increased. The amount of atmospheric mass that the gravity of the Earth can hold is constant, so some of the atmosphere(mainly dry air molecules) escape the Earth's gravitational field and go into space.

化石燃料燃烧释放的碳元素(C)转化成 CO_2 气体进入大气。大气的质量增加了。地球引力场所能约束的大气质量有限,所以有一部分大气(主要是干空气分子)逃逸出地球引力场,进入太空。

The burning of fossil fuels releases hydrogen(H), which is converted into water vapor and finally enters the water vapor system on the Earth's surface.

化石燃料燃烧释放的氢元素(H)转化成水蒸气,最后进入地球表面的水汽系统。

Most of the nitrogen(N) released by the burning of fossil fuels is converted into the nitrogen molecule N_2 and enters the atmosphere. Very little of the nitrogen(N) released by the combustion of fossil fuels is converted into the nitrogen oxide gas molecule NO_X and enters the atmosphere. When it enters the atmosphere, it falls to the ground as acid rain.

化石燃料燃烧释放的氮元素(N),绝大部分转化成氮气分子 N_2 进入大气。极少部分转化成氮氧化物气体分子 NO_X,进入大气以后,会以酸雨的形式降落到地面。

The sulfur elements(S) released by the combustion of fossil fuels are converted into SO_2 and SO_3, most of which are removed by the flue gas desulphurization units of power station boilers and industrial boilers, and only a small amount(estimated 10%) enters the atmosphere. When it enters the atmosphere, it falls to the ground as acid rain.

化石燃料燃烧释放的硫元素(S),转化成 SO_2、SO_3,其中大部分被电站锅炉、工业锅炉的烟气脱硫装置脱除,只有少量(估计 10%)进入大气。进入大气以后,会以酸雨的形式降落到地面。

Water released by the burning of fossil fuels(M_{ar}) is converted into water vapor and finally enters the water vapor system on the Earth's surface.

化石燃料燃烧释放的水分(M_{ar}),转化成水蒸气,最后进入地球表面的水汽系统。

Ash(A_{ar}) released from the burning of fossil fuels is converted into bottom ash, fly ash, and inhalable particulate matter(PM 2.5~PM 10). The bottom slag particles are captured by the boiler slag extraction machine, the fly ash particles are captured by the boiler dust collector, and only the inhalable particles enter the atmosphere and form aerosols. This leads to an increase in atmospheric mass.

化石燃料燃烧释放的灰分(A_{ar}),转化成底渣、飞灰和可吸入颗粒物(PM 2.5~PM 10)。底渣颗粒被锅炉捞渣机捕捉下来,飞灰颗粒被锅炉除尘器捕捉下来,只有可吸入颗粒物进入大气与大气形成气溶胶,这导致了大气质量的提高。

Volcanic eruptions will cause some gases and dust to enter the atmosphere, which will also affect the quality of the atmosphere.

火山喷发会引起一部分气体和尘埃进入大气,这也会影响大气质量。

5.2　Changes in the Lunar cycle caused by the loss of Earth's mass

5.2　地球质量降低引起的月球周期的变化

The gravitational pull between the Earth and the Moon is

地球与月球之间的万有引力为

$$f_1 = G \frac{M_{earth} M_{moon}}{r^2} \tag{5-1}$$

Where G is the universal gravitation constant; M_{earth} is the mass of the Earth; M_{moon} is the mass of the Moon; and r is the average distance between the Earth and the Moon.

其中,G 为万有引力常数;M_{earth} 为地球质量;M_{moon} 为月球质量;r 为地球与月球之间的平均距离。

The gravitational force on the Moon can be expressed as the product of accelerationa and mass M_{moon}.

月球受到的万有引力可以表达为加速度 a 与质量 M_{moon} 的乘积。

$$f_2 = aM_{moon} \tag{5-2}$$

The gravitational pull between the Earth and the Moon is the same.

地球与月球之间的万有引力相同。

$$f_1 = f_2 \tag{5-3}$$

So the centripetal acceleration is

所以,向心加速度为

$$a = G\frac{M_{earth}}{r^2} = \frac{v^2}{r} \tag{5-4}$$

As the Earth's mass decreases, the Moon's orbital acceleration decreases and its orbital radius increases slightly by $\Delta r(m)$.

当地球质量降低时,月球公转加速度会降低,公转半径会少量增加 $\Delta r(m)$。

$$\Delta a = G\frac{\Delta M_{earth}}{r^2} \tag{5-5}$$

$$\Delta a = \frac{v^2}{r} - \frac{v^2}{r + \Delta r} \tag{5-6}$$

Arrangement formula(5-5) and (5-6),we get(5-7):

整理式(5-5)和(5-6)得到式(5-7):

$$\Delta r = \frac{v^2}{\dfrac{v^2}{r} - G\dfrac{\Delta M_{earth}}{r^2}} - r \tag{5-7}$$

Where the gravitation constant $G = 6.673 \times 10^{-11} \text{N} \cdot \text{m}^2/\text{kg}^2$ (Zhang et al.,2023); ΔM_{earth} is the annual reduction of the Earth's mass(kg/a); r is the average distance between the Earth and the Moon(384 400 000 m); v is the linear mean velocity of the Moon(1 023 m/s).

其中,万有引力常数 $G = 6.673 \times 10^{-11} \text{N} \cdot \text{m}^2/\text{kg}^2$(张青梅等,2023);$\Delta M_{earth}$ 是每年地球质量的降低值(kg/a)。r 是地球与月球之间的平均距离(384 400 000 m);v 是月球公转的线平均速度(1 023 m/s)。

The added value of the Lunar orbital period:

月球公转周期的增加值:

$$\Delta \tau = \frac{2\pi(r + \Delta r)}{v} - \frac{2\pi r}{v} = \frac{2\pi \Delta r}{v} \tag{5-8}$$

Changes in air quality caused by fossil fuel consumption have been calculated in chapters 3 and 4, and the results are shown in Table 5-1.

第 3 章、第 4 章已经计算了化石燃料消耗引起的大气质量的变化,结果列于表 5-1。其中,

$$\Delta M_{earth} = M_{C,coal} + M_{C,oil} + M_{C,gas} + M_{N_2,coal} + M_{N_2,oil} + M_{N_2,gas} +$$
$$M_{E,coal} + M_{E,oil} + M_{E,gas} + M_{E,nuclear} + M_{E,hydro} \tag{5-9}$$

Table 5-1　Mass of gases emitted to the atmosphere by energy consumed in
the world and the corresponding mass of energy

表 5-1　世界消费的能源向大气排放的气体质量以及能量对应的质量

Year	$M_{C,coal}$ (Mt/a)	$M_{C,oil}$ (Mt/a)	$M_{C,gas}$ (Mt/a)	$M_{N_2,coal}$ (Mt/a)	$M_{N_2,oil}$ (Mt/a)	$M_{N_2,gas}$ (Mt/a)	$M_{E,coal}$ (kg/a)
2015	5 453	3 746	3 989	86	22	100	1 788
2016	5 300	3 821	4 077	84	22	102	1 738
2017	5 300	3 821	4 077	84	22	102	1 738
2018	5 357	4 032	4 211	85	24	106	1 757
2019	5 357	3 987	4 301	85	23	108	1 757
2020	5 125	3 598	4 208	81	21	106	1 681
2021	5 432	3 806	4 418	86	22	111	1 781

Year	$M_{E,oil}$ (kg/a)	$M_{E,gas}$ (kg/a)	$M_{E,nuclear}$ (kg/a)	$M_{E,hydro}$ (kg/a)	$M_{E,Renewable}$ (kg/a)	ΔM_{earth} (Mt/a)	ΔM_{earth} (kg/a)
2015	2 017	1 460	272	416	170	13 397	1.340E+13
2016	2 058	1 492	276	424	195	13 407	1.341E+13
2017	2 058	1 492	276	424	195	13 407	1.341E+13
2018	2 171	1 541	285	442	261	13 814	1.381E+13
2019	2 147	1 574	277	418	323	13 862	1.386E+13
2020	1 938	1 540	272	457	387	13 140	1.314E+13
2021	2 050	1 617	282	448	444	13 875	1.387E+13

According to the data in Table 5-1, the reduction of earth mass is mainly composed of atmospheric gaseous substances caused by coal, oil and natural gas consumption, including element C in CO_2 gas and nitrogen(N_2). The mass corresponding to energy, that is, coal, oil, natural gas, nuclear energy, hydropower, renewable energy and so on, is very small.

根据表 5-1 的数据可知：地球质量的降低值主要由煤炭、石油、天然气消耗引起的大气气态物质组成，包括 CO_2 气体中的元素 C，以及氮气（N_2）等。由能量对应的质量，即煤炭、石油、天然气、核能、水电、可再生能源等能量对应的质量很小。

By substituting the data in Table 5-1 into equations(5-7) and(5-8), the increment of the Lunar revolution period is obtained, and the results are listed in Table 5-2.

将表 5-1 的数据代入式（5-7）和式（5-8），得到月球的公转周期的增量，结果列于表 5-2。

Table 5-2　The Lunar revolution period change from global energy consumption

表 5-2　世界能源消费引起的月球公转周期增量

Year	$\Delta\tau(ns/a)$
2015	5 243
2016	5 247
2017	5 247
2018	5 406
2019	5 425
2020	5 142
2021	5 430
均值	5 306

As can be seen from the data in Table 5-2, the mean change of the Lunar revolution period from 2015 to 2021 calculated based on the data of *Statistic Review of World Energy* published by British Petroleum Company (BP) is 5 306 ns, that is, about 5.3 μs.

由表 5-2 的数据可知:以英国石油公司 BP 公布的《世界能源统计年鉴》数据为准计算得到的 2015—2021 年月球公转周期的变化均值为 5 306 ns,即 5.3 μs 左右。

5.3　Error and uncertainty of Earth mass reduction value

5.3　地球质量降低值的误差与不确定度

Error analysis: the data listed in Table 5-1 does not include the mass of gaseous substances such as CO_2 discharged into the atmosphere by the volcanic eruption of the Earth, nor the mass of extraterrestrial dust such as meteorite landing. Therefore, the data in Table 5-1 has errors. According to the data listed in Table 5-1, the mass of material emitted to the atmosphere by the global energy consumption is about $\Delta M_{earth}=$ (13.4~13.9)$\times10^9$ t/a=(13.4~13.9) Gt/a, and the Eearth receives 4×10^4 t/a=4×10^{-5} Gt/a of extraterrestrial dust. The flux of meteorite is 50 t/a(Xia et al., 2018). According to the research results of Zhao et al. (2018), the average amount of CO_2 released by global volcanic eruptions from 1984 to 2017 was 157.4 Mt/a=0.157 Gt/a. Therefore, the impact of global volcanic eruptions and extraterrestrial dust falls on the change in atmospheric mass(ΔM_{earth}) caused by global energy consumption is very small, the impact on the Lunar orbital period is about 1.15%.

误差分析:表 5-1 所列的数据没有将地球火山喷发排向大气的 CO_2 等气态物质质量列入,也没有将陨石降落等地外尘埃质量列入,因此存在误差。根据表 5-1 所列数据,全球消耗的能源向大气排放的物质质量大约为 $\Delta M_{earth}=$(13.4~13.9)$\times10^9$t/a=(13.4~

13.9)Gt/a,地球要接受 4×10^4 t/a＝4×10^{-5} Gt/a 地外尘埃,陨石的通量为 50 t/a(夏志鹏等,2018)。根据赵文斌等(2018)的研究结果,1984—2017 年全球火山喷发释放的 CO_2 量均值为 157.4 Mt/a＝0.157 Gt/a。因此,全球火山喷发和地外尘埃降落对全球能源消耗引起的大气质量变化(ΔM_{earth})的影响很小,对月球公转周期的影响大约为 1.15%。

Table 5-3　CO₂ fluxes released by global volcanic eruptions (Zhao et al., 2018)

表 5-3　全球火山喷发释放的 CO_2 通量(赵文斌等, 2018)

Year	$F_{CO_2,1}$ (Mt/a)	$F_{CO_2,2}$ (Mt/a)	$F_{CO_2,3}$ (Mt/a)	$F_{CO_2,4}$ (Mt/a)	$F_{CO_2,5}$ (Mt/a)	F_{CO_2} (Mt/a)
	Volcano	Volcanic Lakes	Subduction zones and mid-ocean ridges	Subduction zones	Mid-ocean ridges and intraplate volcanoes	Summary
年份	火山	火山湖	俯冲带、洋中脊	俯冲带	洋中脊、板块内	合计
1984			35.2			35.2
1986				0.65		0.65
1989			30.8			30.8
1991	79					79
1992	99.667			0.642		100.3
1994					0.19	0.19
1996	136		101	0.604	0.224	237.8
1997				0.370		0.4
1998	242		96.8	0.277		339.1
1999		0.406		0.059		0.5
2000				0.016		0.0
2001	99	0.038	165	0.409		264.4
2002	300	0.003		0.018		300.0
2003	2003			1.797		2004.8
2004			25	1.595		26.6
2005				0.252		0.3
2006		0.096		0.004		0.1
2007		0.016		0.077	0.084	0.2
2008		0.126		0.046		0.2
2009		0.116		2.517		2.6
2010		0.105	185	0.633		185.7
2011				0.260		0.3
2012				0.255	0.165	0.4

Year	$F_{CO_2,1}$ (Mt/a)	$F_{CO_2,2}$ (Mt/a)	$F_{CO_2,3}$ (Mt/a)	$F_{CO_2,4}$ (Mt/a)	$F_{CO_2,5}$ (Mt/a)	F_{CO_2} (Mt/a)
	Volcano	Volcanic Lakes	Subduction zones and mid-ocean ridges	Subduction zones	Mid-ocean ridges and intraplate volcanoes	Summary
年份	火山	火山湖	俯冲带、洋中脊	俯冲带	洋中脊、板块内	合计
2013	540			2.767	0.013	542.8
2015			80.4	0.021	0.385	80.8
2016				1.572		1.6
2017				15		15.0
					均值	157.4

The mass of the energy listed in Table 5-1 refers to the total amount of energy consumed in the world, but some of the energy is not actually converted into heat. For example, the production of products in the chemical field absorbs a part of the energy, and the production process of metallurgy, ceramics, glass, building materials and other industries also absorbs a part of the energy. Therefore, the data in Table 5-1 has errors.

表 5-1 所列的能量对应的质量是指世界消费的能量总和,实际上有一部分能量并没有最终转化为热能。例如,化工领域的产品生产吸收了一部分能量,冶金、陶瓷、玻璃、建材等行业的生产过程中,产品也吸收了一部分能量。因此,表 5-1 的数据有误差。

The uncertainty analysis is as follows.

不确定度分析如下。

The composition of the world's energy consumption fluctuates from year to year, and total energy consumption increases.

世界每年消费的能源构成都会有波动,能源消费总量在提高。

The amount of gaseous material produced by volcanic eruptions and the increase in Earth's mass from meteorite landings fluctuate uncertainly from year to year.

火山喷发产生的气态物质的量以及陨石降落增加的地球质量,每年都会有不确定性波动。

The lifetime of aerosol produced by volcanic eruption is 1～3 years (Zhou et al., 2024). Therefore, the atmosphere removes the solid particles that are difficult to settle in the atmosphere by means of rainfall and snowfall every year. This effect is an improvement in air quality.

火山喷发产生的气溶胶的寿命为 1～3 年(周天军等,2024)。因此,大气每年都会通过降雨、降雪的方式清除大气中难以沉降的固体颗粒。这种作用对大气质量是一种改善。

5.4 Concluding remarks

5.4 结论性评价

Through continuous Earth-year measurement of the Lunar orbital period and comparison of the extension of the Lunar orbital period, the total annual energy consumption of the Earth can be calculated basically accurately.

通过对月球公转周期的地球年连续测量,比较月球公转周期的延长幅度,基本上可以准确地计算出地球每年的能源消费总量。

Chapter 6　The mechanism of maintaining constant temperature on the Earth's surface layer

第 6 章　地球表层维持恒温的机理

6.1　Overview of the mechanism of maintaining constant temperature on the Earth surface layer

6.1　地球表层维持恒温的机制概述

The energy at the Earth's surface comes from the Solar radiation, geothermal sources, the Sun's gravity energy, the Moon's gravitational energy, and the consumption of fossil fuels.

地球表面的能量来自太阳辐射、地热资源、太阳引力、月球引力能以及化石燃料的消耗。

The carbon dioxide cycle and equilibrium of the Earth are shown in Figure 6-1.

地球的二氧化碳循环与平衡关系见图 6-1。

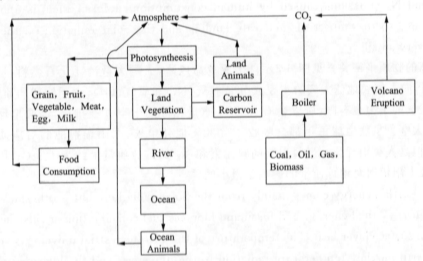

Figure 6-1　The carbon dioxide cycle and equilibrium of the Earth

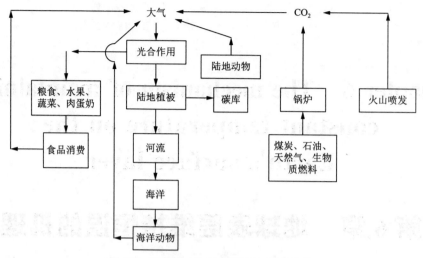

图 6-1　地球的二氧化碳循环与平衡关系

Earth's terrestrial vegetation includes forests, grasslands, wetlands, shrublands, and crops, of which forests are the main carbon reservoirs.

地球的陆地植被包括森林、草原、湿地、灌丛、农作物,其中森林是主要的碳库。

The material balance of the Earth is shown in Figure 6-2. Since the Industrial Revolution, human consumption of fossil fuels has led to a large amount of CO_2 being released into the atmosphere. The main components of the Earth's atmosphere are nitrogen(N_2) and oxygen(O_2). Due to the limited mass of the Earth and the limited gravity of the Earth to the atmosphere, dry air with the same mass as CO_2 will be repelled and escape the Earth's gravitational field and enter space. Although the Earth absorbs and accumulates 40 000 tons of extraterrestrial dust every year, the corresponding mass of the Solar radiant energy is about 9 000 tons, but the mass of carbon and N_2 emissions caused by human consumption of fossil fuels is about 13.9 billion tons, so the impact of meteorite landing and the Solar radiation on the Earth's mass is very small.

地球的物质平衡关系见图 6-2。自工业革命以来,人类大量消耗化石燃料,导致大量的 CO_2 排向大气。地球大气的主要成分是氮气(N_2)和氧气(O_2),由于地球的质量有限,地球对大气的引力也有限,所以会有与 CO_2 质量相等的干空气被排斥,逃逸地球的引力场,进入太空。虽然地球每年都会吸收 40 000 t 地外尘埃,太阳辐射能的对应质量约为 9 000 t,但是人类消耗化石燃料引起的碳元素和 N_2 的排放质量大约为 139 Gt,因此陨石降落以及太阳辐射对地球质量的影响是很小的。

The Earth's energy comes mainly from the Solar radiation, but geothermal energy, nuclear energy, tidal energy, and fossil and biomass fuel consumption are also sources of the Earth surface layer heat. The temperature of the extraterrestrial universe is very low, so the Earth has low-temperature radiation to the universe, and the low-temperature

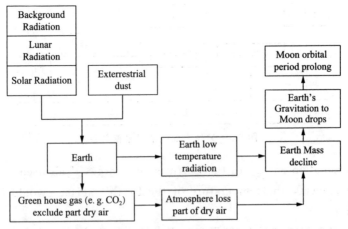

Figure 6-2　Material balance of the Earth

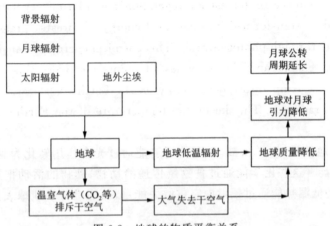

图 6-2　地球的物质平衡关系

radiation energy will also make the Earth lose part of its mass. The energy balance of the Earth is shown in Figure 6-3.

　　地球的能量主要来自太阳辐射,地热能、核能、潮汐能以及化石燃料和生物质燃料消耗也是地表热量的来源。宇宙的温度是很低的,因此地球对于宇宙存在低温辐射,低温辐射能量也会使地球失去一部分质量。地球的能量平衡见图 6-3。

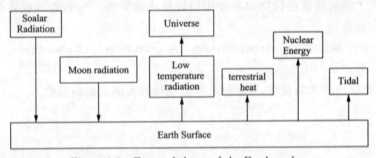

Figure 6-3　Energy balance of the Earth surface

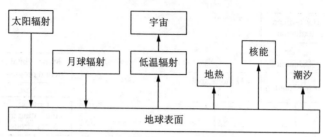

图 6-3　地球表面的能量平衡关系

The Sun's radiation energy to the Earth is very large, if all used to heat the land, oceans and atmosphere, the temperature of the Earth's surface would be too high for human habitation.

太阳对地球的辐射能量很大,如果全部用来加热陆地、海洋和大气,地球表面的温度会很高,人类无法居住。

Due to the existence of terrestrial vegetation and Marine vegetation, the radiant energy of the Sun is transformed into chemical energy of forests, grasslands, wetlands and Marine plants through photosynthesis. This chemical energy is transferred to animals through the food chain, and the activities of animals convert this energy into heat energy, and the low temperature heat energy on the Earth's surface is dissipated to the universe through radiation. This keeps the temperature of the Earth's surface basically constant.

由于存在陆地植被、海洋植被,太阳的辐射能通过光合作用转化为森林、草原、湿地、海洋植物的化学能。这些化学能通过食物链传递给动物,动物的活动把这些能量转化为热能,地球表面的低温热能通过辐射向宇宙散失能量,从而维持了地球表面的温度基本上不变。

The mechanism by which the Earth's surface maintains temperature is shown in Figure 6-4.

地球表面维持温度的机制见图 6-4。

The enormous radiant energy of the Sun is converted into chemical energy by photosynthesis in plants. The carrier of chemical energy is the plant, and the temperature of the plant does not rise.

太阳的巨大辐射能经过植物的光合作用转化成化学能。化学能的载体就是植物,植物的温度不会升高。

As a result, plants act as huge reservoirs of carbon and also function as cooling devices at the Earth's surface.

因此,植物作为巨大的碳库,同时也具有着地球表面降温器的功能。

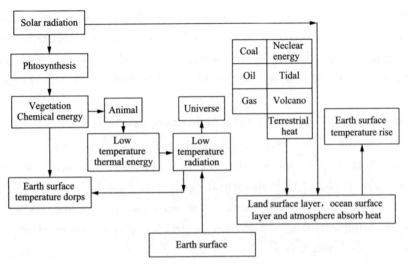

Figure 6-4　Mechanism of Earth surface temperature maintenance

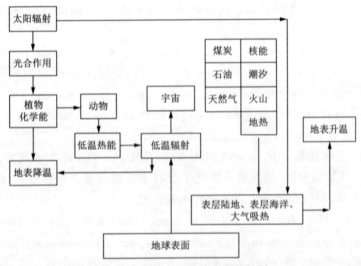

图 6-4　地球表面维持温度的机制

Since the industrial revolution, human activities in the primary, secondary and tertiary industries have consumed large amounts of fossil fuels, while also cutting down large amounts of forests. This disrupts the overall heat and ecological balance of the Earth's surface, resulting in a continuous increase in atmospheric temperature and atmospheric CO_2 concentration.

自从工业革命以来,人类进行第一、第二、第三产业的活动时消耗了大量化石燃料,同时也砍伐了大量森林。这就从总体上打破了地球表面的热量和生态平衡关系,导致大气温度和大气中 CO_2 浓度的持续升高。

In order to maintain the human settlement environment on the Earth's surface, the total consumption of natural resources by human activities must be greatly reduced, and thus ensure that the low temperature heat energy and CO_2 emissions are greatly reduced. This restores the Earth's surface's natural mechanism for maintaining temperature.

要维持地球表面的人居环境,必须大幅度降低人类活动对于自然资源的消耗总量,进而保证低温热能和 CO_2 排放量的大幅度降低。这样就恢复了地球表面维持温度的自然机制。

The specific calorific value of CO_2 is higher than that of O_2 and N_2, $c_{p,CO_2} > c_{p,O_2} > c_{p,N_2}$. A large amount of CO_2 discharged into the atmosphere will cause the increase of the total specific heat of the atmosphere ($c_{p,air}$). Therefore, when the atmospheric temperature increases by 1.0 ℃, more heat needs to be absorbed; when the atmospheric temperature decreases by 1.0 ℃, more heat needs to be released. As a result, the weather is becoming increasingly dry, and the frequency and amount of rain, snow and precipitation are becoming less and less.

CO_2 的比热值比 O_2、N_2 的比热值高,即 $c_{p,CO_2} > c_{p,O_2} > c_{p,N_2}$。大量的 CO_2 排入大气会引起大气总比热($c_{p,air}$)的提高。因此,大气温度升高 1 ℃,需要吸收较多的热量,大气温度降低 1 ℃,需要释放较多的热量。现在的天气越来越干旱,降雨、降雪的频率和降水量越来越低。

The role of forests, vegetation, marine plants(1) A absorb CO_2 in the atmosphere and reduce greenhouse gases in the atmosphere. (2) Absorb part of the Solar radiation energy and convert it into chemical energy without no temperature rise. Protecting forests and increasing forest area is to expand the carbon pool capacity and have a positive effect on improving the ecological environment of the Earth.

森林、植被、海洋植物等的作用:(1) 吸收大气中的 CO_2,减少大气中的温室气体。(2) 吸收一部分太阳辐射能,将其转化成化学能而不升高温度。保护森林,增加林地面积就是扩大碳库容量,对改善地球生态环境有正面作用。

Grains, vegetables, fruits, and fish as human food participate in the cycle of CO_2 and C. Turning large changes in temperature into small fluctuations. Therefore, in the summer of the northern hemisphere, crops, fruits and vegetables, and fish grow most vigorously and absorb the most amount of CO_2, and the atmospheric CO_2 concentration in the Northern Hemisphere reaches the lowest level. Atmospheric CO_2 concentrations are highest in the northern hemisphere during winter, when crops, fruits and vegetables, and fish grow most slowly and absorb the least amount of CO_2. In the southern hemisphere, the opposite is true. Summer in the northern hemisphere is winter in the southern hemisphere, when crops, fruits and vegetables, and fish grow the slowest and absorb the least amount of CO_2, and atmospheric CO_2 concentrations are highest in the Southern Hemisphere. Winter in the northern hemisphere is summer in the southern Hemisphere, when crops, fruits and vegetables, and fish grow most rapidly and absorb the most CO_2, and atmospheric CO_2 concentrations in the southern hemisphere reach their lowest levels. Because the land area is mainly concentrated in the northern hemisphere, the production of crops, and fish in the summer of the northern hemisphere is larger than that of crops and fish in the summer of the southern hemisphere.

粮食和鱼类作为人类的食品,参与了 CO_2 与 C 的循环。将气温的大幅度变化变成小幅度波动。因此,在北半球的夏天,农作物和鱼类生长最为旺盛,吸收的 CO_2 最多,此时北半球的大气 CO_2 浓度达到最低水平。在北半球的冬天,农作物和鱼类生长最为缓慢,吸收的 CO_2 最少,此时北半球的大气 CO_2 浓度达到最高水平。南半球的情况正好相反,北半球的夏天正是南半球的冬天,农作物和鱼类生长最为缓慢,吸收的 CO_2 最少,此时南半球的大气 CO_2 浓度达到最高水平。北半球的冬天正是南半球的夏天,农作物和鱼类生长最为迅速,吸收的 CO_2 最多,此时南半球的大气 CO_2 浓度达到最低水平。由于陆地面积主要集中在北半球,因此,北半球夏天农作物和鱼类的产量比南半球夏天的产量大。

6.2　The effect of circulating heat on The Earth's surface temperature

6.2　地球表面循环的热量对地表温度的影响

As food, fruits, vegetables and fish participate in the carbon cycle between the atmosphere, the surface and the ocean. The existence of the carbon cycle reduces the temperature change throughout the year, which is conducive to the improvement of human living environment.

粮食、水果、蔬菜以及鱼类作为人类食物,参与了大气与地表、海洋之间的碳循环。碳循环的存在削减了一年四季的气温变化幅度,从而有利于人类居住环境的改善。

Based on the data of the United Nations Food and Agriculture Organization(FAO), this monograph calculates the world output of grain, vegetables and fruits from 1961 to 2022(Table 6-1).

本专著根据联合国粮农组织(FAO)数据,统计了 1961—2022 年世界粮食、蔬菜、水果等产量(表 6-1)。

Grains include rice, barley, millet, wheat, buckwheat, yam, corn, sweet potato, potato, sorghum, oats, blackwheat, rye.

粮食包括水稻、大麦、小米、小麦、荞麦、薯蓣、玉米、甘薯、马铃薯、高粱、燕麦、黑小麦、黑麦。

The rest of the crop data includes vegetables and fruits.

其余的农作物数据计入蔬菜和水果。

It can be calculated from the data in Table 6-1 that from 1961 to 2022, the growth rate of world grain output is 5.07×10^7 t/a, and the growth rate of vegetable and fruit output is 9.49×10^7 t/a. The average annual ratio of vegetable and fruit output to grain output increased by 0.820% /a.

由表 6-1 的数据计算得到:1961—2022 年,世界粮食产量增速为 5.07×10^7 t/a,蔬菜、水果的产量增速为 9.49×10^7 t/a。蔬菜、水果产量与粮食产量之比平均每年的增长率为

0.820%。

Table 6-1 Production statistics of grains, vegetables and fruits worldwide from 1961 to 2022

表 6-1 世界粮食、蔬菜和水果的产量统计(1961—2022 年)

Year 年份	M_{Food}(t/a) 粮食	M_{total}(t/a) 总计	M_{VF}(t/a) 蔬菜和水果	$r_{VF/Food}$ 蔬菜和水果/粮食
1961	1.15E+09	2.51E+09	1.36E+09	1.186
1962	1.19E+09	2.57E+09	1.38E+09	1.162
1963	1.22E+09	2.62E+09	1.40E+09	1.144
1964	1.29E+09	2.80E+09	1.51E+09	1.172
1965	1.27E+09	2.84E+09	1.57E+09	1.235
1966	1.36E+09	2.97E+09	1.61E+09	1.178
1967	1.43E+09	3.06E+09	1.64E+09	1.150
1968	1.47E+09	3.14E+09	1.67E+09	1.133
1969	1.46E+09	3.14E+09	1.68E+09	1.154
1970	1.50E+09	3.29E+09	1.79E+09	1.195
1971	1.59E+09	3.37E+09	1.78E+09	1.125
1972	1.53E+09	3.31E+09	1.77E+09	1.156
1973	1.67E+09	3.57E+09	1.90E+09	1.139
1974	1.62E+09	3.54E+09	1.93E+09	1.191
1975	1.64E+09	3.62E+09	1.98E+09	1.209
1976	1.74E+09	3.79E+09	2.05E+09	1.178
1977	1.74E+09	3.88E+09	2.14E+09	1.229
1978	1.88E+09	4.10E+09	2.22E+09	1.184
1979	1.84E+09	4.06E+09	2.22E+09	1.208
1980	1.80E+09	3.99E+09	2.20E+09	1.225
1981	1.80E+09	3.99E+09	2.20E+09	1.225
1982	1.96E+09	4.44E+09	2.47E+09	1.261
1983	1.80E+09	4.11E+09	2.31E+09	1.278
1984	2.08E+09	4.65E+09	2.56E+09	1.230
1985	2.11E+09	4.72E+09	2.61E+09	1.240
1986	2.13E+09	4.78E+09	2.65E+09	1.246
1987	2.06E+09	4.82E+09	2.77E+09	1.346
1988	2.01E+09	4.78E+09	2.77E+09	1.382
1989	2.16E+09	5.03E+09	2.87E+09	1.329
1990	2.23E+09	5.16E+09	2.93E+09	1.311

Year 年份	M_{Food}(t/a) 粮食	M_{total}(t/a) 总计	M_{VF}(t/a) 蔬菜和水果	$r_{VF/Food}$ 蔬菜和水果/粮食
1991	2.60E+09	5.98E+09	3.38E+09	1.301
1992	2.71E+09	6.18E+09	3.47E+09	1.278
1993	2.69E+09	6.16E+09	3.48E+09	1.294
1994	2.70E+09	6.30E+09	3.59E+09	1.329
1995	2.66E+09	6.45E+09	3.78E+09	1.421
1996	2.90E+09	6.84E+09	3.95E+09	1.363
1997	2.93E+09	6.97E+09	4.04E+09	1.377
1998	2.93E+09	7.07E+09	4.13E+09	1.409
1999	2.92E+09	7.22E+09	4.31E+09	1.475
2000	2.89E+09	7.31E+09	4.42E+09	1.530
2001	2.91E+09	7.40E+09	4.49E+09	1.546
2002	2.87E+09	7.56E+09	4.69E+09	1.636
2003	2.86E+09	7.66E+09	4.80E+09	1.675
2004	3.14E+09	8.04E+09	4.90E+09	1.562
2005	3.12E+09	8.09E+09	4.97E+09	1.590
2006	3.12E+09	8.28E+09	5.16E+09	1.651
2007	3.22E+09	8.64E+09	5.42E+09	1.683
2008	3.44E+09	9.10E+09	5.66E+09	1.645
2009	3.41E+09	9.07E+09	5.66E+09	1.659
2010	3.41E+09	9.26E+09	5.85E+09	1.714
2011	3.60E+09	9.77E+09	6.17E+09	1.712
2012	3.59E+09	9.84E+09	6.26E+09	1.743
2013	3.82E+09	1.03E+10	6.46E+09	1.691
2014	3.89E+09	1.05E+10	6.57E+09	1.690
2015	3.96E+09	1.06E+10	6.59E+09	1.665
2016	4.03E+09	1.07E+10	6.66E+09	1.653
2017	4.10E+09	1.09E+10	6.83E+09	1.665
2018	4.05E+09	1.10E+10	6.95E+09	1.716
2019	4.10E+09	1.12E+10	7.05E+09	1.720
2020	4.15E+09	1.11E+10	6.99E+09	1.682
2021	4.25E+09	1.13E+10	7.07E+09	1.665
2022	4.24E+09	1.14E+10	7.15E+09	1.687

The production process of grain, vegetables and fruits absorbs CO_2 in the atmosphere, and the consumption process of grain, vegetables and fruits releases CO_2 into the atmosphere, forming an internal circulation of carbon elements between the atmosphere and the surface. At the same time, the growth process of grains, vegetables and fruits absorbs the radiant energy of the Sun and converts it into the chemical energy of grains, vegetables and fruits, reducing the atmospheric temperature. The consumption of food, vegetables, and fruits converts chemical energy into heat and releases it into the atmosphere, oceans and land. This process of centralized energy storage and slow release converts the large temperature fluctuations caused by the Sun's radiation to the Earth into small temperature fluctuations, which maintaining the stability of the Earth's surface temperature. However, the fact that the Earth's atmospheric temperature continues to rise shows: (1) The world's forest reserves are decreasing year by year; (2) The continuous growth of the world population causes the release of greenhouse gases such as CO_2 and energy from fossil fuels to increase year by year.

粮食、蔬菜、水果的生产过程吸收了大气中的 CO_2,粮食、蔬菜、水果的消耗过程向大气中释放 CO_2,形成的碳元素在大气与地表之间循环。同时,粮食、蔬菜、水果的生长过程吸收了太阳的辐射能,并转化成粮食、蔬菜、水果的化学能,降低了大气温度。粮食、蔬菜、水果的消耗过程将化学能转化为热能释放到大气、海洋、陆地中。这种能量的集中存储、缓慢释放过程将太阳对地球的辐射能引起的大幅度温度震荡转化成小幅度温度波动,维持了地球表面温度的稳定性。但是,地球大气温度持续升高的事实说明:世界森林储量逐年降低;世界人口持续增长,引起化石燃料释放的 CO_2 等温室气体和能量逐年增加。

Calorific values of common grains are shown in Table 6-2.

常见粮食的热值见表 6-2。

The average calorific value of main grains and secondary grains is shown in Table 6-3.

主要粮食热值和次要粮食热值的均值见表 6-3。

Table 6-2　Calorific values of common grains

表 6-2　常见粮食的热值

粮食名称	$LHV(kJ/kg)$	参考文献
大米	15 293	马艳等,2013
小米	16 434	马艳等,2013
黄豆	21 282	马艳等,2013
红豆	15 916	马艳等,2013
玉米粉	15 246	马艳等,2013
大米	17 290	高锦红,2016
红香米	17 190	高锦红,2016
薏米	18 910	高锦红,2016

粮食名称	LHV(kJ/kg)	参考文献
糙米	17 480	高锦红，2016
黑米	16 680	高锦红，2016
高粱米	17 140	高锦红，2016
小米	18 060	高锦红，2016
荞麦	17 450	高锦红，2016
燕麦	18 820	高锦红，2016
荨麻子	20 430	高锦红，2016
粳米	18 610	高锦红，2016

Table 6-3　Average calorific values of primary and secondary grains

表 6-3　主要和次要粮食热值的均值

粮食名称	LHV(kJ/kg)	粮食名称	LHV(kJ/kg)	粮食名称	LHV(kJ/kg)
主要粮食		次要粮食		次要粮食	
大米	15 293	小米	16 434	黑米	14 680
玉米粉	15 246	黄豆	21 282	高粱米	15 140
燕麦	16 820	红豆	15 916	小米	16 060
均值	15 786	红香米	15 190	荞麦	15 450
		薏米	16 910	荨麻子	18 430
		糙米	15 480	粳米	16 610
				均值	16 465

Among the grains consumed in the world, wheat, corn and rice are the main grains, and the rest are defined as secondary grains. The statistical results are shown in Table 6-4.

全球消费的粮食中，小麦、玉米、水稻是主要粮食，其余的定义为次要粮食，统计结果见表 6-4。

Table 6-4　Production of major and minor grains for global consumption from 1961 to 2022

表 6-4　全球消费的主要粮食和次要粮食产量(1961—2022 年)

Year	M_{Food}(t/a)	$M_{主要粮食}$(t/a)	$r_{主要粮食}$	$M_{次要粮食}$(t/a)
年份	粮食	小麦、玉米、水稻	主要粮食份额	次要粮食
1961	1.15E+09	6.43E+08	0.560	5.05E+08
1962	1.19E+09	6.82E+08	0.575	5.05E+08
1963	1.22E+09	7.01E+08	0.574	5.20E+08
1964	1.29E+09	7.47E+08	0.580	5.41E+08
1965	1.27E+09	7.44E+08	0.585	5.28E+08
1966	1.36E+09	8.11E+08	0.594	5.54E+08

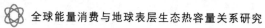
续表

Year	M_{Food}(t/a)	$M_{主要粮食}$(t/a)	$r_{主要粮食}$	$M_{次要粮食}$(t/a)
年份	粮食	小麦、玉米、水稻	主要粮食份额	次要粮食
1967	1.43E+09	8.44E+08	0.592	5.81E+08
1968	1.47E+09	8.71E+08	0.593	5.99E+08
1969	1.46E+09	8.74E+08	0.600	5.83E+08
1970	1.50E+09	8.93E+08	0.595	6.07E+08
1971	1.59E+09	9.79E+08	0.617	6.07E+08
1972	1.53E+09	9.59E+08	0.625	5.75E+08
1973	1.67E+09	1.02E+09	0.613	6.46E+08
1974	1.62E+09	9.97E+08	0.617	6.19E+08
1975	1.64E+09	1.05E+09	0.644	5.83E+08
1976	1.74E+09	1.12E+09	0.643	6.22E+08
1977	1.74E+09	1.12E+09	0.645	6.18E+08
1978	1.88E+09	1.22E+09	0.651	6.55E+08
1979	1.84E+09	1.22E+09	0.661	6.23E+08
1980	1.80E+09	1.23E+09	0.687	5.62E+08
1981	1.80E+09	1.23E+09	0.687	5.62E+08
1982	1.96E+09	1.35E+09	0.687	6.15E+08
1983	1.80E+09	1.22E+09	0.679	5.80E+08
1984	2.08E+09	1.43E+09	0.686	6.55E+08
1985	2.11E+09	1.45E+09	0.689	6.55E+08
1986	2.13E+09	1.48E+09	0.694	6.51E+08
1987	2.06E+09	0.00E+00	0.000	2.06E+09
1988	2.01E+09	1.39E+09	0.693	6.15E+08
1989	2.16E+09	1.53E+09	0.709	6.29E+08
1990	2.23E+09	1.59E+09	0.713	6.41E+08
1991	2.60E+09	1.95E+09	0.749	6.53E+08
1992	2.71E+09	2.01E+09	0.740	7.05E+08
1993	2.69E+09	1.96E+09	0.730	7.26E+08
1994	2.70E+09	2.02E+09	0.746	6.86E+08
1995	2.66E+09	2.00E+09	0.752	6.60E+08
1996	2.90E+09	2.16E+09	0.746	7.35E+08
1997	2.93E+09	2.21E+09	0.754	7.20E+08
1998	2.93E+09	2.23E+09	0.761	7.02E+08
1999	2.92E+09	2.24E+09	0.768	6.76E+08

Year	M_{Food}(t/a)	$M_{主要粮食}$(t/a)	$r_{主要粮食}$	$M_{次要粮食}$(t/a)
年份	粮食	小麦、玉米、水稻	主要粮食份额	次要粮食
2000	2.89E+09	2.17E+09	0.753	7.14E+08
2001	2.91E+09	2.19E+09	0.754	7.14E+08
2002	2.87E+09	2.15E+09	0.751	7.14E+08
2003	2.86E+09	2.15E+09	0.750	7.15E+08
2004	3.14E+09	2.37E+09	0.757	7.62E+08
2005	3.12E+09	2.39E+09	0.767	7.29E+08
2006	3.12E+09	2.41E+09	0.770	7.17E+08
2007	3.22E+09	2.50E+09	0.778	7.15E+08
2008	3.44E+09	2.67E+09	0.775	7.73E+08
2009	3.41E+09	2.66E+09	0.781	7.48E+08
2010	3.41E+09	2.68E+09	0.785	7.33E+08
2011	3.60E+09	2.82E+09	0.783	7.80E+08
2012	3.59E+09	2.81E+09	0.784	7.76E+08
2013	3.82E+09	3.01E+09	0.789	8.07E+08
2014	3.89E+09	3.06E+09	0.787	8.27E+08
2015	3.96E+09	3.14E+09	0.793	8.19E+08
2016	4.03E+09	3.22E+09	0.799	8.09E+08
2017	4.10E+09	3.27E+09	0.798	8.30E+08
2018	4.05E+09	3.23E+09	0.797	8.23E+08
2019	4.10E+09	3.26E+09	0.795	8.39E+08
2020	4.15E+09	3.29E+09	0.793	8.59E+08
2021	4.25E+09	3.39E+09	0.799	8.54E+08
2022	4.24E+09	3.37E+09	0.795	8.68E+08

By substituting the average calorific values of major and minor grains in Table 6-3 into Table 6-4, the energy corresponding to global food consumption can be obtained (Table 6-5).

将表 6-3 的主要粮食和次要粮食热值均值代入表 6-4,可以得到全球消耗的粮食对应的能量(表 6-5)。

In order to calculate the amount of vegetables and fruits participating in the surface heat cycle, the author consulted some literature and obtained data on kitchen waste, as shown in Tables 6-6.

为了计算蔬菜、水果参与地表热循环的数量,作者查阅文献得到了一些厨余垃圾的数据,见表 6-6。

Table 6-5 Global energy consumption of major and minor foods from 1961 to 2022

表 6-5 全球消耗的主要粮食和次要粮食对应的能量(1961—2022 年)

年份	$E_{主要粮食}$(EJ/a)	$E_{次要粮食}$(EJ/a)	年份	$E_{主要粮食}$(EJ/a)	$E_{次要粮食}$(EJ/a)
1961	10.15	8.32	1992	31.72	11.60
1962	10.76	8.31	1993	30.92	11.96
1963	11.06	8.56	1994	31.86	11.29
1964	11.79	8.90	1995	31.63	10.87
1965	11.75	8.70	1996	34.13	12.10
1966	12.80	9.12	1997	34.91	11.85
1967	13.33	9.57	1998	35.22	11.56
1968	13.75	9.86	1999	35.41	11.14
1969	13.79	9.60	2000	34.32	11.76
1970	14.10	9.99	2001	34.59	11.76
1971	15.45	10.00	2002	34.00	11.75
1972	15.14	9.47	2003	33.90	11.78
1973	16.14	10.64	2004	37.49	12.54
1974	15.74	10.19	2005	37.80	12.00
1975	16.65	9.60	2006	37.98	11.81
1976	17.68	10.24	2007	39.54	11.77
1977	17.73	10.17	2008	42.12	12.72
1978	19.30	10.79	2009	42.03	12.32
1979	19.21	10.26	2010	42.33	12.06
1980	19.47	9.25	2011	44.54	12.85
1981	19.47	9.25	2012	44.40	12.78
1982	21.27	10.12	2013	47.54	13.28
1983	19.33	9.55	2014	48.31	13.62
1984	22.54	10.78	2015	49.58	13.49
1985	22.94	10.78	2016	50.86	13.31
1986	23.29	10.72	2017	51.65	13.66
1987	0.00	33.86	2018	50.91	13.54
1988	21.96	10.13	2019	51.49	13.82
1989	24.14	10.36	2020	52.00	14.15
1990	25.15	10.55	2021	53.58	14.06
1991	30.72	10.76	2022	53.26	14.29

In Table 6-6, the first set of data is based on dry basis, and the second set of data is based on air dry basis. Take the mean values separately to obtain the parameters for two types of kitchen waste. Then, assuming that the moisture content of fresh kitchen waste is $M_{ar}=70.00\%$, calculate the received basic component data of kitchen waste according to equation(6-1), where X represents ash content A, volatile content V, fixed carbon FC, and elemental analysis components C, H, O, N, S. Calculate the low calorific value LHV_{ar} of the received kitchen waste according to equation(6-2), as shown in Table 6-7, with a meanvalue of 3.

在表 6-6 中,第一组数据为干燥基数据,第二组数据为空气干燥基数据,分别将其取均值,得到两种厨余垃圾的参数。然后,假设新鲜厨余垃圾的水分含量 $M_{ar}=70.00\%$,按照式(6-1)计算得到厨余垃圾的干燥基(d)、空气干燥基(ad)成分数据,其中,X 表示灰分 A、挥发分 V、固定碳 FC 以及元素分析成分 C、H、O、N、S。按照式(6-2)计算得到收到基厨余垃圾的低位发热量 LHV_{ar},见表 6-7,均值为 3。

$$X_{ar}=X_d\frac{100-M_{ar}}{100} \tag{6-1a}$$

$$X_{ar}=X_{ad}\frac{100-M_{ar}}{100-M_{ad}} \tag{6-1b}$$

$$LHV_{ar}=32\ 792\frac{C_{ar}}{100}+120\ 600\frac{H_{ar}}{100}+9\ 310\frac{S_{ar}}{100}$$
$$-206H_{ar}-23M_{ar} \tag{6-2}$$

Table 6-6　Calorific value of kitchen waste

表 6-6　厨余垃圾的热值

	M_d (%)	A_d (%)	V_d (%)	FC_d (%)	C_d (%)	H_d (%)	O_d (%)	N_d (%)	S_d (%)	LHV_d (%)	参考文献
厨余 1	0	12.63	81.63	5.74	42.34	7.54	33.5	3.68	0.31	18 920	刘海力,2014
厨余 2	0	31.4	64.78	3.82	35.15	4.68	28.77	—	0	18 160	柯春城,2021
厨余 3	0	13.52	78.7	7.78	37.62	5.07	41.12	2.33	0.34	14 340	赵学等,2019
厨余 4	0	11.13	77.95	10.92	45.36	6.65	35.31	0.17	1.38	21.68	杨秋等,2018
厨余 5	0	7.84	79.31	12.85	54.4	8.14	29.3	0.32	—	26 016	邹骑鸿等,2023
均值 1	0	15.3	76.47	8.222	42.97	6.416	33.6	1.625	0.51	15 492	
	M_{ad} (%)	A_{ad} (%)	V_{ad} (%)	FC_{ad} (%)	C_{ad} (%)	H_{ad} (%)	O_{ad} (%)	N_{ad} (%)	S_{ad} (%)	LHV_{ad} (kJ/kg)	参考文献
厨余 6	8.36	0.66	65.81	25.17	45.06	7.04	36.56	2.14	0.18	21 647	邢智炜,2013
厨余 7	10.28	19.98	58.78	10.96	38.69	5.1	23.5	1.89	0.56	17 608	邢智炜,2013
厨余 8	6.86	9.66	77.23	6.25	40.58	10.23	26.01	1.19	5.47	3 700	程俊伟等,2017
厨余 9	6.3	14.11	68.08	11.51	37.17	5.82	32.66	3.52	0.42	17 928	张学飞等,2020
厨余 10	1.31	2.8	79.55	16.34	47.08	6.96	37.42	4.21	0.22	19 844	庞赟佶等,2016

	M_d (%)	A_d (%)	V_d (%)	FC_d (%)	C_d (%)	H_d (%)	O_d (%)	N_d (%)	S_d (%)	LHV_d (%)	参考文献
厨余11	1.31	2.8	79.55	16.34	47.08	6.96	37.42	4.21	0.22	19 884	罗春鹏，2004
均值2	5.737	8.335	71.5	14.43	42.61	7.018	32.262	2.86	1.178	16 768.5	

Table 6-7　Average calorific value of kitchen waste

表 6-7　厨余垃圾的平均热值

	M_{ar} (%)	A_{ar} (%)	V_{ar} (%)	FC_{ar} (%)	C_{ar} (%)	H_{ar} (%)	O_{ar} (%)	N_{ar} (%)	S_{ar} (%)	LHV_{ar} (kJ/kg)
均值1	70	4.59	22.94	2.47	12.89	1.92	9.96	0.49	0.15	5 969
均值2	70	2.65	22.76	4.59	13.56	2.23	10.27	0.91	0.38	8 571
均值3	70	3.62	22.85	3.53	13.23	2.08	10.11	0.70	0.26	7 270

Table 6-7 shows the calorific value of kitchen waste. In Appendix B，the calorific value of some food waste is also listed. Generally speaking，the received base moisture M_{ar} of food waste is 51%～53%，and the calorific value results are slightly different with different value ranges. The calorific value in Table 6-7 is substituted with the output in Table 6-1 to obtain the circulating caloric caused by the consumption of vegetables and fruits in the world from 1961 to 2022(Table 6-8).

厨余垃圾的热值见表 6-7。附录 B 也列举了一些厨余垃圾的热值，一般来说厨余垃圾的收到基水分 M_{ar} 为 51%～53%，取值范围不同得到的热值结果略有差异。将表 6-7 的热值代入表 6-1，得到全球 1961—2022 年蔬菜水果消耗量引起的循环热量（表 6-8）。

Table 6-8　Circular calories of global fruit and vegetable consumption from 1961 to 2022

表 6-8　全球蔬菜水果消费量的循环热量(1961—2022 年)

年份	M_{VF}(t/a)	$E_{蔬菜水果}$(EJ/a)	年份	M_{VF}(t/a)	$E_{蔬菜水果}$(EJ/a)
1961	1.36E+09	9.90	1992	3.47E+09	25.22
1962	1.38E+09	10.02	1993	3.48E+09	25.27
1963	1.4E+09	10.15	1994	3.59E+09	26.13
1964	1.51E+09	10.97	1995	3.78E+09	27.52
1965	1.57E+09	11.43	1996	3.95E+09	28.70
1966	1.61E+09	11.68	1997	4.04E+09	29.34
1967	1.64E+09	11.92	1998	4.13E+09	30.04
1968	1.67E+09	12.11	1999	4.31E+09	31.30
1969	1.68E+09	12.23	2000	4.42E+09	32.13

年份	$M_{VF}(t/a)$	$E_{蔬菜水果}(EJ/a)$	年份	$M_{VF}(t/a)$	$E_{蔬菜水果}(EJ/a)$
1970	1.79E+09	13.03	2001	4.49E+09	32.65
1971	1.78E+09	12.97	2002	4.69E+09	34.11
1972	1.77E+09	12.90	2003	4.8E+09	34.87
1973	1.9E+09	13.82	2004	4.9E+09	35.62
1974	1.93E+09	14.00	2005	4.97E+09	36.11
1975	1.98E+09	14.39	2006	5.16E+09	37.52
1976	2.05E+09	14.92	2007	5.42E+09	39.39
1977	2.14E+09	15.56	2008	5.66E+09	41.16
1978	2.22E+09	16.17	2009	5.66E+09	41.15
1979	2.22E+09	16.15	2010	5.85E+09	42.53
1980	2.2E+09	15.98	2011	6.17E+09	44.83
1981	2.2E+09	15.98	2012	6.26E+09	45.45
1982	2.47E+09	17.99	2013	6.46E+09	46.93
1983	2.31E+09	16.77	2014	6.57E+09	47.75
1984	2.56E+09	18.63	2015	6.59E+09	47.93
1985	2.61E+09	19.00	2016	6.66E+09	48.45
1986	2.65E+09	19.26	2017	6.83E+09	49.63
1987	2.77E+09	20.12	2018	6.95E+09	50.51
1988	2.77E+09	20.16	2019	7.05E+09	51.28
1989	2.87E+09	20.86	2020	6.99E+09	50.79
1990	2.93E+09	21.30	2021	7.07E+09	51.40
1991	3.38E+09	24.59	2022	7.15E+09	52.01

The components involved in the Earth's surface energy cycle calculated in this section only include food, vegetables, and fruits. In fact, as human food, fish, beef, mutton, etc., also participate in the surface energy cycle, and this part of the literature can not find appropriate data, so it is not included in the calculation.

本节所计算的参与地表能量循环的成分只包括了粮食、蔬菜、水果部分。实际上，作为人类食物的鱼类、牛肉、羊肉等也参与了地表能量循环，这部分内容因查阅文献未找到合适的数据，没有计算在内。

The circulating heat of straw is calculated below.

下面计算秸秆的循环热量。

According to Niu (2015), the 328 kinds of wheat straw, 148 kinds of rice straw and

341 kinds of corn straw were studied，the data is shown in Table 6-9.

根据牛文娟(2015)对 328 种小麦秸秆、148 种水稻秸秆、341 种玉米秸秆的研究结果，得到表 6-9 的数据。

Table 6-9　Air drying basal calorific value of main grain straws in China

表 6-9　中国主要粮食秸秆的空气干燥基热值

秸秆种类	M_{ad}（%）	A_{ad}（%）	V_{ad}（%）	FC_{ad}（%）	C_{ad}（%）	H_{ad}（%）	O_{ad}（%）	N_{ad}（%）	S_{ad}（%）	LHV_{ad}（kJ/kg）	参考文献
小麦秆	5.25	16.50	69.66	8.60	42.48	5.34	29.42	0.62	0.40	19 216	牛文娟，2015
水稻秆	4.09	14.29	69.74	11.89	40.59	5.32	34.57	0.78	0.35	18 601	牛文娟，2015
玉米秆	4.78	15.87	72.48	6.88	43.99	5.70	28.31	0.97	0.40	20 076	牛文娟，2015

The average received base water content of rice straw and corn straw is $M_{ar} =$ 14.83%(Tang，2022). According to equations（6-1）and（6-2），the data in Table 6-9 were converted into received base data，and the data in Table 6-10 were obtained.

水稻秸秆和玉米秸秆的收到基水分平均值是 $M_{ar} = 14.83\%$（唐宏宇，2022），根据式（6-1）和式（6-2），将表 6-9 的数据换算成收到基数据，得到表 6-10。

Table 6-10　Basic calorific value received for major food crops in China

表 6-10　中国主要粮食作物的收到基热值

主要粮食	M_{ar}(%)	A_{ar}(%)	C_{ar}(%)	H_{ar}(%)	O_{ar}(%)	N_{ar}(%)	S_{ar}(%)	LHV(kJ/kg)
小麦秸秆	14.83	14.05	36.18	4.55	25.06	0.52	0.34	16 128
水稻秸秆	14.83	12.17	34.57	4.53	29.44	0.67	0.30	15 581
玉米秸秆	14.83	13.51	37.46	4.85	24.11	0.82	0.34	16 851

The average calorific value（Table 6-10）$LHV_{av} = 16\ 187$ kJ/kg.

表 6-10 的热值均值 $LHV_{av} = 16\ 187$ kJ/kg。

The grass-grain ratio data of rice，wheat and corn are shown in Table 6-11.

水稻、小麦、玉米的草谷比数据见表 6-11。

Table 6-11　Ratio of straw to grain for major crops in China

表 6-11　中国主要作物的草谷比

粮食	草谷比(ψ)	参考文献
水稻	1.1	罗意然等，2022
水稻	0.623	毕于运，2010
均值	0.8615	
玉米	0.94	罗意然等，2022
玉米	1.17	王树芬等，2022
玉米	2	毕于运，2010

粮食	草谷比(ψ)	参考文献
均值	1.585	
小麦	1.26	王树芬等，2022
小麦	1.366	毕于运，2010
均值	1.313	
总均值	1.253	

The calorific value of main grain $LHV_{av}=16\,187$ kJ/kg. The mean ratio of grass to grain，$\psi=1.253$ was substituted into the grain yield(M_{Food}) data in Table 6-1，and the surface circulating heat of main grain straws during 1961—2022 was obtained，as shown in Table 6-12.

将主要粮食的热值 $LHV_{av}=16\,187$ kJ/kg。草谷比均值 $\psi=1.253$ 代入表 6-1 中的粮食产量(M_{Food})数据，得到 1961—2022 年主要粮食秸秆的地表循环热量，见表 6-12。

Table 6-12　Recycle heat of straw of major global food crops from 1961 to 2022

表 6-12　全球主要粮食作物秸秆的循环热量(1961—2022 年)

年份	M_{Food}(t/a)	$E_{straw,1}$(EJ/a)	年份	M_{Food}(t/a)	$E_{straw,1}$(EJ/a)
1961	1.15E+09	23.29	1992	2.71E+09	55.05
1962	1.19E+09	24.06	1993	2.69E+09	54.46
1963	1.22E+09	24.75	1994	2.70E+09	54.84
1964	1.29E+09	26.12	1995	2.66E+09	54.03
1965	1.27E+09	25.81	1996	2.90E+09	58.75
1966	1.36E+09	27.67	1997	2.93E+09	59.46
1967	1.43E+09	28.91	1998	2.93E+09	59.49
1968	1.47E+09	29.82	1999	2.92E+09	59.21
1969	1.46E+09	29.55	2000	2.89E+09	58.59
1970	1.50E+09	30.42	2001	2.91E+09	58.93
1971	1.59E+09	32.17	2002	2.87E+09	58.16
1972	1.53E+09	31.12	2003	2.86E+09	58.07
1973	1.67E+09	33.84	2004	3.14E+09	63.61
1974	1.62E+09	32.78	2005	3.12E+09	63.35
1975	1.64E+09	33.21	2006	3.12E+09	63.35
1976	1.74E+09	35.33	2007	3.22E+09	65.31
1977	1.74E+09	35.32	2008	3.44E+09	69.79

年份	M_{Food}(t/a)	$E_{\text{straw},1}$(EJ/a)	年份	M_{Food}(t/a)	$E_{\text{straw},1}$(EJ/a)
1978	1.88E+09	38.09	2009	3.41E+09	69.19
1979	1.84E+09	37.32	2010	3.41E+09	69.24
1980	1.80E+09	36.41	2011	3.60E+09	73.05
1981	1.80E+09	36.41	2012	3.59E+09	72.79
1982	1.96E+09	39.80	2013	3.82E+09	77.44
1983	1.80E+09	36.60	2014	3.89E+09	78.85
1984	2.08E+09	42.25	2015	3.96E+09	80.33
1985	2.11E+09	42.75	2016	4.03E+09	81.75
1986	2.13E+09	43.13	2017	4.10E+09	83.19
1987	2.06E+09	41.71	2018	4.05E+09	82.10
1988	2.01E+09	40.70	2019	4.10E+09	83.17
1989	2.16E+09	43.78	2020	4.15E+09	84.24
1990	2.23E+09	45.31	2021	4.25E+09	86.15
1991	2.60E+09	52.72	2022	4.24E+09	86.03

The following calculation of secondary food and fruits, vegetables, melons and fruits of the circulation of heat.

下面计算次要粮食和水果、蔬菜、瓜果的循环热量。

Table 6-13 describes the obtained values of straw to grain ratio.

草谷比取值方法见表 6-13。

Table 6-13　Straw/grain ratio of major grains, vegetables, melons and fruits
表 6-13　次要粮食、蔬菜、瓜果的草谷比

次要粮食	ψ_1	r_1 份额	蔬果	ψ_2	r_2 份额	参考文献
谷子	1.51		蔬菜	0.1		毕于运,2010
高粱	1.44		瓜果	0.1		毕于运,2010
大豆	1.6		甘蔗	0.1		毕于运,2010
花生	1.52		甜菜	0.1		毕于运,2010
油菜	3					毕于运,2010
胡麻	2					毕于运,2010
芝麻	0.64					毕于运,2010
棉花	3					毕于运,2010

	ψ_1	r_1		ψ_2	r_2	参考文献
次要粮食		份额	蔬果		份额	
麻类	1.7					毕于运，2010
烟叶	1.6					毕于运，2010
向日葵	2.82					毕于运，2010
均值	1.894	0.235	均值	0.100	0.765	
取值	0.522					

For the calorific value of minor grains and fruits and vegetables, the received low calorific value of kitchen waste in Table 6-7 is $LHV_{ar} = 7\ 270$ kJ/kg. Grass—grain ratio $\psi = 0.522$. By substituting this data into the annual output $M_{minor\ grain}$ in Table 6-4, the straw cycle heat of global minor grains was calculated, as shown in Table 6-14. The calculated results show that the straw cycle heat of the world's secondary grains increases year by year.

次要粮食和水果蔬菜的热值，取表 6-7 中厨余垃圾的收到基低位热值 $LHV_{ar} = 7\ 270$ kJ/kg。草谷比 $\psi = 0.522$。将此数据代入表 6-4 中次要粮食的年产量 $M_{次要粮食}$，计算得到全球次要粮食的秸秆循环热量，见表 6-14。由计算结果可知，全球次要粮食的秸秆循环热量逐年提高。

Table 6-14　Circular calories in global consumption of secondary foods and fruits and vegetables from 1961 to 2022

表 6-14　全球次要粮食和蔬菜水果消费量的循环热量(1961—2022 年)

年份	M_{VF}(t/a)	$E_{蔬菜水果}$(EJ/a)	年份	M_{VF}(t/a)	$E_{蔬菜水果}$(EJ/a)
1961	1.36E+09	5.17	1992	3.38E+09	12.83
1962	1.38E+09	5.23	1993	3.47E+09	13.16
1963	1.40E+09	5.30	1994	3.48E+09	13.19
1964	1.51E+09	5.73	1995	3.59E+09	13.64
1965	1.57E+09	5.96	1996	3.78E+09	14.36
1966	1.61E+09	6.10	1997	3.95E+09	14.98
1967	1.64E+09	6.22	1998	4.04E+09	15.32
1968	1.67E+09	6.32	1999	4.13E+09	15.68
1969	1.68E+09	6.38	2000	4.31E+09	16.34
1970	1.79E+09	6.80	2001	4.42E+09	16.77
1971	1.78E+09	6.77	2002	4.49E+09	17.05

年份	M_{VF}(t/a)	$E_{蔬菜水果}$(EJ/a)	年份	M_{VF}(t/a)	$E_{蔬菜水果}$(EJ/a)
1972	1.77E+09	6.73	2003	4.69E+09	17.81
1973	1.90E+09	7.21	2004	4.80E+09	18.20
1974	1.93E+09	7.31	2005	4.90E+09	18.59
1975	1.98E+09	7.51	2006	4.97E+09	18.85
1976	2.05E+09	7.79	2007	5.16E+09	19.58
1977	2.14E+09	8.12	2008	5.42E+09	20.56
1978	2.22E+09	8.44	2009	5.66E+09	21.48
1979	2.22E+09	8.43	2010	5.66E+09	21.48
1980	2.20E+09	8.34	2011	5.85E+09	22.20
1981	2.20E+09	8.34	2012	6.17E+09	23.40
1982	2.47E+09	9.39	2013	6.26E+09	23.74
1983	2.31E+09	8.75	2014	6.46E+09	24.50
1984	2.56E+09	9.73	2015	6.57E+09	24.93
1985	2.61E+09	9.92	2016	6.59E+09	25.02
1986	2.65E+09	10.06	2017	6.66E+09	25.29
1987	2.77E+09	10.50	2018	6.83E+09	25.91
1988	2.77E+09	10.52	2019	6.95E+09	26.36
1989	2.87E+09	10.89	2020	7.05E+09	26.77
1990	2.93E+09	11.12	2021	6.99E+09	26.51
1991	3.38E+09	12.83	2022	7.07E+09	26.83

Forest litter, including leaves, bark, branches, fruits, seeds, etc. , also participates in the surface heat cycle. The following is a simple calculation of the circulating heat of forest litter.

森林的凋落物,包括树叶、树皮、树枝、果子、籽粒等也参与了地表热循环。下面简单计算森林凋落物的循环热量。

Table 6-15 shows the data of global forest area released by the Food and Agriculture Organization of the United Nations(FAO, 2020).

表 6-15 是联合国粮农组织发布的全球森林总面积数据(FAO,2020)。

Table 6-15　Total global forest land area

表 6-15　全球林地总面积

年份	$A(1\ 000\ \text{hm}^2)$	$A(\text{G hm}^2)$	年份	$A(1\ 000\ \text{hm}^2)$	$A(\text{G hm}^2)$
1990	4 236 433	4.236	2006	4127010	4.127
1991	4 228 595	4.229	2007	4 121 837	4.122
1992	4 220 756	4.221	2008	4 116 664	4.117
1993	4 212 918	4.213	2009	4 111 490	4.111
1994	4 205 080	4.205	2010	4 106 317	4.106
1995	4 197 242	4.197	2011	4 101 578	4.102
1996	4 189 403	4.189	2012	4 096 840	4.097
1997	4 181 565	4.182	2013	4 092 101	4.092
1998	4 173 727	4.174	2014	4 087 363	4.087
1999	4 165 888	4.166	2015	4 082 624	4.083
2000	4 158 050	4.158	2016	4 077 885	4.078
2001	4 152 877	4.153	2017	4 073 147	4.073
2002	4 147 703	4.148	2018	4 068 408	4.068
2003	4 142 530	4.143	2019	4 063 670	4.064
2004	4 137 357	4.137	2020	4 058 931	4.059
2005	4 132 184	4.132			

Note：The 1990, 2000, 2010, 2020 data comes from FAO,2020. The rest data are linear interpolation.

注:1990、2000、2010、2020 年数据来自 FAO,2020;其余数据来自线性插值。

The average yield of forest litter is shown in Table 6-16. Although the data comes from research by Chinese researchers, forest litter is similar around the world. The average is generally reliable.

森林凋落物产量均值见表 6-16。虽然数据来自中国学者的研究结果,但是全球的森林凋落物特征类似。平均值基本上可信。

The calorific value of forest litter is shown in Table 6-17. Forest litter is similar around the world, the average value is generally reliable.

森林凋落物的热值见表 6-17。全球的森林凋落物特征类似,平均值基本上可信。

The circulating heat of global forest litter is shown in equation(6-3).

全球森林凋落物的循环热量见式(6-3)。

$$E_{\text{Forest}} = A \times M_1 \times LHV \times 10^{-15} \text{ EJ/a} \tag{6-3}$$

By substituting the mean values of Table 6-15, Table 6-16 and Table 6-17 into equation(6-3), the global forest surface circulating heat from 1990 to 2020 can be obtained, as shown in Table 6-18.

Table 6-16　Forest litter yield and its mean value

表 6-16　森林凋落物产量及其均值

树种	M_1 kg/(hm² · a)	参考文献	树种	M_1 kg/(hm² · a)	参考文献
高寒森林	9 607	付长坤，2018	枫香林	10 769	杨春雷，2007
针叶林	5 831		麻麻林	9 623	杨春雷，2007
阔叶林	2 890		阔叶混交林	9 757	杨春雷，2007
常绿林	6 516		针叶阔叶混交林	7 588	杨春雷，2007
落叶林	2 204		兴安落叶松	7 170	吴刚等，1995
乔木	7 559		长白落叶松	9 480	
灌木层	1 161		华北落叶松	11 440	
常绿、落叶乔木	5 703	徐定兰，2019	阿尔泰落叶松	8 210	
优势树种	4 209		均值	5076	本文

Table 6-17　Heat value of forest litter

表 6-17　森林凋落物热值

凋落物种类	LHV (kJ/kg)	参考文献	凋落物种类	LHV (kJ/kg)	参考文献
树叶	15 980	谭巍，2014	竹子	5 204	赵语晨，2020
桉树皮	20 650	谭巍，2014	草	4 882	赵语晨，2020
桉树枝	18 780	谭巍，2014	红松树皮	13 335	彭徐剑等，2014
桉树枝	18 504	刘壮，2022	樟子松树皮	10 305	彭徐剑等，2014
树皮	6 196	赵广播等，1998	红皮云杉树皮	12 460	彭徐剑等，2014
桉树皮	17 915	陈晨，2017	兴安落叶松树皮	11 220	彭徐剑等，2014
森林废物	8 193	陈晨，2017	红松树叶	18 620	彭徐剑等，2014
木屑	13 601	陈晨，2017	樟子松树叶	18 860	彭徐剑等，2014
木头	20 432	陈晨，2017	红皮云杉树叶	16 180	彭徐剑等，2014
家具废物	19 309	陈晨，2017	兴安落叶松树叶	11 705	彭徐剑等，2014
树皮	8 496	赵语晨，2020	均值	14 133	本文
树枝	1 541	赵语晨，2020			

将表 6-15、表 6-16、表 6-17 均值代入式(6-3)，得到 1990—2020 年全球森林地表循环热量，见表 6-18。

Table 6-18　Surface heat circulation of global forests

表 6-18　全球森林的地表循环热量

年份	$A(1\ 000\ hm^2)$	$M_1(kg/(hm^2 \cdot a))$	$LHV(kJ/kg)$	$E_{Forest}(EJ/a)$	参考文献
1990	4 236 433	5 076	14 133	303.9	FAO, 2020
1991	4 228 594.7	5 076	14 133	303.3	线性插值
1992	4 220 756.4	5 076	14 133	302.8	线性插值
1993	4 212 918.1	5 076	14 133	302.2	线性插值
1994	4 205 079.8	5 076	14 133	301.6	线性插值
1995	4 197 241.5	5 076	14 133	301.1	线性插值
1996	4 189 403.2	5 076	14 133	300.5	线性插值
1997	4 181 564.9	5 076	14 133	300.0	线性插值
1998	4 173 726.6	5 076	14 133	299.4	线性插值
1999	4 165 888.3	5 076	14 133	298.8	线性插值
2000	4 158 050	5 076	14 133	298.3	FAO, 2020
2001	4 152 876.7	5 076	14 133	297.9	线性插值
2002	4 147 703.4	5 076	14 133	297.5	线性插值
2003	4 142 530.1	5 076	14 133	297.2	线性插值
2004	4 137 356.8	5 076	14 133	296.8	线性插值
2005	4 132 183.5	5 076	14 133	296.4	线性插值
2006	4 127 010.2	5 076	14 133	296.0	线性插值
2007	4 121 836.9	5 076	14 133	295.7	线性插值
2008	4 116 663.6	5 076	14 133	295.3	线性插值
2010	4 106 317	5 076	14 133	295	FAO, 2020
2011	4 101 578.4	5 076	14 133	294.2	线性插值
2012	4 096 839.8	5 076	14 133	293.9	线性插值
2013	4 092 101.2	5 076	14 133	293.5	线性插值
2014	4 087 362.6	5 076	14 133	293.2	线性插值
2015	4 082 624	5 076	14 133	292.9	线性插值
2016	4 077 885.4	5 076	14 133	292.5	线性插值
2017	4 073 146.8	5 076	14 133	292.2	线性插值
2018	4 068 408.2	5 076	14 133	291.8	线性插值
2019	4 063 669.6	5 076	14 133	291.5	线性插值
2020	4 058 931	5 076	14 133	291	FAO, 2020

As can be seen from the data in Table 6-18, the surface circulation heat of the forest decreased slightly year by year. The reason is that the global forest area is decreasing year by year. The decrease in the global forest area means that the global carbon pool capacity is decreasing year by year, which has a negative effect on human survival.

从表 6-18 的数据可知,由于全球森林面积逐年降低,森林的地表循环热量逐年小幅度下降。全球森林面积逐年降低意味着全球碳库容量逐年下降,对于人类的生存具有负面作用。

There are many kinds of livestock products, such as cattle, sheep, goats, horses, mules, donkeys, rabbits, chickens, ducks, turkeys, camels, buffalo, pigs, geese, bees. According to the data of FAO, this paper calculates the output of edible skins and hair of buffalo, cattle, sheep and goats, as well as fresh and frozen offal, fat and meat from 1961 to 2022. It assumes that the calorific value of beef and mutton is $LHV=8.1$ MJ/kg, corresponding to the global surface cycle energy of cattle and sheep, as shown in Table 6-19.

畜牧产品有很多种类,如牛、绵羊、山羊、马、骡子、驴、兔子、鸡、鸭子、火鸡、骆驼、水牛、猪、鹅、蜜蜂。本文根据 FAO 的数据,统计了 1961—2022 年水牛、牛、绵羊、山羊的皮、毛,以及新鲜和冷冻的内脏、脂肪、肉的产量。假定牛羊肉的热值 $LHV=8.1$ MJ/kg,对应全球牛羊的地表循环能量见表 6-19。

Table 6-19 Secondary earth surface cycle energy of global beef and mutton
表 6-19 全球牛羊肉的二次地表循环能量

Year	M_{cs}(t/a)	E_{cs}(EJ/a)	Year	M_{cs}(t/a)	E_{cs}(EJ/a)
年份	牛羊产量	二次循环能量	年份	牛羊产量	二次循环能量
1961	45 426 425	0.368	1992	85 584 280	0.693
1962	47 567 846	0.385	1993	85 221 373	0.690
1963	49 695 635	0.403	1994	85 937 328	0.696
1964	50 227 139	0.407	1995	88 150 017	0.714
1965	50 982 827	0.413	1996	89 017 901	0.721
1966	53 176 275	0.431	1997	92 595 798	0.750
1967	55 542 907	0.450	1998	93 875 101	0.760
1968	57 803 488	0.468	1999	97 214 688	0.787
1969	59 010 283	0.478	2000	98 414 231	0.797
1970	59 811 680	0.484	2001	98 739 686	0.800
1971	59 551 499	0.482	2002	100 656 792	0.815
1972	60 271 986	0.488	2003	102 939 876	0.834
1973	60 263 366	0.488	2004	106 288 997	0.861
1974	63 452 004	0.514	2005	107 852 385	0.874

Year	M_{cs}(t/a)	E_{cs}(EJ/a)	Year	M_{cs}(t/a)	E_{cs}(EJ/a)
年份	牛羊产量	二次循环能量	年份	牛羊产量	二次循环能量
1975	66 213 553	0.536	2006	110 661 895	0.896
1976	69 035 408	0.559	2007	114 280 140	0.926
1977	69 535 224	0.563	2008	114 586 284	0.928
1978	70 464 724	0.571	2009	115 815 063	0.938
1979	69 383 984	0.562	2010	116 174 301	0.941
1980	69 814 128	0.565	2011	116 052 822	0.940
1981	70 872 348	0.574	2012	116 837 884	0.946
1982	71 216 464	0.577	2013	119 024 053	0.964
1983	73 153 585	0.593	2014	120 492 719	0.976
1984	75 083 949	0.608	2015	120 914 187	0.979
1985	76 544 111	0.620	2016	121 928 917	0.988
1986	78 967 266	0.640	2017	123 769 444	1.003
1987	79 851 210	0.647	2018	124 488 008	1.008
1988	81 304 002	0.659	2019	128 429 249	1.040
1989	82 506 964	0.668	2020	127 846 641	1.036
1990	85 274 339	0.691	2021	130 270 629	1.055
1991	85 608 231	0.693	2022	132 631 687	1.074

According to the data in Table 6-19, the global energy consumption of goats, sheep and cattle has increased from 0.368 EJ/a in 1961 to 1.074 EJ/a in 2022, which is small compared to the amount of energy used to produce and consume crops.

根据表 6-19 的数据可知，全球山羊、绵羊、牛的饲养消耗的能量从 1961 年的 0.368 EJ/a 增加到 2022 年的 1.074 EJ/a，与农作物的生产与消费的能量相比很小。

The energy of global aquatic products comes from marine plants and freshwater plants, and the energy of marine plants and freshwater plants comes from freshwater water bodies and seawater water bodies as well as the Solar radiation energy, so the consumption of aquatic products will cause the surface secondary energy cycle. Assuming that the calorific value of aquatic products $LHV = 4.1$ MJ/kg, the data of the global surface secondary energy cycle caused by aquatic products are shown in Table 6-20.

全球水产品的能量来自海洋植物和淡水植物，海洋植物和淡水植物的能量来自淡水水体和海水水体以及太阳辐射能，因此水产品的消费会引起地表二次能量循环。假设水产品的发热量 $LHV = 4.1$ MJ/kg，全球水产品引起的地表二次能量循环数据见表 6-20。

Table 6-20 Global production of marine capture fisheries and their circulating heat

表 6-20 全球海洋捕捞渔业产量及其循环热量

年份	M_{Fish} (Mt/a)	参考文献	E_{Fish} (EJ/a)	年份	M_{Fish} (Mt/a)	参考文献	E_{Fish} (EJ/a)
1950	17.6	FAO，2022	0.072	1986	78.2	FAO，2022	0.321
1951	18.5	FAO，2022	0.076	1987	78.2	FAO，2022	0.321
1952	20.7	FAO，2022	0.085	1988	81.7	FAO，2022	0.335
1953	20.7	FAO，2022	0.085	1989	82.1	FAO，2022	0.337
1954	22.9	FAO，2022	0.094	1990	78.6	FAO，2022	0.322
1955	24.6	FAO，2022	0.101	1991	77.3	FAO，2022	0.317
1956	25.5	FAO，2022	0.105	1992	79.5	FAO，2022	0.326
1957	25.7	FAO，2022	0.105	1993	80.3	FAO，2022	0.329
1958	25.9	FAO，2022	0.106	1994	85.2	FAO，2022	0.349
1959	29.0	FAO，2022	0.119	1995	84.7	FAO，2022	0.347
1960	30.8	FAO，2022	0.126	1996	86.5	FAO，2022	0.355
1961	35.2	FAO，2022	0.144	1997	85.6	FAO，2022	0.351
1962	38.2	FAO，2022	0.157	1998	78.1	FAO，2022	0.320
1963	38.7	FAO，2022	0.159	1999	83.8	FAO，2022	0.344
1964	43.5	FAO，2022	0.178	2000	84.3	FAO，2022	0.345
1965	43.5	FAO，2022	0.178	2001	82.5	FAO，2022	0.338
1966	46.6	FAO，2022	0.191	2002	82.5	FAO，2022	0.338
1967	50.6	FAO，2022	0.207	2003	80.3	FAO，2022	0.329
1968	54.5	FAO，2022	0.224	2004	84.2	FAO，2022	0.345
1969	52.3	FAO，2022	0.214	2005	82.9	FAO，2022	0.340
1970	58.9	FAO，2022	0.242	2006	81.1	FAO，2022	0.333
1971	58.0	FAO，2022	0.238	2007	80.3	FAO，2022	0.329
1972	54.0	FAO，2022	0.222	2008	78.9	FAO，2022	0.324
1973	53.6	FAO，2022	0.220	2009	78.9	FAO，2022	0.324
1974	58.0	FAO，2022	0.238	2010	76.7	FAO，2022	0.315
1975	56.7	FAO，2022	0.232	2011	78.9	FAO，2022	0.324
1976	60.6	FAO，2022	0.249	2012	78.0	FAO，2022	0.320
1977	58.9	FAO，2022	0.241	2013	78.9	FAO，2022	0.323
1978	61.5	FAO，2022	0.252	2014	78.9	FAO，2022	0.323
1979	61.9	FAO，2022	0.254	2015	81.1	FAO，2022	0.332
1980	63.7	FAO，2022	0.261	2016	78.0	FAO，2022	0.320

年份	M_{Fish} (Mt/a)	参考文献	E_{Fish} (EJ/a)	年份	M_{Fish} (Mt/a)	参考文献	E_{Fish} (EJ/a)
1981	64.8	FAO，2022	0.266	2017	82.8	FAO，2022	0.340
1982	65.9	FAO，2022	0.270	2018	84.2	FAO，2022	0.345
1983	65.0	FAO，2022	0.266	2019	80.6	FAO，2022	0.331
1984	70.7	FAO，2022	0.290	2020	79.3	FAO，2022	0.325
1985	72.5	FAO，2022	0.297				

According to the data in Table 6-20, the surface secondary energy cycle caused by human consumption of aquatic products increased year by year from 0.066 5 EJ/a in 1951 to 0.334 3 EJ/a in 2014. However, compared with the secondary energy value of rice, wheat and corn, it is much smaller.

根据表 6-20 的数据可知,人类对水产品的消费引起的地表二次能源循环量从 1951 年的 0.066 5 EJ/a 逐年增加到 2014 年的 0.334 3 EJ/a。但是与水稻、小麦、玉米的二次能量数值相比,其小得多。

equation of photosynthetic response in plants：

植物的光合作用反应方程式：

Decomposition reaction(1)：

分解反应(1)：　　　　　$CO_2 = C + O_2 + 393.51 \ kJ/mol$　　　　　　　　(6-4)

Decomposition reaction(2)：

分解反应(2)：　　　　　$H_2O = H_2 + 0.5O_2 + 241.84 \ kJ/mol$　　　　　　(6-5)

Photosynthetic reaction：

光合反应：$6CO_2 + 12H_2O = C_6H_{12}O_6 + 6O_2 + 6H_2O + 3812.1 \ kJ/mol$　　　(6-6)

The photosynthetic reaction of plants absorbs heat, and the combustion reaction of plants exotherms heat. A cycle of low temperature heat on the surface through the photosynthetic reaction of plants and the diet process of animals and humans on plants.

植物的光合反应吸热,植物的燃烧放热。通过植物的光合反应与动物、人类对植物的饮食过程形成了地表的低温热量循环。

6.3　Surface circulating heat as a proportion of non-renewable energy consumption

6.3　地表循环热量占非可再生能源消费量的比例

The global consumption of fossil fuel energy and nuclear energy has increased the temperature of the surface, atmosphere and surface ocean, and the consumption of renewable energy has the characteristics of continuity, reducing the temperature change range of the surface, atmosphere and surface ocean.

全球消费的化石燃料能量、核能增加了地表、大气、表层海洋的温度,可再生能源的消费量具有连续的特点,降低了地表、大气、表层海洋的温度变化幅度。

The results for non-renewable energy based on data from the *Statistical Review of World Energy* published by BP are shown in Table 6-21.

根据 BP 公布的《世界能源统计年鉴》的数据得到非可再生能源的结果,见表 6-21。

Table 6-21　Global consumption of coal, oil, gas and nuclear energy announced by BP

表 6-21　BP 公布的全球煤炭、石油、天然气、核能消费量

Year 年份	E_{oil}(EJ/a) 石油	E_{gas}(EJ/a) 天然气	E_{coal}(EJ/a) 煤炭	$E_{nuclear}$(EJ/a) 核能	E_{NR}(EJ/a) 总计	参考文献
1965	65	25	63	0.33	154	BP, 2010
1966	64	18	62	0.22	144	BP, 2010
1967	74	31	61	0.36	165	BP, 2010
1968	80	33	63	0.49	177	BP, 2010
1969	85	37	65	0.59	187	BP, 2010
1970	94	39	65	0.73	199	BP, 2010
1971	99	39	64	1.00	204	BP, 2010
1972	107	43	65	1.0	216	BP, 2010
1973	114	57	66	1.9	239	BP, 2010
1974	113	44	66	2.4	226	BP, 2010
1975	108	45	68	3.5	224	BP, 2010
1976	119	48	79	3.7	249	BP, 2010
1977	123	50	72	5.1	251	BP, 2010
1978	136	51	73	5.8	266	BP, 2010
1979	126	54	77	6.1	263	BP, 2010
1980	99	58	76	6.1	239	BP, 2010
1981	112	55	76	7.1	250	BP, 2010
1982	116	55	78	8.7	258	BP, 2010
1983	117	56	76	9.8	258	BP, 2010
1984	118	61	84	8.4	271	BP, 2010
1985	117	62	92	14	285	BP, 2010
1986	88	63	89	11	251	BP, 2010
1987	98	66	93	14	272	BP, 2010
1988	85	70	94	18	268	BP, 2010
1989	100	73	94	19	285	BP, 2010
1990	90	74	95	19	278	BP, 2010

Year	E_{oil}(EJ/a)	E_{gas}(EJ/a)	E_{coal}(EJ/a)	$E_{nuclear}$(EJ/a)	E_{NR}(EJ/a)	参考文献
年份	石油	天然气	煤炭	核能	总计	
1991	131	76	93	20	320	BP，2010
1992	133	76	92	20	321	BP，2010
1993	132	77	92	21	322	BP，2010
1994	134	79	92	21	325	BP，2010
1995	136	81	95	22	334	BP，2010
1996	139	85	97	23	344	BP，2010
1997	143	85	97	23	347	BP，2010
1998	143	86	94	23	346	BP，2010
1999	147	90	94	24	356	BP，2010
2000	149	94	98	24	365	BP，2010
2001	150	96	94	25	365	BP，2010
2002	151	98	101	21	371	BP，2010
2003	154	101	109	25	389	BP，2010
2004	162	105	122	26	415	BP，2015
2005	164	108	131	26	429	BP，2015
2006	166	111	137	27	441	BP，2015
2007	168	116	145	26	455	BP，2015
2008	167	119	147	26	459	BP，2015
2009	164	116	145	26	450	BP，2015
2010	169	124	151	26	471	BP，2015
2011	174	116	158	25	474	BP，2022
2012	177	120	159	23	479	BP，2023
2013	179	121	161	23	484	BP，2023
2014	180	122	161	24	487	BP，2023
2015	183	125	157	24	490	BP，2023
2016	187	128	154	24	493	BP，2023
2017	190	131	155	24	501	BP，2023
2018	192	138	158	25	513	BP，2023
2019	193	141	157	25	515	BP，2023
2020	175	139	152	24	490	BP，2023
2021	185	146	160	25	517	BP，2023
2022	191	142	161	24	518	BP，2023

According to the consumption data of hydropower generation and renewable energy in *Statistical Review of World Energy* published by BP，the percentage of hydropower generation and renewable energy consumption in non-renewable energy consumption can be calculated respectively，as shown in Table 6-22.

根据 BP 公布的《世界能源统计年鉴》的水力发电、可再生能源消费量数据，可以分别计算出水力发电、可再生能源消费量在非可再生能源消费量中的百分数，见表 6-22。

Table 6-22　Percentage of hydropower，renewable energy consumption in non-renewable energy consumption

表 6-22　水力发电、可再生能源消费量在非可再生能源消费量中的百分数

Year 年份	E_{NR}(EJ/a) 总计	E_{hyfro}(EJ/a) 水力发电	r_{hydro}(%) 百分数	$E_{renewable}$(EJ/a) 可再生能源	$r_{renewable}$(%) 百分数	参考文献
1965	154	9	6.12			BP, 2010
1966	144	9	5.94			BP, 2010
1967	165	10	5.83			BP, 2010
1968	177	10	5.80			BP, 2010
1969	187	11	5.74			BP, 2010
1970	199	11	5.65			BP, 2010
1971	204	12	5.92			BP, 2010
1972	216	12	5.70			BP, 2010
1973	239	12	5.21			BP, 2010
1974	226	14	5.99			BP, 2010
1975	224	14	6.09			BP, 2010
1976	249	14	5.56			BP, 2010
1977	251	14	5.59			BP, 2010
1978	266	15	5.75			BP, 2010
1979	263	16	6.05			BP, 2010
1980	239	16	6.72			BP, 2010
1981	250	16	6.48			BP, 2010
1982	258	17	6.73			BP, 2010
1983	258	18	7.03			BP, 2010
1984	271	19	6.90			BP, 2010
1985	285	19	6.65			BP, 2010
1986	251	19	7.71			BP, 2010
1987	272	20	7.39			BP, 2010

Year	E_{NR}(EJ/a)	E_{hyfro}(EJ/a)	r_{hydro}(%)	$E_{renewable}$(EJ/a)	$r_{renewable}$(%)	参考文献
年份	总计	水力发电	百分数	可再生能源	百分数	
1988	268	20	7.54			BP, 2010
1989	285	20	7.10			BP, 2010
1990	278	21	7.51			BP, 2010
1991	320	21	6.69			BP, 2010
1992	321	21	6.65			BP, 2010
1993	322	23	6.99			BP, 2010
1994	325	23	6.94			BP, 2010
1995	334	24	7.13			BP, 2010
1996	344	24	7.03			BP, 2010
1997	347	25	7.07			BP, 2010
1998	346	25	7.18			BP, 2010
1999	356	25	6.97			BP, 2010
2000	365	25	6.88			BP, 2015
2001	365	25	6.72			BP, 2015
2002	371	25	6.75			BP, 2015
2003	389	25	6.41			BP, 2015
2004	415	27	6.40	3.2	0.76	BP, 2015
2005	429	28	6.45	3.6	0.83	BP, 2015
2006	441	29	6.54	4.0	0.90	BP, 2015
2007	455	29	6.45	4.5	1.00	BP, 2015
2008	459	31	6.75	5.2	1.13	BP, 2015
2009	450	31	6.86	6.0	1.32	BP, 2015
2010	471	33	6.97	7.0	1.49	BP, 2015
2011	474	35	7.32	12.1	2.56	BP, 2022
2012	479	36	7.51	13.8	2.88	BP, 2023
2013	484	37	7.68	15.8	3.26	BP, 2023
2014	487	38	7.78	17.6	3.61	BP, 2023
2015	490	38	7.68	19.9	4.06	BP, 2023
2016	493	39	7.84	22.0	4.47	BP, 2023
2017	501	39	7.78	25.3	5.04	BP, 2023
2018	513	40	7.78	28.5	5.55	BP, 2023
2019	515	40	7.81	31.7	6.15	BP, 2023

Year	E_{NR}(EJ/a)	E_{hyfro}(EJ/a)	r_{hydro}(%)	$E_{renewable}$(EJ/a)	$r_{renewable}$(%)	参考文献
年份	总计	水力发电	百分数	可再生能源	百分数	
2020	490	21	4.33	34.9	7.11	BP, 2023
2021	517	40	7.81	40.0	7.73	BP, 2023
2022	518	41	7.85	45.2	8.72	BP, 2023

As can be seen from the data in Table 6-22, the percentage of hydropower and renewable energy in non-renewable energy is increasing year by year. The percentage of hydropower increased from 6.4% in 2004 to 7.85% in 2022, and the percentage of renewable energy increased from 0.76% in 2004 to 8.72% in 2022.

由表 6-22 数据可知,水力发电、可再生能源在非可再生能源中的百分数在逐年提高,水力发电的百分数从 2004 年的 6.4% 提高到 2022 年的 7.85%,可再生能源的百分数从 2004 年的 0.76% 提高到 2022 年的 8.72%。

According to the data in Table 6-5 and Table 6-21, the percentage of main grains, secondary grains, vegetables and fruits consumption in global non-renewable energy consumption is obtained, as shown in Table 6-23.

根据表 6-5 和表 6-21 的数据,得到主要粮食、次要粮食和蔬菜水果的消费量占全球非可再生能源消费量的百分数,见表 6-23。

Table 6-23　Percentage of main grains, secondary grains, vegetables and fruits consumption in non-renewable energy consumption

表 6-23　主要粮食和次要粮食、蔬菜水果消费量在非可再生能源消费量中的百分数

Year	E_{NR}(EJ/a)	E_{food}(EJ/a)	r_{food}(%)	E_{vf}(EJ/a)	r_{vf}(%)
年份	总计	主要粮食	百分数	次要粮食、蔬菜水果	百分数
1965	154	11.7	7.6	8.7	0.44
1966	144	12.8	8.9	9.1	0.46
1967	165	13.3	8.1	9.6	0.49
1968	177	13.8	7.8	9.9	0.50
1969	187	13.8	7.4	9.6	0.49
1970	199	14.1	7.1	10.0	0.51
1971	204	15.5	7.6	10.0	0.51
1972	216	15.1	7.0	9.5	0.48
1973	239	16.1	6.8	10.6	0.54
1974	226	15.7	7.0	10.2	0.52
1975	224	16.6	7.4	9.6	0.49
1976	249	17.7	7.1	10.2	0.52

续表

Year	E_{NR}(EJ/a)	E_{food}(EJ/a)	r_{food}(%)	E_{vf}(EJ/a)	r_{vf}(%)
年份	总计	主要粮食	百分数	次要粮食、蔬菜水果	百分数
1977	251	17.7	7.1	10.2	0.51
1978	266	19.3	7.3	10.8	0.55
1979	263	19.2	7.3	10.3	0.52
1980	239	19.5	8.1	9.2	0.47
1981	250	19.5	7.8	9.2	0.47
1982	258	21.3	8.3	10.1	0.51
1983	258	19.3	7.5	9.6	0.48
1984	271	22.5	8.3	10.8	0.54
1985	285	22.9	8.0	10.8	0.54
1986	251	23.3	9.3	10.7	0.54
1987	272	0.0	0.0	33.9	1.70
1988	268	22.0	8.2	10.1	0.51
1989	285	24.1	8.5	10.4	0.52
1990	278	25.2	9.1	10.6	0.53
1991	320	30.7	9.6	10.8	0.54
1992	321	31.7	9.9	11.6	0.58
1993	322	30.9	9.6	12.0	0.60
1994	325	31.9	9.8	11.3	0.57
1995	334	31.6	9.5	10.9	0.54
1996	344	34.1	9.9	12.1	0.61
1997	347	34.9	10.1	11.9	0.59
1998	346	35.2	10.2	11.6	0.58
1999	356	35	9.9	11.1	0.56
2000	365	34	9.4	11.8	0.59
2001	365	35	9.5	11.8	0.59
2002	371	34	9.2	11.8	0.59
2003	389	34	8.7	11.8	0.59
2004	415	37	9.0	12.5	0.63
2005	429	38	8.8	12.0	0.60
2006	441	38	8.6	11.8	0.59
2007	455	40	8.7	11.8	0.59
2008	459	42	9.2	12.7	0.63

Year	E_{NR}(EJ/a)	E_{food}(EJ/a)	r_{food}(%)	E_{vf}(EJ/a)	r_{vf}(%)
年份	总计	主要粮食	百分数	次要粮食、蔬菜水果	百分数
2009	450	42	9.3	12.3	0.61
2010	471	42	9.0	12.1	0.60
2011	474	45	9.4	12.8	0.64
2012	479	44	9.3	12.8	0.63
2013	484	48	9.8	13.3	0.66
2014	487	48	9.9	13.6	0.68
2015	490	50	10.1	13.5	0.67
2016	493	51	10.3	13.3	0.66
2017	501	52	10.3	13.7	0.68
2018	513	51	9.9	13.5	0.67
2019	515	51	10.0	13.8	0.68
2020	490	52	10.6	14.2	0.70
2021	517	54	10.4	14.1	0.70
2022	518	53	10.3	14.3	0.71

According to the data in Table 6-12，Table 6-14 and Table 6-21，the percentage of global food straw energy consumption，vegetable and fruit straw energy consumption in global non-renewable energy is obtained，as shown in Table 6-24.

根据表 6-12、表 6-14 以及表 6-21 的数据，得到全球粮食秸秆的能量和蔬菜水果秸秆能量的消费量占全球非可再生能量的百分数，见表 6-24。

Table 6-24　Percentage of grain，vegetable and fruit straw energy in non-renewable energy consumption

表 6-24　粮食、蔬菜水果秸秆能量在非可再生能源消费量中的百分数

Year	E_{NR}(EJ/a)	$E_{food\ straw}$(EJ/a)	$r_{food\ straw}$(%)	$E_{Vf\ straw}$(EJ/a)	$r_{vf\ straw}$(%)
年份	总计	粮食秸秆	百分数	蔬菜水果秸秆	百分数
1965	154	25.8	16.79	6.0	3.88
1966	144	27.7	19.16	6.1	4.22
1967	165	28.9	17.47	6.2	3.76
1968	177	29.8	16.82	6.3	3.57
1969	187	29.5	15.80	6.4	3.41
1970	199	30.4	15.31	6.8	3.42
1971	204	32.2	15.77	6.8	3.32

Year 年份	E_{NR}(EJ/a) 总计	$E_{food\ straw}$(EJ/a) 粮食秸秆	$r_{food\ straw}$(%) 百分数	$E_{Vf\ straw}$(EJ/a) 蔬菜水果秸秆	$r_{vf\ straw}$(%) 百分数
1972	216	31.1	14.43	6.7	3.12
1973	239	33.8	14.16	7.2	3.02
1974	226	32.8	14.47	7.3	3.23
1975	224	33.2	14.84	7.5	3.35
1976	249	35.3	14.17	7.8	3.12
1977	251	35.3	14.09	8.1	3.24
1978	266	38.1	14.31	8.4	3.17
1979	263	37.3	14.17	8.4	3.20
1980	239	36.4	15.20	8.3	3.48
1981	250	36.4	14.54	8.3	3.33
1982	258	39.8	15.44	9.4	3.64
1983	258	36.6	14.16	8.8	3.39
1984	271	42.2	15.57	9.7	3.58
1985	285	42.8	14.99	9.9	3.48
1986	251	43.1	17.18	10.1	4.01
1987	272	41.7	15.35	10.5	3.86
1988	268	40.7	15.20	10.5	3.93
1989	285	43.8	15.37	10.9	3.82
1990	278	45.3	16.32	11.1	4.00
1991	320	52.7	16.49	12.8	4.01
1992	321	55.0	17.16	12.8	4.00
1993	322	54.5	16.93	13.2	4.09
1994	325	54.8	16.86	13.2	4.05
1995	334	54.0	16.18	13.6	4.09
1996	344	58.8	17.08	14.4	4.18
1997	347	59.5	17.13	15.0	4.32
1998	346	59.5	17.17	15.3	4.42
1999	356	59.2	16.63	15.7	4.41
2000	365	58.6	16.03	16.3	4.47
2001	365	58.9	16.15	16.8	4.60
2002	371	58.2	15.66	17.0	4.59
2003	389	58.1	14.91	17.8	4.57

Year	E_{NR}(EJ/a)	$E_{food\ straw}$(EJ/a)	$r_{food\ straw}$(%)	$E_{Vf\ straw}$(EJ/a)	$r_{vf\ straw}$(%)
年份	总计	粮食秸秆	百分数	蔬菜水果秸秆	百分数
2004	415	63.6	15.31	18.2	4.38
2005	429	63.4	14.76	18.6	4.33
2006	441	63.4	14.36	18.9	4.27
2007	455	65.3	14.37	19.6	4.31
2008	459	69.8	15.21	20.6	4.48
2009	450	69.2	15.37	21.5	4.77
2010	471	69.2	14.70	21.5	4.56
2011	474	73.1	15.41	22.2	4.68
2012	479	72.8	15.20	23.4	4.89
2013	484	77.4	15.99	23.7	4.90
2016	493	81.7	16.57	25.0	5.07
2017	501	83.2	16.59	25.3	5.04
2018	513	82.1	16.01	25.9	5.05
2019	515	83.2	16.14	26.4	5.12
2020	490	84.2	17.18	26.8	5.46
2021	517	86.2	16.66	26.5	5.13
2022	518	86.0	16.60	26.8	5.18

According to the data in Table 6-19, Table 6-20 and Table 6-21, the percentage of energy consumption of beef, mutton and aquatic products in global non-renewable energy is obtained, as shown in Table 6-25.

根据表 6-19、表 6-20 以及表 6-21 的数据,得到全球牛羊肉、水产品的消费量占全球非可再生能源消费量的百分数,见表 6-25。

Table 6-25 Percentage of energy consumption of beef, mutton and aquatic products in non-renewable energy consumption

表 6-25 牛羊肉、水产品的消费量在非可再生能源消费量中的百分数

Year	E_{NR}(EJ/a)	E_{cs}(EJ/a)	r_{hydro}(%)	E_{Fish}(EJ/a)	r_{Fish}(%)
年份	总计	牛羊肉	百分数	水产品	百分数
1965	154	0.41	0.27	0.178	0.12
1966	144	0.43	0.30	0.191	0.13
1967	165	0.45	0.27	0.207	0.13
1968	177	0.47	0.26	0.224	0.13

Year	E_{NR}(EJ/a)	E_{cs}(EJ/a)	r_{hydro}(%)	E_{Fish}(EJ/a)	r_{Fish}(%)
年份	总计	牛羊肉	百分数	水产品	百分数
1969	187	0.48	0.26	0.214	0.11
1970	199	0.48	0.24	0.242	0.12
1971	204	0.48	0.24	0.238	0.12
1972	216	0.49	0.23	0.222	0.10
1973	239	0.49	0.20	0.220	0.09
1974	226	0.51	0.23	0.238	0.10
1975	224	0.54	0.24	0.232	0.10
1976	249	0.56	0.22	0.249	0.10
1977	251	0.56	0.22	0.241	0.10
1978	266	0.57	0.21	0.252	0.09
1979	263	0.56	0.21	0.254	0.10
1980	239	0.57	0.24	0.261	0.11
1981	250	0.57	0.23	0.266	0.11
1982	258	0.58	0.22	0.270	0.10
1983	258	0.59	0.23	0.266	0.10
1984	271	0.61	0.22	0.290	0.11
1985	285	0.62	0.22	0.297	0.10
1986	251	0.64	0.25	0.321	0.13
1987	272	0.65	0.24	0.321	0.12
1988	268	0.66	0.25	0.335	0.13
1989	285	0.67	0.23	0.337	0.12
1990	278	0.69	0.25	0.322	0.12
1991	320	0.69	0.22	0.317	0.10
1992	321	0.69	0.22	0.326	0.10
1993	322	0.69	0.21	0.329	0.10
1994	325	0.70	0.21	0.349	0.11
1995	334	0.71	0.21	0.347	0.10
1996	344	0.72	0.21	0.355	0.10
1997	347	0.75	0.22	0.351	0.10

Year	E_{NR}(EJ/a)	E_{cs}(EJ/a)	r_{hydro}(%)	E_{Fish}(EJ/a)	r_{Fish}(%)
年份	总计	牛羊肉	百分数	水产品	百分数
1998	346	0.76	0.22	0.320	0.09
1999	356	0.79	0.22	0.344	0.10
2000	365	0.80	0.22	0.345	0.09
2001	365	0.80	0.22	0.338	0.09
2002	371	0.82	0.22	0.338	0.09
2003	389	0.83	0.21	0.329	0.08
2004	415	0.86	0.21	0.345	0.08
2005	429	0.87	0.20	0.340	0.08
2006	441	0.90	0.20	0.333	0.08
2007	455	0.93	0.20	0.329	0.07
2008	459	0.93	0.20	0.324	0.07
2009	450	0.94	0.21	0.324	0.07
2010	471	0.94	0.20	0.315	0.07
2011	474	0.94	0.20	0.324	0.07
2012	479	0.95	0.20	0.320	0.07
2013	484	0.96	0.20	0.323	0.07
2014	487	0.98	0.20	0.323	0.07
2015	490	0.98	0.20	0.332	0.07
2016	493	0.99	0.20	0.320	0.06
2017	501	1.00	0.20	0.340	0.07
2018	513	1.01	0.20	0.345	0.07
2019	515	1.04	0.20	0.331	0.06
2020	490	1.04	0.21	0.325	0.07
2021	517	1.06	0.20	<u>0.325</u>	0.06
2022	518	1.07	0.21	<u>0.325</u>	0.06

Note: The red underlined data is an estimate value.

注:下划线数据为估计值。

According to the data in Table 6-18 and Table 6-21, the percentage of global forest litter recycling energy in global non-renewable energy is obtained, as shown in Table 6-26.

根据表 6-18 和表 6-21 的数据,得到全球森林凋落物的循环能量占全球非可再生能源消费量的百分数,见表 6-26。

Table 6-26　Percentage of recycled energy of forest litter in non-renewable energy consumption

表 6-26　森林凋落物的循环能量在非可再生能源消费量中的百分数

Year	$E_{NR}(EJ/a)$	$E_{litter}(EJ/a)$	$r_{litter}(\%)$
年份	总计	凋落物	百分数
1965	154	317.95	207
1966	144	317.39	220
1967	165	316.82	192
1968	177	316.26	179
1969	187	315.70	169
1970	199	315.14	159
1971	204	314.58	154
1972	216	314.01	146
1973	239	313.45	131
1974	226	312.89	138
1975	224	312.33	140
1976	249	311.76	125
1977	251	311.20	124
1978	266	310.64	117
1979	263	310.08	118
1980	239	309.52	129
1981	250	308.95	123
1982	258	308.39	120
1983	258	307.83	119
1984	271	307.27	113
1985	285	306.70	108
1986	251	306.14	122
1987	272	305.58	112
1988	268	305.02	114
1989	285	304.45	107
1990	278	303.89	109
1991	320	303.33	94.87
1992	321	302.77	94.38
1993	322	302.21	93.93
1994	325	301.64	92.71
1995	334	301.08	90.17
1996	344	300.52	87.38

Year 年份	E_{NR} (EJ/a) 总计	E_{litter} (EJ/a) 凋落物	r_{litter} (%) 百分数
1997	347	299.96	86.41
1998	346	299.39	86.41
1999	356	298.83	83.94
2000	365	298.27	81.62
2001	365	297.90	81.63
2002	371	297.53	80.10
2003	389	297.16	76.30
2004	415	296.79	71.44
2005	429	296.41	69.04
2006	441	296.04	67.08
2007	455	295.67	65.05
2008	459	295.30	64.37
2009	450	294.93	65.51
2010	471	294.56	62.52
2011	474	294.22	62.06
2012	479	293.88	61.38
2013	484	293.54	60.62
2014	487	293.20	60.16
2015	490	292.86	59.78
2016	493	292.52	59.31
2017	501	292.18	58.28
2018	513	291.84	56.92
2019	515	291.50	56.55
2020	490	291.16	59.37

Data from Table 6-22 to Table 6-25 are summarized to obtain Table 6-27. According to the data in Table 6-26, among the non-renewable energy consumption, the percentage of recycled energy in forest litter is the largest, followed by grain straw, grain, hydropower, vegetable straw, renewable energy, secondary grain, vegetables and fruits, beef and mutton, and aquatic products.

将表 6-22～表 6-25 的数据汇总起来,得到表 6-27。根据表 6-26 的数据可知,在非可再生能源消费量中,森林凋落物的循环能量所占的百分数最大,而后是粮食秸秆、粮食、水力发电、蔬菜秸秆、可再生能源、次要粮食和蔬菜水果、牛羊肉、水产品。

Table 6-27　Percentage of non-renewable energy consumption by various cycle energies

表 6-27　各种循环能量占非可再生能源消费量的百分数

Year 年份	r_{hydro} 水力发电	$r_{renewable}$ 可再生能源	r_{food} 粮食	r_{vf} 蔬菜水果	$r_{food\ straw}$ 粮食秸秆	$r_{vf\ straw}$ 蔬果秸秆	$r_{cattles-heep}$ 牛羊肉	r_{Fish} 水产品	r_{litter} 森林凋落物	r_{total} 总计
1965	6.13		7.66	0.44	25.81	3.87	0.269	0.12	207	252
1966	5.95		8.87	0.46	27.67	4.23	0.299	0.13	220	268
1967	5.84		8.07	0.49	28.91	3.77	0.272	0.13	192	239
1968	5.82		7.78	0.50	29.82	3.58	0.265	0.13	179	227
1969	5.74		7.38	0.49	29.55	3.41	0.256	0.11	169	216
1970	5.65		7.09	0.51	30.42	3.42	0.244	0.12	159	206
1971	5.92		7.58	0.51	32.17	3.32	0.237	0.12	154	204
1972	5.70		7.02	0.48	31.12	3.12	0.226	0.10	146	193
1973	5.21		6.75	0.54	33.84	3.02	0.204	0.09	131	181
1974	5.99		6.95	0.52	32.78	3.23	0.227	0.10	138	188
1975	6.09		7.44	0.49	33.21	3.35	0.240	0.10	140	190
1976	5.56		7.09	0.52	35.33	3.12	0.224	0.10	125	177
1977	5.59		7.07	0.51	35.32	3.24	0.225	0.10	124	176
1978	5.75		7.25	0.55	38.09	3.17	0.215	0.09	117	172
1979	6.05		7.30	0.52	37.32	3.20	0.213	0.10	118	172
1980	6.72		8.13	0.47	36.41	3.48	0.236	0.11	129	185
1981	6.48		7.78	0.47	36.41	3.33	0.229	0.11	123	178
1982	6.73		8.25	0.51	39.80	3.64	0.224	0.10	120	179
1983	7.03		7.48	0.48	36.60	3.39	0.229	0.10	119	174
1984	6.90		8.31	0.54	42.25	3.58	0.224	0.11	113	175
1985	6.65		8.04	0.54	42.75	3.48	0.217	0.10	108	169
1986	7.71		9.28	0.54	43.13	4.01	0.255	0.13	122	187
1987	7.39		8.33	1.70	41.71	3.86	0.238	0.12	112	176
1988	7.54		8.20	0.51	40.70	3.93	0.246	0.13	114	175
1989	7.10		8.47	0.52	43.78	3.82	0.235	0.12	107	171
1990	7.51		9.06	0.53	45.31	4.00	0.249	0.12	109	176
1991	6.69		9.61	0.54	52.72	4.01	0.217	0.10	95	169
1992	6.65		9.89	0.58	55.05	4.00	0.216	0.10	94	171
1993	6.99		9.61	0.60	54.46	4.09	0.215	0.10	94	170
1994	6.94		9.79	0.57	54.84	4.05	0.214	0.11	93	169

Year 年份	r_{hydro} 水力发电	$r_{renewable}$ 可再生能源	r_{food} 粮食	r_{vf} 蔬菜水果	$r_{food\ straw}$ 粮食秸秆	$r_{vf\ straw}$ 蔬果秸秆	$r_{cattles-heep}$ 牛羊肉	r_{Fish} 水产品	r_{litter} 森林凋落物	r_{total} 总计
1995	7.13		9.47	0.54	54.03	4.09	0.214	0.10	90	166
1996	7.03		9.92	0.61	58.75	4.18	0.210	0.10	87	168
1997	7.07		10.06	0.59	59.46	4.32	0.216	0.10	86	168
1998	7.18		10.16	0.58	59.49	4.42	0.219	0.09	86	169
1999	4.64		9.95	0.56	16.63	4.41	0.221	0.10	84	120
2000	4.60		9.39	0.59	16.03	4.47	0.218	0.09	82	117
2001	4.69		9.48	0.59	16.15	4.60	0.219	0.09	82	117
2002	4.68		9.15	0.59	15.66	4.59	0.219	0.09	80	115
2003	4.54		8.70	0.59	14.91	4.57	0.214	0.08	76	110
2004	6.40	0.76	9.02	0.63	15.31	4.38	0.207	0.08	71	108
2005	6.45	0.83	8.81	0.60	14.76	4.33	0.203	0.08	69	105
2006	6.54	0.90	8.61	0.59	14.36	4.27	0.203	0.08	67	103
2007	6.45	1.00	8.70	0.59	14.37	4.31	0.204	0.07	65	101
2008	6.75	1.13	9.18	0.63	15.21	4.48	0.202	0.07	64	102
2009	6.86	1.32	9.34	0.61	15.37	4.77	0.208	0.07	66	104
2010	6.97	1.49	8.98	0.60	14.70	4.56	0.200	0.07	63	100
2011	7.32	2.56	9.40	0.64	15.41	4.68	0.198	0.07	62	102
2012	7.51	2.88	9.27	0.63	15.20	4.89	0.198	0.07	61	102
2013	7.68	3.26	9.82	0.66	15.99	4.90	0.199	0.07	61	103
2014	7.78	3.61	9.91	0.68	16.18	5.03	0.200	0.07	60	104
2015	7.68	4.06	10.12	0.67	16.40	5.09	0.200	0.07	60	104
2016	7.84	4.47	10.31	0.66	16.57	5.07	0.200	0.06	59	105
2017	7.78	5.04	10.30	0.68	16.59	5.04	0.200	0.07	58	104
2018	7.78	5.55	9.93	0.67	16.01	5.05	0.197	0.07	57	102
2019	7.81	6.15	9.99	0.68	16.14	5.12	0.202	0.06	57	103
2020	8.36	7.11	10.60	0.70	17.18	5.46	0.211	0.07	59	109
2021	7.81	7.73	10.36	0.70	16.66	5.13	0.204	<u>0.07</u>	<u>59</u>	108
2022	7.85	8.72	10.28	0.71	16.60	5.18	0.207	<u>0.07</u>	<u>59</u>	109

Note: The underlined data is an estimated value.
注：下划线数据为估计值。

The data in Table 6-27 show that: (1) From 1999 to 2022, as the energy consumption of fossil fuels and nuclear energy increases year by year, the sum of various low-temperature cycle heat in the percentage of fossil fuels and nuclear energy decreases year by year. (2) The circulation amount of low-temperature heat energy is roughly equal to that of non-renewable energy(fossil fuels and nuclear energy), so the use of fossil fuels and nuclear energy will reduce the fluctuation amplitude of ambient temperature by more than 50%. At the same time, the percentage of recycled heat in non-renewable energy consumption decreases year by year, so the global land-ocean-atmosphere temperature change range increases year by year(Table 6-28, Figure 6-5).

　　表 6-27 的数据显示：(1) 1999—2022 年，随着化石燃料和核能能量消耗量的逐年提高，各种低温循环热量之和在化石燃料和核能能量中的百分数逐年降低。(2) 低温热能的循环量与不可再生能源（化石燃料和核能）大致相当，因此化石燃料和核能的使用对于环境温度的波动幅度会降低 50% 以上。同时，循环热量占非可再生能源消费的百分数逐年降低，所以全球陆地—海洋—大气温度变化幅度逐年提高（表 6-28，图 6-5）。

Table 6-28　Global land-ocean temperature anomaly index
表 6-28　全球陆地—海洋气温异常指数

年份	Δt(℃)	年份	Δt(℃)	年份	Δt(℃)	参考文献
1880	−0.202	1927	−0.195	1974	−0.076	李波，2020
1881	−0.099	1928	−0.195	1975	−0.020	李波，2020
1883	−0.193	1929	−0.349	1976	−0.109	李波，2020
1884	−0.279	1930	−0.148	1977	0.175	李波，2020
1885	−0.308	1931	−0.095	1978	0.063	李波，2020
1886	−0.308	1932	−0.163	1980	0.157	李波，2020
1887	−0.350	1933	−0.296	1981	0.270	李波，2020
1888	−0.184	1934	−0.139	1982	0.329	李波，2020
1889	−0.110	1935	−0.207	1982	0.128	李波，2020
1890	−0.373	1936	−0.154	1983	0.314	李波，2020
1891	−0.243	1937	−0.038	1984	0.160	李波，2020
1893	−0.314	1938	−0.030	1985	0.119	李波，2020
1894	−0.314	1940	−0.030	1986	0.184	李波，2020
1895	−0.220	1941	0.109	1987	0.329	李波，2020
1896	−0.110	1942	0.177	1988	0.409	李波，2020
1897	−0.122	1943	0.050	1989	0.282	李波，2020
1898	−0.276	1944	0.071	1990	0.444	李波，2020
1900	−0.092	1945	0.210	1991	0.415	李波，2020
1901	−0.146	1946	0.095	1992	0.223	李波，2020

年份	Δt(℃)	年份	Δt(℃)	年份	Δt(℃)	参考文献
1902	−0.296	1947	−0.038	1994	0.243	李波，2020
1903	−0.388	1948	−0.106	1995	0.444	李波，2020
1904	−0.491	1949	−0.112	1996	0.335	李波，2020
1905	−0.278	1950	−0.189	1997	0.471	李波，2020
1906	−0.231	1951	−0.074	1998	0.619	李波，2020
1907	−0.394	1952	0.012	1999	0.403	李波，2020
1908	−0.435	1953	0.071	2000	0.397	李波，2020
1909	−0.479	1954	−0.144	2001	0.539	李波，2020
1910	−0.432	1956	−0.195	2002	0.619	李波，2020
1911	−0.423	1957	0.045	2003	0.610	李波，2020
1912	−0.355	1958	0.071	2004	0.530	李波，2020
1913	−0.349	1959	0.033	2005	0.666	李波，2020
1914	−0.154	1960	−0.017	2006	0.616	李波，2020
1915	−0.119	1961	0.065	2007	0.639	李波，2020
1916	−0.328	1962	0.042	2008	0.521	李波，2020
1917	−0.426	1963	0.071	2009	0.625	李波，2020
1918	−0.284	1964	−0.200	2010	0.696	李波，2020
1919	−0.272	1965	−0.100	2011	0.574	李波，2020
1920	−0.249	1967	−0.017	2012	0.607	李波，2020
1921	−0.166	1968	−0.064	2013	0.634	李波，2020
1922	−0.266	1969	0.074	2014	0.722	李波，2020
1923	−0.234	1970	0.033	2015	0.855	李波，2020
1925	−0.248	1971	−0.091	2016	0.982	李波，2020
1925	−0.207	1972	0.012	2017	0.900	李波，2020
1926	−0.089	1973	0.160			李波，2020

As can be seen from the data in Table 6-28 and Figure 6-5, the global land-ocean temperature anomaly index has generally increased year by year from 1880 to 2020. This change trend verifies the result that the increase rate of surface circulation heat is smaller than that of energy consumed by fossil fuels and nuclear energy, as shown in Table 6-27.

由表 6-28 和图 6-5 的数据可知，全球陆地—海洋温度异常指数从 1880 年至 2020 年总体上逐年提高。这一变化趋势验证了地表循环热量的增加速度小于化石燃料、核能消耗能量的增加速度，见表 6-27。

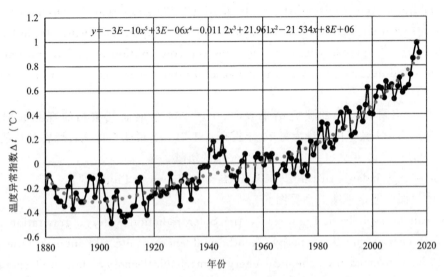

Figure 6-5　Global land-ocean temperature anomaly index

图 6-5　全球陆地—海洋气温异常指数

According to the data in Table 6-26, the energy consumption of non-renewable energy(oil, natural gas, coal, nuclear power) has increased year by year, so the global temperature has increased year by year(Wei et al., 2021), see Figure 6-6. Non-renewable energy consumption is not entirely used to heat the atmosphere, oceans, land and a part of it is used for the growth of forests.

根据表 6-26 的数据可知,非可再生能源(石油、天然气、煤炭、核电)的能量消费量逐年上升,因此全球气温逐年上升(魏二虎等,2021),见图 6-6。非可再生能源的能量消费量并没有完全用于加热大气、海洋、陆地,有一部分用于森林的生长。

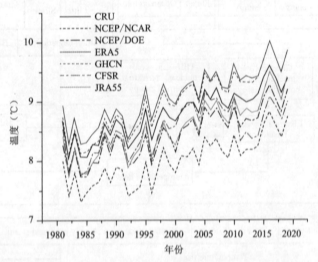

Figure 6-6　Temporal variation of global mean atmospheric temperature(Shen et al., 2021)

图 6-6　全球大气平均温度的时序变化(沈贝蓓等,2021)

In addition，the results of the study of Niu(2022) show that the observation data of 763 surface weather stations in China prove that the temperature change trend from 1981 to 2010 is 0.4 ℃ per decade. This indicates the contribution of global consumption of fossil fuels and nuclear energy to the increase of atmospheric temperature in China from 1981 to 2010.

另外，牛自耕（2022）的研究结果表明，中国 763 个地面气象站的观测数据证明了 1981—2010 年，气温变化趋势为每 10 年提高 0.4 ℃。这说明全球化石燃料和核能的消耗对中国 1981—2010 年大气温度升高具有一定的贡献。

The energy balance of the Earth's surface is shown in Figure 6-7.

地球表面的能量平衡关系见图 6-7。

As can be seen from Figure 6-7，the Solar radiation energy, gravitation energy, fossil fuel energy, nuclear energy, geothermal energy, etc. are input to the Earth's surface and converted into chemical energy, mechanical energy, potential energy, and low-temperature heat energy. The low temperature heat energy increases the evaporation of seawater, thus increasing the partial pressure of water vapor in the atmosphere. Low temperature heat energy radiates energy to the outer universe(ultra-low temperature heat source).

由图 6-7 可知，太阳辐射能量、万有引力能量、化石燃料能量、核能量、地热能等输入地球表面，转化成化学能、机械能、势能以及低温热能。低温热能增加了海水的蒸发量，从而使大气中的水蒸气分压提高。低温热能向地外宇宙（超低温热源）辐射能量。

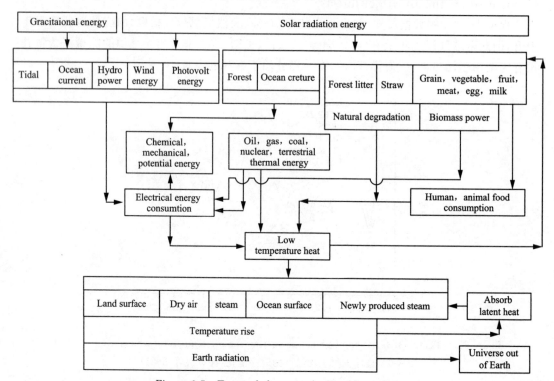

Figure 6-7　Energy balance at the Earth's surface

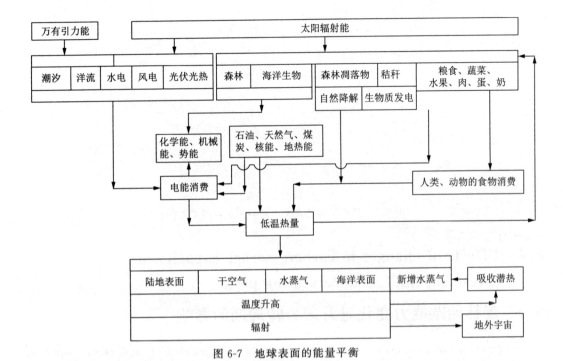

图 6-7 地球表面的能量平衡

Gravitational energy is generally referred to as tidal energy. Because the Moon and the Sun have gravity on the Earth, with the Moon orbiting the Earth, when the astronomical neap tide comes, the tidal energy is at the minimum value; Tidal energy is at its maximum when astronomical tides come(Figure 6-8). The other planets in the Solar system also have a gravitational pull on the Earth, but the relative value is small and is ignored in this monograph.

万有引力能一般指潮汐能。由于月球、太阳对地球都有万有引力,随着月球绕着地球进行公转,当天文小潮来临时,潮汐能处于最小值;当天文大潮来临时,潮汐能处于最大值(图 6-8)。太阳系的其他行星对地球也有万有引力,但是相对值很小,本书忽略不计。

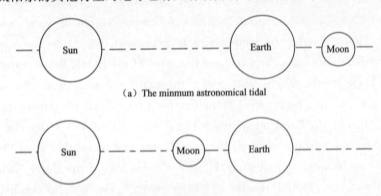

(a) The minmum astronomical tidal

(b) The max astronomical tidal

Figure 6-8　Astronomical neaps and astronomical springs of tidal power generation

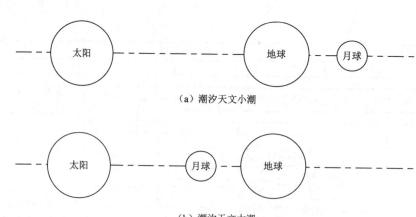

（a）潮汐天文小潮

（b）潮汐天文大潮

图 6-8　潮汐发电的天文小潮与天文大潮示意图

6.4　Effects of changes in carbon storage capacity of forests on the Lunar revolution period

6.4　森林储碳能力变化对月球公转周期的影响

Forests, wetlands, grasslands, and marine plants absorb CO_2 and return some of the CO_2 produced by burning fossil fuels to the ground, thereby reducing the mass loss of the planet. This would slow down the Moon's orbital period.

森林、湿地、草原、海洋植物吸收 CO_2，会使燃烧化石燃料产生的一部分 CO_2 返回地面，从而降低地球的质量损失，进而降低月球的公转周期。

The biomass energy generated by the growth process of wetlands, grasslands and marine plants is consumed by humans through the food chain and eventually converted into greenhouse gases such as CO_2.

湿地、草原、海洋植物的生长过程产生的生物质能，通过食物链被人类消费，最终转化为 CO_2 等温室气体。

The role of forests is divided into three aspects：（1）Massive deforestation by humans(about 8×10^5 km^2 per decade) allows the carbon stored in wood products to be converted into CO_2 and enter the atmosphere. It increases CO_2, repels the mass of dry air (nitrogen, oxygen) molecules, and reduces the mass of the Earth. Water vapor molecules are recycled back to the Earth and ocean through rain and snow. So water vapor molecules in the air can't be repelled from Earth's gravity and go into outer space. （2）The CO_2 absorbed by the Earth's existing forests(about 4×10^7 km^2) absorbs some of the CO_2 produced by the burning of fossil fuels, reducing and increasing the CO_2, repelling the mass of air molecules, and slowing the rate of mass loss of the Earth. Table 6-29 and Table 6-30 show the specific results of these two effects. （3）Forest litter（leaves, branches, fruits, petals, roots, etc.）is involved in the carbon and heat cycle of the Earth's surface.

森林的作用分为三方面：(1) 人类大量砍伐森林(大约每十年减少 8×10^5 km²)，使得存储在木材中的碳转化为 CO_2 进入大气。增加了 CO_2 排斥空气(氮气、氧气)分子的质量，使得地球的质量降低。水蒸气分子经过降雨、降雪循环回到地面、海洋。所以，空气中的水蒸气分子不可能脱离地球引力进入地外太空。(2) 地球的现存森林(大约 4×10^7 km²)吸收的 CO_2 吸收了化石燃料燃烧产生的一部分 CO_2，降低了 CO_2 排斥空气分子的质量，使得地球的质量降低速度减慢。这两种作用的具体计算结果见表 6-29、表 6-30。(3) 森林凋落物(树叶、树枝、果实、花瓣、树根等)参与了地球表层的碳与热量循环。

Table 6-29　Data of forest carbon fixation capacity
表 6-29　森林固定碳能力数据

序号	林木种类	土地利用		土地利用		参考文献
		变化前	均值	变化后	均值	
		kg/m²	kg/(m² · a)	kg/m²	kg/(m² · a)	
1	常绿针叶林增加	1.46E-02		1.12E-02		丁磊，2023
2	常绿阔叶林增加	3.99E-02		3.08E-02		
3	落叶针叶林增加	2.57E-02		4.76E-02		
4	落叶阔叶林增加	5.97E-02	3.50E-02	6.20E-02	3.79E-02	
5	郁闭灌丛增加	1.92E-02		6.74E-03		丁磊，2023
6	开放灌丛增加	1.09E-02		2.57E-03		
7	永久湿地增加	1.97E-02	1.66E-02	1.12E-02	6.84E-03	
8	多树草原增加	2.69E-02		1.84E-02		丁磊，2023
9	热带草原增加	3.98E-02	3.34E-02	3.06E-02	2.45E-02	
10	草地增加	2.43E-02		1.65E-02		丁磊，2023
11	农田增加	1.89E-02	2.16E-02	1.93E-02	1.79E-02	

According to the data in Table 6-29, the average value of the data of evergreen coniferous forest, evergreen broad-leaved forest, deciduous coniferous forest, and deciduous broad-leaved forest for carbon absorption capacity was 0.035 kg/(m² · a), and the calculation method in Chapter 5 was adopted to obtain the calculation results in Table 6-30.

根据表 6-29 的数据，对于森林吸收碳的能力，取常绿针叶林、常绿阔叶林、落叶针叶林、落叶阔叶林的数据平均值 0.035 kg/(m² · a)，采用第 5 章的计算方法，得到表 6-30 的计算结果。

Table 6-30　Reduction in carbon sequestration capacity due to global forest area reduction
and the overall effect of forest carbon sequestration capacity

表 6-30　全球森林面积减少引起的固碳能力的降低和森林固碳能力的总体效果

年份	A (1 000 hm²)	ΔA (m²)	$\Delta M_{C, reduc}$ (Mt/a)	$\Delta M_{C, abs}$ (Mt/a)	$\Delta M_{C, forest}$ (Mt/a)	$E_{C, Forest}$ (EJ/a)	$M_{E, Forest}$ (kg/a)
1990	4 236 433			1483	1483	48.6	−541
1991	4 228 595	−7.8E+10	−2.74	1 480	1 477	48.4	−539
1992	4 220 756	−7.8E+10	−2.74	1 477	1 475	48.4	−538
1993	4 212 918	−7.8E+10	−2.74	1 475	1 472	48.3	−537
1994	4 205 080	−7.8E+10	−2.74	1 472	1 469	48.2	−536
1995	4 197 242	−7.8E+10	−2.74	1 469	1 466	48.1	−535
1996	4 189 403	−7.8E+10	−2.74	1 466	1 464	48.0	−534
1997	4 181 565	−7.8E+10	−2.74	1 464	1 461	47.9	−533
1998	4 173 727	−7.8E+10	−2.74	1 461	1 458	47.8	−532
1999	4 165 888	−7.8E+10	−2.74	1 458	1 455	47.7	−531
2000	4 158 050	−7.8E+10	−2.74	1 455	1 453	47.6	−530
2001	4 152 877	−5.2E+10	−1.81	1 454	1 452	47.6	−530
2002	4 147 703	−5.2E+10	−1.81	1 452	1 450	47.5	−529
2003	4 142 530	−5.2E+10	−1.81	1 450	1 448	47.5	−528
2004	4 137 357	−5.2E+10	−1.81	1 448	1 446	47.4	−528
2005	4 132 184	−5.2E+10	−1.81	1 446	1 444	47.4	−527
2006	4 127 010	−5.2E+10	−1.81	1 444	1 443	47.3	−526
2007	4 121 837	−5.2E+10	−1.81	1 443	1 441	47.2	−526
2008	4 116 664	−5.2E+10	−1.81	1 441	1 439	47.2	−525
2009	4 111 490	−5.2E+10	−1.81	1 439	1 437	47.1	−524
2010	4 106 317	−5.2E+10	−1.81	1 437	1 435	47.1	−524
2011	4 101 578	−4.7E+10	−1.66	1 436	1 434	47.0	−523
2012	4 096 840	−4.7E+10	−1.66	1 434	1 432	47.0	−523
2013	4 092 101	−4.7E+10	−1.66	1 432	1 431	46.9	−522
2014	4 087 363	−4.7E+10	−1.66	1 431	1 429	46.9	−521
2015	4 082 624	−4.7E+10	−1.66	1 429	1 427	46.8	−521
2016	4 077 885	−4.7E+10	−1.66	1 427	1 426	46.7	−520
2017	4 073 147	−4.7E+10	−1.66	1 426	1 424	46.7	−520
2018	4 068 408	−4.7E+10	−1.66	1 424	1 422	46.6	−519
2019	4 063 670	−4.7E+10	−1.66	1 422	1 421	46.6	−518
2020	4 058 931	−4.7E+10	−1.66	1 421	1 419	46.5	−518

According to the data in Table 6-30, global forests have a strong carbon absorption capacity. Taking the data of 1999 as an example, the carbon emission caused by deforestation is 2.74 Mt$(10^6$ t), the mass of carbon absorbed by forests is 1 480 Mt, and the mass of carbon absorbed by global forests is 1 477 Mt. Taking the calorific value of carbon as 32 792 kJ/kg, the calculated carbon absorption energy of the forest is 48.6 EJ $(10^{18}$ J), and the corresponding photon mass is 541 kg.

根据表 6-30 的数据可知,全球森林的碳吸收能力很强。以 1999 年的数据为例,森林砍伐引起的碳排放量是 2.74 Mt$(10^6$ t),森林吸收碳的质量是 1 480 Mt,全球森林净吸收碳的质量是 1 477 Mt。取碳的发热量为 32 792 kJ/kg,计算得到森林吸收碳的能量是 48.6 EJ$(10^{18}$ J),对应的光子质量为 541 kg。

Table 6-31　Lunar revolution period increment caused by world energy consumption

表 6-31　世界能源消费引起的月球公转周期的增量

年份	$\Delta \tau$(ns/a) *	$\Delta \tau$(ns/a) **	年份	$\Delta \tau$(ns/a) *	$\Delta \tau$(ns/a) **
1965	1 082	1 689	1995	2 799	3 372
1966	974	1 579	1996	2 901	3 474
1967	1 188	1 792	1997	2 931	3 503
1968	1 309	1 913	1998	2 912	3 483
1969	1 409	2 012	1999	3 003	3 573
1970	1 514	2 116	2000	3 111	3 679
1971	1 553	2 154	2001	3 088	3 656
1972	1 667	2 267	2002	3 217	3 784
1973	1 914	2 512	2003	3 391	3 957
1974	1 760	2 357	2004	3 681	4 247
1975	1 741	2 337	2005	3 852	4 417
1976	2 019	2 614	2006	3 996	4 560
1977	1 994	2 588	2007	4 166	4 729
1978	2 121	2 714	2008	4 224	4 787
1979	2 132	2 723	2009	4134	4 697
1980	1 950	2 541	2010	4 372	4 934
1981	2 023	2 613	2011	4 410	4 971
1982	2 077	2 666	2012	4 481	5 041
1983	2 070	2 658	2013	4 542	5 102
1984	2 250	2 837	2014	4 573	5 132
1985	2 364	2 950	2015	4 684	5 243

年份	$\Delta\tau$(ns/a)	$\Delta\tau$(ns/a)	年份	$\Delta\tau$(ns/a)	$\Delta\tau$(ns/a)
	*	* *		*	* *
1986	2 103	2 687	2016	4 689	5 247
1987	2 283	2 867	2017	4 690	5 247
1988	2 233	2 815	2018	4 850	5 406
1989	2 382	2 963	2019	4 869	5 425
1990	2 334	2 914	2020	4 587	5 142
1991	2 665	3 243	2021	4 875	5 430
1992	2 671	3 248	2022	4 904	5 459
1993	2 680	3 256	均值	2 950	3 528
1994	2 709	3 283	累计	171 097	204 605

Note：* Represent consider forest carbon sequestration factor；* * Represent do not consider forest carbon sequestration factor. Assumption：① The amount of deforestation and the ability to absorb carbon in 2022 will be the same as in 2020. ② The decrease in forest area from 1965 to 1989 was the same as in 1990.

注：* 代表考虑森林固碳因素；* * 代表不考虑森林固碳因素。假设：① 2021 年和 2022 年森林的砍伐量和吸收碳的能力与 2020 年相同。② 1965—1989 年的森林面积减小量与 1990 年相同。

As for the accuracy of the calculation results of the extension of the Lunar revolution period in Table 6-31，it is necessary for professional astronomical staff to make measurements with professional instruments to verify its authenticity. Note that：(1) The effects of global permanent wetlands, shrubs are not taken into account. (2) There is a certain uncertainty in the statistical process of BP data. (3) The mass of CO_2 gas produced by global volcanic eruptions is not considered. Therefore，there may be some differences between the measurements of astronomers and their calculations.

关于表 6-31 的月球公转周期延长计算结果的准确性，需要天文工作者用专业仪器进行测量，验证其真实性。注意：(1) 没有考虑到全球永久湿地、灌木丛等因素的影响。(2) BP 数据的统计过程存在一定的不确定度。(3) 没有考虑全球火山喷发产生的 CO_2 气体的质量。因此，天文工作者的测量结果与计算结果之间可能存在一定的误差。

6.5 Effects of carbon storage and heat absorption processes in global forests on surface recycling energy

6.5 全球森林的储碳吸热过程对地表循环能量的影响

The global burning of fossil fuels and the consumption of nuclear power release a large amount of low-temperature waste heat，which is partly absorbed by the photosynthetic chemical reaction of global forests (the growth process of forests). Therefore，the non-renewable energy consumption E_{NR} (EJ/a) shown in Table 6-26 minus $E_{C,Forest}$(EJ/a)$(1.0EJ=10^{18}J)$ is the net energy released into the atmosphere by the burning of fossil fuels and the consumption of nuclear power worldwide $E_{NR,net}$(EJ/a). In this way, the surface circulating energy percentage r_{total}(%) in Table 6-27 will become $r_{total,net}$(%), as shown in Table 6-32.

全球化石燃料的燃烧以及核电的消耗释放出大量低温废热,这些低温废热有一部分被全球森林的光合化学反应(即森林的生长过程)吸收。因此,表 6-26 中非可再生能源消耗量 E_{NR}(EJ/a)扣除森林的生长过程吸收的能量 $E_{C,Forrest}$(EJ/a)$(1.0\ EJ=10^{18}\ J)$才是全球化石燃料的燃烧以及核电消耗向大气释放的净能量 $E_{NR,net}$(EJ/a)。表 6-27 中地表循环能量百分数 r_{total}(%)将会变成 $r_{total,net}$(%),如表 6-32 所示。

$$r_{total,net} = r_{total} \frac{E_{NR}}{E_{NR,net}} \% \tag{6-7}$$

Table 6-32　Considers the percentage of heat from non-renewable sources of surface circulation after forest heat absorption

表 6-32　考虑森林吸热以后的地表循环热量占非可再生能源热量的百分数

年份	E_{NR}(EJ/a)	$E_{C,Forest}$(EJ/a)	$E_{NR,net}$(EJ/a)	r_{total}(%)	$r_{total,net}$(%)
1965	154	−48.6	105	242	354
1966	144	−48.6	96	259	390
1967	165	−48.6	117	227	322
1968	177	−48.6	129	213	294
1969	187	−48.6	138	202	273
1970	199	−48.6	150	191	253
1971	204	−48.6	155	188	246
1972	216	−48.6	167	177	228
1973	239	−48.6	190	161	202
1974	226	−48.6	178	170	216
1975	224	−48.6	175	172	220
1976	249	−48.6	201	156	193
1977	251	−48.6	202	155	192
1978	266	−48.6	217	148	181
1979	263	−48.6	215	149	183
1980	239	−48.6	191	163	205
1981	250	−48.6	202	156	194
1982	258	−48.6	209	155	190
1983	258	−48.6	210	152	187
1984	271	−48.6	223	148	181

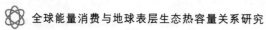
续表

年份	E_{NR}(EJ/a)	$E_{C,Forest}$(EJ/a)	$E_{NR,net}$(EJ/a)	r_{total}(%)	$r_{total,net}$(%)
1985	285	−48.6	237	141	170
1986	251	−48.6	202	161	200
1987	272	−48.6	223	141	172
1988	268	−48.6	219	150	183
1989	285	−48.6	236	142	172
1990	278	−48.6	229	147	178
1991	320	−48.4	271	132	156
1992	321	−48.4	272	133	156
1993	322	−48.3	273	132	156
1994	325	−48.2	277	131	154
1995	334	−48.1	286	128	149
1996	344	−48.0	296	126	147
1997	347	−47.9	299	126	146
1998	346	−47.8	299	126	146
1999	356	−47.7	308	116	134
2000	365	−47.6	318	112	129
2001	365	−47.6	317	113	130
2002	371	−47.5	324	110	126
2003	389	−47.5	342	105	120
2004	415	−47.4	368	108	122
2005	429	−47.4	382	105	118
2006	441	−47.3	394	103	115
2007	455	−47.2	407	101	112
2008	459	−47.2	412	102	114
2009	450	−47.1	403	104	116
2010	471	−47.1	424	100	111
2011	474	−47.0	427	102	114
2012	479	−47.0	432	102	113
2013	484	−46.9	437	103	114
2014	487	−46.9	440	104	115
2015	490	−46.8	443	104	115

年份	E_{NR}(EJ/a)	$E_{C,Forest}$(EJ/a)	$E_{NR,net}$(EJ/a)	r_{total}(%)	$r_{total,net}$(%)
2016	493	-46.7	446	105	115
2017	501	-46.7	455	104	115
2018	513	-46.6	466	102	112
2019	515	-46.6	469	103	113
2020	490	-46.5	444	105	116
2021	517	-46.5	470	108	119
2022	518	-46.5	472	109	120

Note: Forest heat absorption $E_{c,Forest}$ for 1965—1989, 2021, 2022 is assumed.

注:1965—1989 年、2021 年、2022 年森林的吸热量 $E_{C,Forest}$ 是假设值。

$r_{total,net}$ is defined as the cycle ratio k_1 of surface circulating heat:

把 $r_{total,net}$ 定义为地表循环热量的循环倍率 k_1:

$$k_1 = r_{total,net} \% \tag{6-8}$$

The amount of energy cycling in the Earth's surface can be understood as an energy agitator. The greater the k_1 value, indicating that the stronger the energy cycling capacity in the atmosphere, the easier the atmospheric temperature tends to homogenize. The data in Table 6-32 show that: (1) k_1 value is greater than 100, indicating that the circulating heat value is greater than the energy consumed by non-renewable energy. (2) k_1 value decreased year by year from 354% in 1965 to 120% in 2022, indicating that the homogenization ability of surface circulation heat to non-renewable energy heat gradually decreased.

地球表层的能量循环可以理解为能量搅拌器。k_1 值越大,则表示大气中的能量循环能力越强,大气温度越容易趋向于均匀化。表 6-32 的数据表明:(1) k_1 值大于 100,循环热量值大于非可再生能源消耗的能量。(2) k_1 值从 1965 年的 354% 逐年降低到 2022 年的 120%,地表循环热量对非可再生能源热量的均匀化能力逐渐降低。

Figure 6-9 shows the relationship between k_1 and years shown in Figure 6-32. As can be seen from Figure 6-9, k_1 value generally decreases year by year, indicating that: (1) The global annual consumption of non-renewable energy is increasing. (2) Due to the global deforestation, the forest area is decreasing year by year, the carbon sink is transformed into a carbon source, and the fixing effect of forests on carbon is decreasing year by year.

将表 6-32 中 k_1 与年份的关系绘制成图 6-9。由图 6-9 可见,k_1 值总体上逐年降低,说明:(1) 全球每年消费的非可再生能量越来越大。(2) 由于全球森林被大面积砍伐,森林面积逐年降低,碳汇转化为碳源,森林对碳的固定作用逐年降低。

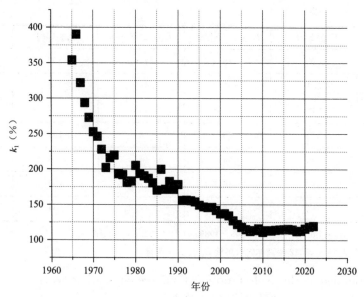

Figure 6-9　Annual data of cycle ratio k_1 from 1965 to 2022

图 6-9　循环倍率 k_1 的逐年数据(1965—2022 年)

The heat capacity of the atmosphere, ocean surfacelayer and land surface layer is defined as the heat capacity **Q** of the Earth surface layer, which is the Earth surface heat capacity cycle ratio.

把大气、海洋表面、陆地表面的热容量作为地球表层的热容量 Q,定义为地球表面热容量循环倍率。

$$k_2 = Q/E_{NR,net} \tag{6-9}$$

The following is a rough calculation of the heat capacity of the atmosphere, ocean surface, and land surface temperature increase of 1.0 ℃.

下面粗略计算大气、海洋表面、陆地表面温度升高 1.0 ℃的热容量。

Table 6-33(a)　Calculation process and results of atmospheric heat capacity

表 6-33(a)　大气热容量的计算过程与结果

序号	变量名称	符号	单位	数据来源或公式	数值
1	N_2 比热容	c_{N_2}	kJ/(m³·℃)	樊泉桂等,2014	1.3
2	O_2 比热容	c_{O_2}	kJ/(m³·℃)	樊泉桂等,2014	1.32
3	H_2O 比热容	c_{H_2O}	kJ/(m³·℃)	樊泉桂等,2014	1.51
4	CO_2 比热容	c_{CO_2}	kJ/(m³·℃)	樊泉桂等,2014	1.7
5	Air 比热容	c_{Air}	kJ/(m³·℃)	樊泉桂等,2014	1.32
6	大气摩尔质量	MW_{air}	g/mol	已知	29
7	地球面积	A	m²	已知	5.10E+14

序号	变量名称	符号	单位	数据来源或公式	数值
8	地球表面大气压	p	Pa	已知	101 325
9	重力加速度	g	m/s^2	已知	9.806 65
10	大气质量	M_{Air}	kg	Ap/g	5.27E+18
11			g	$\times 1000$	5.27E+21
12	大气体积	V_{Air}	Nm^3	$\dfrac{M_{Air}}{MW_{Air}}\dfrac{22.4}{1\,000}$	4.07E+18
13	大气温度之差	Δt_{air}	℃	取值	1.0
14	干空气热容量	$Q_{dry\,air}$	kJ	$c_{Air}t_{air}V_{Air}$	5.37E+18
15			EJ	1.00E−15	5 373
16	大气水蒸气含量	m	g/kg	取值	10
17	空气密度	ρ_{air}	kg/Nm^3	已知	1.293
18	大气水蒸气质量	M_{steam}	g	$V_{Air}\rho_{air}m$	5.26E+19
19	水的摩尔质量	MW_{steam}	g/mol	已知	18
20	大气中水蒸气的体积	V_{steam}	Nm^3	$\dfrac{M_{steam}}{MW_{steam}}\dfrac{22.4}{1\,000}$	6.55E+16
21	大气中水蒸气的热容量	Q_{steam}	kJ	$c_{H_2O}t_{air}V_{steam}$	9.89E+16
22			EJ	1.00E−15	99
23	大气总的热容量	Q_{air}	EJ	$Q_{dry\,air}+Q_{steam}$	5 472

Table 6-33(b)　Heat absorption of 1.0×10^{-3} CO$_2$ in the atmosphere increased by 1 ℃

表 6-33(b)　大气中 1.0×10^{-3} CO$_2$ 升高 1 ℃的吸热量

序号	变量名称	符号	单位	数据来源或公式	数值
1	大气体积	V_a	Nm^3	已知	4.092E+18
2	大气 CO$_2$ 浓度	c_{CO_2}	$\times10^{-3}$	取值	1
3	大气 CO$_2$ 体积初值	$V_{CO_2,0}$	Nm^3	1.00E−06	4.092E+12
4	大气温升	Δt	℃	取值	1
5	CO$_2$ 比热容	c_{p,CO_2}	kJ/(m$^3\cdot$℃)	樊泉桂，2014	1.7
6	大气 CO$_2$ 吸热量初值	$Q_{CO_2,0}$	kJ/($\times10^{-3}\cdot$℃)	$V_{CO_2,0}\,c_{p,CO_2}\Delta t$	6.956E+12
7			EJ/($\times10^{-3}\cdot$℃)	1.00E−15	6.956E−03

Table 6-33(c) Heat absorption of atmospheric CO₂ increased by 1 ℃ during 1965—2022

表 6-33(c) 1965—2022 年大气中 CO₂ 升高 1 ℃ 的吸热量

年份	Q_{CO_2} [EJ/(℃·a)]	年份	Q_{CO_2} [EJ/(℃·a)]	年份	Q_{CO_2} [EJ/(℃·a)]
1965	2.226	1985	2.407	2005	2.642
1966	2.236	1986	2.417	2006	2.657
1967	2.241	1987	2.429	2007	2.670
1968	2.247	1988	2.446	2008	2.682
1969	2.258	1989	2.456	2009	2.695
1970	2.265	1990	2.465	2010	2.712
1971	2.270	1991	2.473	2011	2.724
1972	2.278	1992	2.479	2012	2.739
1973	2.293	1993	2.484	2013	2.755
1974	2.297	1994	2.496	2014	2.766
1975	2.303	1995	2.510	2015	2.782
1976	2.310	1996	2.522	2016	2.805
1977	2.322	1997	2.530	2017	2.817
1978	2.333	1998	2.550	2018	2.834
1979	2.343	1999	2.562	2019	2.852
1980	2.356	2000	2.570	2020	2.874
1981	2.366	2001	2.582	2021	2.892
1982	2.375	2002	2.596	2022	2.902
1983	2.386	2003	2.614		
1984	2.397	2004	2.626	均值	2.519

Heat absorbed by atmospheric rise of 1 ℃, $Q_{air} = Q_{dry\ air} + Q_{steam} + Q_{CO_2}$.

大气升高 1 ℃ 吸收的热量 $Q_{air} = Q_{dry\ air} + Q_{steam} + Q_{CO_2}$。

Table 6-34 Calculation process and results of surface ocean heat capacity

表 6-34 表层海洋的热容量计算过程与结果

序号	变量名称	符号	单位	数据来源或公式	数值
1	地球海洋面积	A_1	m²	已知	3.61E+14
2	海洋的比热	c	kJ/(kg·℃)	已知	4.187
3	海洋表面温度	Δt	℃	已知	1.0
4	海水密度	ρ	kg/m³	已知	1045
5	表层深度	h	m	取值	500

序号	变量名称	符号	单位	数据来源或公式	数值
6	表层海水质量	M	$A_1 h \rho$	kg	1.89E+20
7	表层海水热容量	Q_{os}	kJ	$Mc \Delta t$	7.90E+20
8			EJ	1.00E-15	789 981

Table 6-35 Calculation process and results of heat capacity of surface land

表 6-35 表层陆地的热容量计算过程与结果

序号	变量名称	符号	单位	数据来源或公式	数值
1	地球陆地面积	A_2	m^2	已知	1.49E+14
2	海洋的比热	c	kJ/(kg·℃)	已知	1.0
3	陆地表面温度	Δt	℃	已知	1.0
4	陆地密度	ρ	kg/m^3	已知	2200
5	表层深度	h	m	取值	5
6	表层海水质量	M	kg	$A_1 h \rho$	1.64E+18
7	陆地热容量	Q_{Ls}	kJ	$Mc \Delta t$	1.64E+18
8			EJ	1.00E-15	1 638

The total heat capacity of atmosphere，surface ocean and surface land：$Q=5\,472+789\,981+1\,638=797\,091$ EJ，and the calculation results of cycle ratio k_2 are shown in Table 6-36.

大气、表层海洋、表层陆地的热容量总和：$Q=5\,472+789\,981+1\,638=797\,091$ EJ，循环倍率 k_2 的计算结果见表 6-36。

Table 6-36 Calculation results of cycle ratio k_2

表 6-36 循环倍率 k_2 的计算结果

年份	E_{NRnet}(EJ/a)	k_2	年份	E_{NRnet}(EJ/a)	k_2
1965	154	5 186	1994	325	2 450
1966	144	5 519	1995	334	2 387
1967	165	4 816	1996	344	2 318
1968	177	4 497	1997	347	2 296
1969	187	4 263	1998	346	2 301
1970	199	4 011	1999	308	2 586
1971	204	3 909	2000	318	2 508
1972	216	3 695	2001	317	2 512
1973	239	3 334	2002	324	2 461

续表

年份	E_{NRnet}(EJ/a)	k_2	年份	E_{NRnet}(EJ/a)	k_2
1974	226	3 519	2003	342	2 331
1975	224	3 561	2004	368	2 166
1976	249	3 196	2005	382	2 087
1977	251	3 179	2006	394	2 023
1978	266	2 996	2007	407	1 957
1979	263	3 027	2008	412	1 937
1980	239	3 328	2009	403	1 978
1981	250	3 182	2010	424	1 880
1982	258	3 092	2011	427	1 867
1983	258	3 084	2012	432	1 846
1984	271	2 937	2013	437	1 823
1985	285	2 794	2014	440	1 810
1986	251	3 176	2015	443	1 799
1987	272	2 933	2016	446	1 785
1988	268	2 978	2017	455	1 753
1989	285	2 798	2018	466	1 710
1990	278	2 870	2019	469	1 700
1991	320	2 493	2020	444	1 796
1992	321	2 485	2021	470	1 694
1993	322	2 477	2022	472	1 690

As can be seen from the data in Table 6-36, the cycle ratio k_2 decreases year by year from 17.87 in 1999 to 11.68 in 2022. As a result, the enormous energy consumption of the global population is increasingly capable of disturbing the Earth's surface environment, increasing by an average of 0.269 times per year.

由表 6-36 的数据可知,循环倍率 k_2 从 1999 年的 17.87 逐年降低,至 2022 年降低到 11.68。因此,全球人口的巨大能量消费对地球表面环境的扰动能力越来越强,平均每年提高 0.269 倍。

Table 6-36 does not consider the influence of Earth's volcanic eruption heat on k_2 value, which is subject to certain randomness and uncertainty every year. Figure 6-10 shows the relationship between k_2 and year in Table 6-36.

表 6-36 中没有考虑地球火山喷发热量对 k_2 数值的影响,这一部分内容每年都有一定的随机性和不确定度。将表 6-36 中 k_2 与年份的关系绘制成图 6-10。

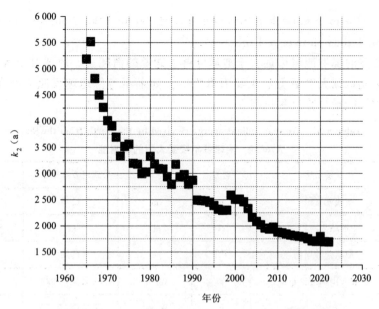

Figure 6-10　Temporal variation of k_2 values during 1965—2022

图 6-10　k_2 值的时序变化(1965—2022 年)

As can be seen from Figure 6-10:(1) The k_2 value generally decreases from 1965 to 2022, indicating that the rapid increase in global non-renewable energy consumption has an increasingly strong disturbance ability to the Earth's surface heat capacity. (2) From 1965 to 1980, the value of k_2 dropped rapidly. From 1980 to 2022, the decline rate of k_2 value is relatively slow, indicating that the growth rate of global consumption of non-renewable energy has experienced three stages. From 1965 to 1980, the growth rate of $E_{NR,net}$ and net decreased rapidly, with an average of 3.2%. From 1980 to 2010, the growth rate of $E_{NR,net}$ and net rose slowly, averaging 2.1%. From 2010 to 2022, the growth rate of $E_{NR,net}$ and net decreased slowly, with an average of 1.2%.

由图 6-10 可知:(1) k_2 值在 1965—2022 年总体上降低,说明全球非可再生能源消费量的快速提升对于地球表层热容量的扰动能力越来越强。(2) 1965—1980 年,k_2 值下降速度较快。1980—2022 年,k_2 值下降速度较慢,说明全球消费的非可再生能源的增速经历了 3 个阶段。1965—1980 年,$E_{NR,net}$ 增速下降较快,均值为 3.2%。1980—2010 年,$E_{NR,net}$ 增速缓慢上升,均值为 2.1%。2010—2022 年,$E_{NR,net}$ 增速缓慢降低,均值为 1.2%。

6.6　Earth surface layer energy balance

6.6　地球表层能量平衡

The energy radiated by the Sun to the Earth is far greater than the consumption of renewable energy on the Earth. The change of Earth's albedo to the Solar energy has become one of the main factors affecting Earth's atmospheric temperature. If the change of the Earth's albedo is not taken into account, the annual Solar energy absorbed by the Earth is calculated as shown in Table 6-37.

太阳对地球的辐射能量远远大于地球可再生能源的消耗量。地球对于太阳能的反照率变化成为影响地球大气温度的主要因素之一。如果不考虑地球反照率的变化,地球每年吸收的太阳能能量计算过程见表 6-37。

Table 6-37　Annual radiant energy received by the Earth from the Sun

表 6-37　地球每年接受太阳的辐射能

序号	变量名称	符号	单位	公式或者数据来源	数值
1	地球直径	d	m	已知	1.274E+07
2	地球表面积	A	m^2	πd^2	5.101E+14
3	地球公转周期	P_O	s	已知	31 556 925
4	地表太阳辐射校正值	ε	W/m^2	王紫嫣, 2022	153.42
5		ε	W/m^2	王紫嫣, 2022	139.49
6		ε	W/m^2	王紫嫣, 2022	127.75
7		ε	W/m^2	王紫嫣, 2022	197.53
8		ε	W/m^2	王紫嫣, 2022	237.80
9		ε	W/m^2	王紫嫣, 2022	183.09
10		ε	W/m^2	王紫嫣, 2022	222.33
11		ε	W/m^2	王紫嫣, 2022	248.08
13		ε	W/m^2	王紫嫣, 2022	211.80
14		ε	W/m^2	王紫嫣, 2022	242.26
15		ε	W/m^2	王紫嫣, 2022	218.43
16	地表太阳辐射校正值均值	$\varepsilon_{均值}$	W/m^2	引用均值	199.11
17	地球每年接受的太阳辐射能量	$E_{1,0}$	J/a	$A\varepsilon_{均值}P_O$	3.205E+24
18			EJ/a	1.00E−18	3 204 821
19	反照率	γ	—	取值	0.367
20	地球每年吸收的太阳能	E_1	EJ/a	$(1-\gamma)E_{1,0}$	2 028 652

The annual energy E_2 radiated by the Earth to the extraterrestrial universe is calculated in Table 6-38. Among them, the atmospheric temperature value comes from the research results of Wei et al. (2021). Cosmic temperature comes from Yi's (2019) study. In Table 6-38, the atmospheric temperature is set at 9.8 ℃. According to the research results of Wei et al. (2021), the temperature change from 1750 to 2019 is 7.8 ℃

~9.8 ℃. According to the calculation method in Table 6-38，different atmospheric temperatures are brought in to obtain the annual radiation energy of the Earth under different atmospheric temperatures(Table 6-39).

地球每年向地外宇宙辐射的能量 E_2，计算过程见表 6-38。其中，大气温度数值来自魏二虎等(2021)的研究结果。宇宙温度来自易照雄(2019)的研究结果。表 6-38 中大气温度取 9.8 ℃，根据魏二虎等(2021)的研究结果，1750—2019 年气温变化范围为 7.8 ℃～9.8 ℃，按照表 6-38 的计算方法，将不同的大气温度带入，得到不同大气温度下的地球年辐射能量(表 6-39)。

$$E_2 = \sigma_0(\varepsilon_1 A_1 + \varepsilon_2 A_2)x(T_2^4 - T_1^4)t \ J/a \tag{6-10}$$

Table 6-38　Radiation energy of the Earth to the extraterrestrial universe

表 6-38　地球向地外宇宙的辐射能量

序号	变量名称	符号	单位	公式或者数据来源	数值
1	地球 海洋面积	A_1	m²	已知	3.611E+14
2	地球 陆地面积	A_2	m²	已知	1.49E+14
3	大气温度	t_2	℃	魏二虎等,2021	9.8
4	地球表面温度	T_2	K	已知	282.95
5	宇宙温度	T_1	K	易照雄,2019	2.725
6	海洋黑度	ε_1	—	取值	0.375
7	陆地黑度	ε_2	—	取值	0.275
8	斯蒂芬玻尔兹曼常数	σ_0	W/(m²·K⁴)	已知	5.67E−08
9	地球对宇宙的角系数	x	—	取值	1.00
10	地球年时间	t	s	已知	3.16E+07
11	地球每年向宇宙辐射的能量	E_2	J/a	式(6−10)	2.02E+24
12			EJ/a	1.00E−18	2 022 631

According to the calculation results in Table 6-39, when the atmospheric temperature increases by 1.0 ℃, the Earth's radiated energy varies according to the atmospheric temperature. The higher the atmospheric temperature, the greater the Earth's radiated energy. The average radiation energy of the Earth is 1 911 459 EJ/a. With the increase of atmospheric temperature, the average growth rate of Earth radiation energy is 28 262 EJ/(a·℃).

根据表 6-39 的计算结果，大气温度升高 1 ℃，不同的大气温度对应的地球辐射能量有所不同，大气温度越高，地球辐射能量越大。地球辐射能量均值为 1 911 459 EJ/a；随着大气温度升高，地球辐射能量增速均值为 28 262 EJ/(a·℃)

Table 6-39　Annual radiated energy of the Earth at different atmospheric temperatures
表 6-39　不同大气温度下地球每年的辐射能量

$t/℃$ 大气温度	E_2 (EJ/a) 地球辐射能量	s_{E2} (EJ/a/ ℃) E_2 增速
7.4	1 954 875	
7.6	1 960 455	27 902
7.8	1 966 047	27 962
8	1 971 652	28 021
8.2	1 977 268	28 081
8.4	1 982 896	28 141
8.6	1 988 536	28 201
8.8	1 994 189	28 261
9	1 999 853	28 321
9.2	2 005 529	28 382
9.4	2 011 218	28 442
9.6	2 016 918	28 503
9.8	2 022 631	28 563
10	2 028 356	28 624
均值 $E_{2,av}$	1 991 459	28 262

The calculation process of the heat flux released from the crust to the atmosphere is shown in Table 6-40.

地壳向大气释放的热通量计算过程见表 6-40。

Table 6-40　The heat flux released from the crust to the atmosphere
表 6-40　地心到地球表面热通量

序号	变量名称	符号	单位	数据来源或公式	数值
1	地球直径	d	m	已知	1.274E+07
2	地球面积	A	m^2	πd^2	5.101E+14
3	表层地壳厚度	δ	m	取值	60
4	外表面温度	t_2	℃	取值	14
5	内表面温度	t_1	℃	t_2+2	16
6	地壳导热系数	k	W/(℃·m)	取值	2.23
7	地球年时间	τ	s	已知	31 556 925
8	地壳表面热通量	E_{crust}	J/a	$Ak(t_1-t_2)/\delta\tau$	1.196 47E+21
9			EJ/a	1.00E-18	1 196

The global atmospheric temperature rises, causing the melting of glaciers and causing the rise of sea level. The parameters of sea level rise are shown in Table 6-41.

全球大气温度升高,引起冰川融化导致海平面上升,海平面上升数据见表 6-41。

Table 6-41　Sea level Rise data(Jyoti et al., 2023)

表 6-41　海平面上升数据(Jyoti et al., 2023)

年份	h/mm	Δh_{sea}/mm	年份	h/mm	Δh_{sea}/mm
1958	−9		1987	2	1.2
1959	−7.6	1.4	1990	3.6	1.6
1961	−5.8	1.8	1994	3.6	0
1963	−5	0.8	1995	3.6	0
1966	−6.4	−1.4	1998	5.4	1.8
1970	−7.2	−0.8	2001	8.4	3
1973	−4.4	2.8	2003	12.6	4.2
1977	−2.6	1.8	2004	14	1.4
1978	−2.4	0.2	2008	14.4	0.4
1980	−0.8	1.6	2012	16.6	2.2
1982	0.8	1.6	2015	19.4	2.8
1986	0.8	0	2016	20.8	1.4

The heat absorption of 1mm sea level rise caused by melting glaciers is shown in Table 6-42.

冰川融化引起海平面升高 1 mm 的吸热量,见表 6-42。

Table 6-42　Heat absorption of 1 mm sea level rise caused by melting glaciers

表 6-42　冰川融化引起海平面升高 1 mm 的吸热量

序号	变量名称	符号	单位	数据来源或公式	数值
1	地球海洋面积	A	m²	已知	3.611E+14
2	海平面升高高度	h	mm	取值	1
3			m	1.00E−03	0.001
4	海水体积	V	m³	Ah	3.611E+11
5	水的质量	M	kg	1000V	3.611E+14
6	海水温度	t_3	℃	取值	9
7	水的比热	c_3	kJ/(kg·℃)	取值	4.187
8	水的吸热量	Q_3	kJ	Mc₂t	1.361E+16
9			EJ	1.00E−15	14
10	冰的熔化热	r	kJ/kg	取值	334.96

序号	变量名称	符号	单位	数据来源或公式	数值
11	冰的熔化吸热量	Q_2	kJ	rM	1.21E+17
12			EJ	1.00E-15	121
13	冰的温度	t_1	℃	取值	-25
14		c_1	kJ/(kg·℃)	取值	2.1
15	冰的吸热量	Q_1	kJ	$Mc_1(0-t_1)$	1.896E+16
16			EJ	1.00E-15	19
17	海平面升高 1 mm 吸热量	$Q_{O,1}$	EJ	$Q_1+Q_2+Q_3$	154
18	2000—2020 年海平面上升量	H	mm	Jyoti et al., 2023	20
19	2000—2020 年吸热量	$Q_{O,00-20}$	EJ	$H/hQ_{O,1}$	3 070
20	冰川融化年均吸热量	$Q_{O,a}$	EJ	$Q_{O,00-20}/20$	154

The data in Table 6-41 are fitted by a quadratic polynomial, and the fitting parameters $y = B_0 + B_1 x + b_2 x^2$ are obtained, where $B_0 = 2\,000.444\,69$, $B_1 = -2.037\,63$, $B_2 = 0.000\,519\,087$. Then, using the year as the horizontal coordinate x and the sea level rise h as the vertical coordinate, the sea level rise from 1990 to 2020 is calculated. Then, according to the annual average heat absorption of glacier melting obtained in Table 6-42, the fitted value of global glacier melting heat absorption from 1990 to 2020 can be obtained, as shown in Table 6-43.

将表 6-41 的数据进行二次多项式拟合，得到拟合参数 $y = B_0 + B_1 x + b_2 x^2$，其中 $B_0 = 2\,000.444\,69$，$B_1 = -2.037\,63$，$B_2 = 0.000\,519\,087$。然后，将年份作为横坐标 x，海平面上升量 h 作为纵坐标，计算 1990—2020 年海平面上升量；再根据表 6-42 得到的冰川融化年均吸热量，计算 1990—2020 年全球冰川融化的吸热量拟合值，见表 6-43。

Table 6-43 Heat absorption of global glacier melting from 1965 to 2020
表 6-43 1965—2020 年全球冰川融化的吸热量拟合值

年份	$E_{glacier}$(EJ/a)	年份	$E_{glacier}$(EJ/a)	年份	$E_{glacier}$(EJ/a)
1965	125	1984	161	2003	254
1966	125	1985	164	2004	260
1967	126	1986	168	2005	267
1968	127	1987	171	2006	274
1969	128	1988	175	2007	281
1970	129	1989	180	2008	288
1971	130	1990	184	2009	295
1972	131	1991	188	2010	303
1973	133	1992	193	2011	310

年份	$E_{glacier}$(EJ/a)	年份	$E_{glacier}$(EJ/a)	年份	$E_{glacier}$(EJ/a)
1974	135	1993	198	2012	318
1975	137	1994	203	2013	326
1976	139	1995	208	2014	334
1977	141	1996	213	2015	342
1978	143	1997	218	2016	351
1979	146	1998	224	2017	359
1980	148	1999	229	2018	368
1981	151	2000	235	2019	377
1982	154	2001	241	2020	386
1983	157	2002	248		

Note：2017—2020 data are extensional data.

注：2017—2020 年数据为外延数据。

The research results of Huang Xiaohuang et al. (2013) showed that when the atmospheric CO_2 concentration increased from 280×10^{-3} before the Industrial revolution to 390×10^{-3}, the atmospheric CO_2 radiation increased by 2.80 W/m². It is calculated that the radiation energy of CO_2 to the universe when atmospheric CO_2 concentration increases by 1.0×10^{-3} per year is $k=337$ EJ/($\times10^{-3}\cdot$a).

黄晓璜等(2013)的研究结果表明,大气 CO_2 浓度从工业革命前的 280×10^{-3} 提高到 390×10^{-3} 时,大气中的 CO_2 辐射提高了 2.80 W/m²。经过计算得到,每年大气 CO_2 浓度提高 1.0×10^{-3},CO_2 向宇宙的辐射能量为 $k=337$ EJ/($\times10^{-3}\cdot$a)。

The global atmospheric CO_2 concentration was obtained from Pieler (2009), Etheridge et al. (1998). Data for 2013—2020 were obtained from the World Meteorological Organization(WMO), which is shown in Table 6-44.

全球大气 CO_2 浓度来自 Pieler(2009),Etheridge 等(1998)。2013—2020 年数据来自世界气象组织官网,见表 6-44。

Table 6-44　Global atmospheric CO_2 concentrations
表 6-44　全球大气 CO_2 浓度

年份	CO_2 $\times10^{-3}$	年份	CO_2 $\times10^{-3}$	年份	CO_2 $\times10^{-3}$
—		—		—	
1959	316.0	1980	338.7	2001	371.1
1960	316.9	1981	340.1	2002	373.2
1961	317.6	1982	341.4	2003	375.8
1962	318.5	1983	343.0	2004	377.5

年份	CO$_2$	年份	CO$_2$	年份	CO$_2$
—	$\times 10^{-3}$	—	$\times 10^{-3}$	—	$\times 10^{-3}$
1963	319.0	1984	344.6	2005	379.8
1964	319.6	1985	346.0	2006	381.9
1965	320.0	1986	347.4	2007	383.8
1966	321.4	1987	349.2	2008	385.6
1967	322.2	1988	351.6	2009	387.4
1968	323.0	1989	353.1	2010	389.9
1969	324.6	1990	354.4	2011	391.6
1970	325.7	1991	355.6	2012	393.8
1971	326.3	1992	356.4	2013	396.0
1972	327.5	1993	357.1	2014	397.7
1973	329.7	1994	358.8	2015	400.0
1974	330.2	1995	360.8	2016	403.3
1975	331.1	1996	362.6	2017	405.0
1976	332.1	1997	363.7	2018	407.4
1977	333.8	1998	366.7	2019	410.0
1978	335.4	1999	368.3	2020	413.2
1979	336.8	2000	369.5		

Note: Data for 1959—2012 were obtained from Pieler(2009), Etheridge et al. (1998), and data for 2012—2020 were obtained from WMO.

注:1959—2012 年数据来自 Pieler(2009) 和 Etheridge 等(1998),2012—2020 年数据来自 WMO。

After calculation, the annual radiation energy of CO$_2$ to the universe can be obtained, and then binomial fitting can get $B_0 = 37\ 440.236\ 85$, $B_1 = -45.512\ 69$, $B_2 = 0.013\ 55$. The fitting value of atmospheric CO$_2$ radiation energy to the universe from 1965 to 2020 is obtained, which is shown in Table 6-45.

经过计算得到每年 CO$_2$ 向宇宙的辐射能量,然后二项式拟合得到 $B_0 = 37\ 440.236\ 85$,$B_1 = -45.512\ 69$,$B_2 = 0.013\ 55$,从而得到 1965—2020 年全球大气 CO$_2$ 向宇宙辐射能量的拟合值,见表 6-45。

Table 6-45 Radiation energy of global atmospheric CO$_2$ to the universe from 1965 to 2020

表 6-45 1965—2020 年全球大气 CO$_2$ 向宇宙辐射能量的拟合值

Year	E_{CO_2} (EJ/a)	E_{CO_2} (EJ/a)	Year	E_{CO_2} (EJ/a)	E_{CO_2} (EJ/a)
年份	实际值	二次拟合值	年份	实际值	二次拟合值
1965	141.4	327.4	1993	232.2	554.7

Year	E_{CO_2} (EJ/a)	E_{CO_2} (EJ/a)	Year	E_{CO_2} (EJ/a)	E_{CO_2} (EJ/a)
年份	实际值	二次拟合值	年份	实际值	二次拟合值
1966	451.0	335.2	1994	589.0	563.2
1967	262.5	342.9	1995	666.4	571.8
1968	296.2	350.7	1996	602.4	580.3
1969	531.8	358.6	1997	376.9	588.9
1970	356.7	366.4	1998	989.5	597.5
1971	215.4	374.3	1999	565.4	606.2
1972	380.3	382.2	2000	400.5	614.9
1973	750.5	390.2	2001	541.9	623.6
1974	168.3	398.1	2002	703.4	632.3
1975	302.9	406.1	2003	858.2	641.0
1976	326.5	414.2	2004	578.9	649.8
1977	582.2	422.2	2005	777.4	658.6
1978	548.6	430.3	2006	706.8	667.5
1979	461.1	438.4	2007	626.0	676.3
1980	639.5	446.5	2008	615.9	685.2
1981	484.6	454.7	2009	599.1	694.1
1982	444.3	462.9	2010	834.7	703.1
1983	535.1	471.1	2011	599.1	712.1
1984	521.7	479.3	2012	737.1	721.1
1985	491.4	487.6	2013	733.7	730.1
1986	454.3	495.9	2014	572.1	739.1
1987	595.7	504.2	2015	774.1	748.2
1988	807.7	512.6	2016	1 110.6	757.3
1989	508.2	520.9	2017	572.1	766.5
1990	430.8	529.3	2018	807.7	775.6
1991	410.6	537.8	2019	875.0	784.8
1992	272.6	546.2	2020	1077.0	794.0

Note: Data for 1959—2012 were obtained from Pieler(2009), Etheridge et al. (1998), and data for 2012—2020 were obtained from WMO.

注：1959—2012 年数据来自 Pieler T(2009)和 Etheridge D M 等(1998)，2012—2020 年数据来自 WMO。

Assuming the surface temperature of the Earth is 9.3 ℃, the radiation heat transfer between the Moon and the Earth is shown in Table 6-46.

假设地球表面的温度为 9.3 ℃，月球与地球之间的辐射能量见表 6-46。

Table 6-46 Radiation energy between the Moon and Earth

表 6-46 月球和地球之间的辐射能量

序号	变量名称	符号	单位	公式或者数据来源	数值
1	月球直径	d_1	m	已知	1 737 100
2	地球直径	d_2	m	已知	1.274E+07
3	月球与地球之间的距离	r	m	已知	3.844E+08
4	月球亮表面温度	t_1	℃	已知	150
5		T_1	K	$273.15+t_1$	423.15
6	月球暗表面温度	t_{11}	℃	已知	−180
7		T_{11}	K	$273.15+t_{11}$	93.15
8	地球表面温度	t_2	℃	已知	9.3
9		T_2	K	$273.15+t_{11}$	282.45
10	地球纬度截面积	F_e	m²	$\pi d_2^2/4$	1.275E+14
11	月球赤道截面积	F_m	m²	$\pi d_1^2/4$	2.370E+12
12	地球年长度	p_e	s	已知	31 556 925
13	月球公转周期	p_m	s	已知	2 360 448
14	地球年的月球年数	k	—	p_e/p_m	13.4
15	斯蒂芬−玻尔兹曼常数	σ_0	W/(m²·K⁴)	已知	5.67E−08
16	地球反照率	γ	—	已知	0.367
17	地球吸收率	a	—	$1-\gamma$	0.633
18	月球反射率	β	—	已知	0.580
19	月球吸收率	b	—	$1-\beta$	0.420
20	地球角系数	x_e	—	$(d_2^2/4)/r^2$	2.747E−04
21	月球角系数	x_m	—	$(d_1^2/4)/r^2$	5.105E−06
22	1 年的亮面辐射能量	Q_L	EJ/a	$10^{-18}\sigma_0 a x_e F_e(T_1^4-T_2^4)p_e/2$	5.097E+02
23	1 年的暗面辐射能量	Q_D	EJ/a	$10^{-18}\sigma_0 b x_m F_m(T_2^4-T_{11}^4)p_e/2$	2.859E−02
24	1 地球年,月球对地球的辐射能量	$Q_{\text{moon-earth}}$	EJ/a	Q_L-Q_D	510

According to the actual surface temperature of the Earth and the method in Table 6-46，the radiative heat transfer between the Moon and the Earth was calculated，and the results are shown in Table 6-47.

按照实际的地球表面温度以及表 6-46 的方法,计算 1990—2020 年月球与地球之间 1 年的辐射换热量,结果见表 6-47。

Table 6-47　Radiation heat transfer energy between the Moon and Earth for one year from 1990 to 2020

表 6-47　1990—2020 年月球与地球之间 1 年的辐射换热量

Year 年份	T_2(K) 地表温度	Q_L(EJ/a) 亮面放热	Q_D(EJ/a) 暗面吸收	$Q_{\text{moon-earth}}$(EJ/a) 月地换热量
1990	282.313	509.974	0.029	509.945
1991	282.328	509.946	0.029	509.918
1992	282.343	509.919	0.029	509.890
1993	282.359	509.891	0.029	509.862
1994	282.375	509.863	0.029	509.834
1995	282.391	509.835	0.029	509.806
1996	282.406	509.806	0.029	509.778
1997	282.422	509.778	0.029	509.749
1998	282.439	509.749	0.029	509.720
1999	282.455	509.720	0.029	509.692
2000	282.471	509.691	0.029	509.662
2001	282.487	509.662	0.029	509.633
2002	282.504	509.633	0.029	509.604
2003	282.520	509.603	0.029	509.574
2004	282.537	509.573	0.029	509.545
2005	282.553	509.543	0.029	509.515
2006	282.570	509.513	0.029	509.485
2007	282.587	509.483	0.029	509.455
2008	282.604	509.453	0.029	509.424
2009	282.621	509.422	0.029	509.394
2010	282.638	509.392	0.029	509.363
2011	282.655	509.361	0.029	509.332
2012	282.673	509.330	0.029	509.301
2013	282.690	509.298	0.029	509.270
2014	282.708	509.267	0.029	509.238
2015	282.725	509.236	0.029	509.207
2016	282.743	509.204	0.029	509.175
2017	282.761	509.172	0.029	509.143
2018	282.779	509.140	0.029	509.111
2019	282.797	509.108	0.029	509.079
2020	282.815	509.075	0.029	509.047

Note：the data of the Earth surface temperature comes from Wei et al. (2021).

注：地表温度数据来源于魏二虎等(2021)。

The energy balance of the Earth's surface is shown in Table 6-51.

地球表层的能量平衡见表 6-51。

Among them, the annual absorption of the Solar energy by the Earth takes into account the energy of Zhang and Liang(2022). The research results show that from 1980 to 2014, the global atmospheric top albedo decreased by 1.29%, and the Earth's absorption rate of the Solar energy increased by 0.037 94%/a.

其中,地球每年吸收太阳能的能量考虑到 Zhan 和 Liang(2022)的研究。结果表明, 1980—2014 年全球大气顶部反照率下降了 1.29%,地球对太阳能的吸收率提高 0.037 94%/a。

According to literature reports, the estimated global average annual CO_2 emissions are shown in Table 6-48.

根据文献报道估计的全球火山每年平均排放的 CO_2 热量见表 6-48。

Table 6-48　Global average annual CO_2 heat emitted by volcanoes

表 6-48　全球火山每年平均排放的 CO_2 热量

序号	变量名称	符号	单位	公式或者数据来源	数值
1	火山喷发的 CO_2 通量	$M_{CO_2,v}$	Mt/a	赵文斌等, 2018	157.4
2	火山气体的温度	θ	℃	取值	950
3	大气温度	t	℃	取值	14
4	火山喷发的 CO_2 体积	$V_{CO_2,v}$	Nm³/a	$(22.4/44)M_{CO_2,v} \times 10^{19}$	8.013E+10
5	1 m³ CO_2 焓值,900 ℃	$(c\theta)_{900}$	kJ/m³	樊泉桂等, 2014	1 952
6	1 m³ CO_2 焓值,1 000 ℃	$(c\theta)_{1000}$	kJ/m³	樊泉桂等, 2014	2 204
7	1 m³ CO_2 焓值,950 ℃	$(c\theta)_{950}$	kJ/m³	$[(c\theta)_{900}+(c\theta)_{1\,000}]/2$	2 078
8	1 m³ CO_2 焓值,14 ℃	$(c\theta)_{14}$	kJ/m³	樊泉桂等, 2014	23.8
9	1 m³ CO_2 焓差,950 ℃~14 ℃	$\Delta(c\theta)$	kJ/m³	$(c\theta)_{950}-(c\theta)_{14}$	2 054.2
10	火山喷发的 CO_2 热量	$E_{volcano}$	EJ/a	$10^{-15}\Delta(c\theta)V_{CO_2,v}$	0.165

The calculation method for the carbon heat released by the reduction of global forest area is shown in equation(6-11), and the data source is shown in Table 6-50.

全球森林面积的减少释放的碳的热量计算方法,见式(6-11),数据来源见表 6-50。

$$\Delta E_{C,Forest}(i)=E_{C,Forest}(i-1)-E_{C,Forest}(i) \tag{6-11}$$

Among them, i represents the year, and $i=1990-2020$.

其中,i 表示年份,$i=1990-2020$。

The formula for calculating the total annual global heat absorption Eabs is shown in equation(6-12). The calculation results are shown in Table 6-50.

全球每年的吸热总量 E_{abs} 计算公式,见式(6-12)。计算结果见表 6-50。

$$E_{abs}=E_{moon-erath}+E_{sun-erath}+E_{crust}+E_{NR,net}+E_{volcano}+\Delta E_{C,Forest} \tag{6-12}$$

The formula for calculating the radiation capacity of the Earth's surface to the universe is shown in equation(6-13)

地球表面对宇宙的辐射容量计算公式见式(6-13).

$$E_{earth} = \sigma_0 a F_{earth}(T_{earth}^4 - T_{universe}^4)\tau_{earth} \tag{6-13}$$

Among them, the Stephen-Boltzmann constant $\sigma_0 = 5.67 \times 10^{-8} W/(m_2 \cdot K_4)$, the Earth's angular coefficient to the universe is taken as 1.0. The surface area of the Earth: land area $A_{land} = 1.49E+11(1\ 000\ m^2)$, ocean area $A_{ocean} = 3.611E+11(1\ 000\ m^2)$, and forest area A_{Forest} is calculated annually, as shown in Table 6-30. $A_{Non-Forest} = A_{land} - A_{Forest}$.

其中,斯蒂芬-玻尔兹曼常数 $\sigma_0 = 5.67 \times 10^{-8} W/(m^2 \cdot K^4)$,地球对宇宙的角系数取 1.0。地球的表面积:陆地面积 $A_{land} = 1.49E+11(1\ 000\ m^2)$,海洋面积 $A_{ocean} = 3.611E+11(1\ 000\ m^2)$,森林面积 A_{Forest} 按照年度取值,见表 6-30。$A_{Non-Forest} = A_{land} - A_{Forest}$。

The blackness values of the Earth: ocean blackness $a_{ocean} = 0.40635$, forest blackness $a_{Forest} = a_{ocean} - 0.1 = 0.306\ 35$, and land non forest blackness $a_{Non\ Forest} = a_{ocean} - 0.2 = 0.206\ 35$. This part of the blackness is considered by Zhang and Liang(2022). The research results show that from 1980 to 2014, the global atmospheric top albedo decreased by 1.29%, and the Earth's emissivity increased by 0.037 94%/a.

地球的黑度取值:海洋黑度 $a_{ocean} = 0.406\ 35$,森林黑度 $a_{Forest} = a_{ocean} - 0.1 = 0.306\ 35$,陆地非森林部分黑度 $a_{Non-Forest} = a_{ocean} - 0.2 = 0.206\ 35$,这部分黑度考虑到 Zhan 和 Liang(2022)的研究。结果表明:1980—2014 年全球大气顶部反照率下降了 1.29%,地球发射率提高 0.037 94%/a。

Earth year $\tau_{Earth} = 31\ 556\ 925.216$ s. The values of surface temperature are shown in Table 6-47. The temperature in the universe is $T_{universe} = 2.725$ K(Yi, 2019). The blackness values of the Earth can be calculated by equation(6-14).

地球年 $\tau_{earth} = 31\ 556\ 925.216$ s。地表温度取值见表 6-47。宇宙温度 $T_{universe} = 2.725$ K(易照雄,2019)。地球黑度表达式见式(6-14)。

$$a = a_{ocean} A_{ocean} + a_{Forest} A_{Forest} + a_{Non-Forest} A_{Non-Forest} \tag{6-14}$$

The calculation results of the long wave low-temperature radiation of the Earth towards the universe are shown in Table 6-49.

地球每年对宇宙的低温辐射能量见表 6-49。

Table 6-49　Earth's annual low temperature radiation energy to the universe

表 6-49　地球每年对宇宙的低温辐射能量

年份	E_{earth}(EJ/a)	年份	E_{earth}(EJ/a)	年份	E_{earth}(EJ/a)
1990	2 016 999	2001	2 023 458	2011	2 029 621
1991	2 017 572	2002	2 024 062	2012	2 030 252
1992	2 018 148	2003	2 024 668	2013	2 030 887
1993	2 018 727	2004	2 025 277	2014	2 031 524
1994	2 019 309	2005	2 025 890	2015	2 032 164

年份	E_{earth}(EJ/a)	年份	E_{earth}(EJ/a)	年份	E_{earth}(EJ/a)
1995	2 019 893	2006	2 026 504	2016	2 032 807
1996	2 020 480	2007	2 027 122	2017	2 033 453
1997	2 021 070	2008	2 027 743	2018	2 034 101
1998	2 021 663	2009	2 028 366	2019	2 034 752
1999	2 022 258	2010	2 028 992	2020	2 035 406
2000	2 022 857				

The formula for calculating the heat absorption of the Earth's surface layer based on the annual increase in atmospheric temperature is shown in equation(6-15).

按照每年提高的大气温度,地球表层的吸热量计算公式见式(6-15)。

$$Q_{ESL} = 797\ 091\Delta t\ (EJ/a) \tag{6-15}$$

The annual heat absorption calculation results of the Earth's surface are shown in Table 6-50.

地球表层的逐年吸热量计算结果见表 6-50。

Table 6-50　Annual heat capacity changes on the Earth's surface layer
表 6-50　地球表层的逐年吸热量计算结果

年份	Δt(℃)	Q_{ESL}(EJ/a)	年份	Δt(℃)	Q_{ESL}(EJ/a)
1990	0.015 3	13 468	2006	0.016 8	14 644
1991	0.015 4	13 578	2007	0.016 9	14 722
1992	0.015 5	13 646	2008	0.017 0	14 791
1993	0.015 6	13 714	2009	0.017 0	14 847
1994	0.015 7	13 785	2010	0.017 1	14 932
1995	0.015 8	13 860	2011	0.017 2	14 999
1996	0.015 9	13 937	2012	0.017 3	15 068
1997	0.016 0	14 006	2013	0.017 4	15 138
1998	0.016 1	14 072	2014	0.017 5	15 204
1999	0.016 1	14 100	2015	0.017 6	15 270
2000	0.016 2	14 175	2016	0.017 7	15 337
2001	0.016 3	14 241	2017	0.017 8	15 409
2002	0.016 4	14 313	2018	0.017 9	15 483
2003	0.016 5	14 396	2019	0.017 9	15 549
2004	0.016 6	14 488	2020	0.018 0	15 587
2005	0.016 7	14 567			

The calculation formula for the total amount of heat released by the Earth each year in Table 6-51 is shown in equation(6-16).

表 6-51 中,地球每年放热总量 $E_{release}$ 的计算公式见式(6-16)。

$$E_{release} = E_{erath} + E_{CO_2} + E_{C,Forest} + E_{Glacier} + Q_{ESL} \tag{6-16}$$

The relative error (δ) between heat absorption and heat release in Table 6-51 Calculation formula, see equation(6-17).

表 6-51 中,吸热量与放热量的相对误差(δ)的计算公式见式(6-17)。

$$\delta = 100(E_{abs} - E_{release}) E_{release} (\%) \tag{6-17}$$

Table 6-51 Energy balance of the Earth's surface layer

表 6-51 地球表层的能量平衡

年份	$E_{moon\text{-}earth}$ (EJ/a)	$E_{sun\text{-}earth}$ (EJ/a)	E_{crust} (EJ/a)	E_{NR} (EJ/a)	$E_{volcano}$ (EJ/a)	$\Delta E_{C,Forest}$ (EJ/a)	E_{abs} (EJ/a)
	吸热	吸热	吸热	吸热	吸热	吸热	吸热
	表 6-47	表 6-37	表 6-40	表 6-36	表 6-48	本表	吸热总量
1990	509.9	2 028 652	1196	278	0.165	0.180	2 030 609
1991	509.9	2 029 421	1196	320	0.165	0.180	2 031 400
1992	509.9	2 030 191	1196	321	0.165	0.090	2 032 165
1993	509.9	2 030 961	1196	322	0.165	0.090	2 032 953
1994	509.8	2 031 732	1196	325	0.165	0.090	2 033 716
1995	509.8	2 032 503	1196	334	0.165	0.090	2 034 529
1996	509.8	2 033 274	1196	344	0.165	0.090	2 035 301
1997	509.7	2 034 046	1196	347	0.165	0.090	2 036 074
1998	509.7	2 034 817	1196	346	0.165	0.090	2 036 849
1999	509.7	2 035 589	1196	308	0.165	0.090	2 037 630
2000	509.7	2 036 362	1196	318	0.165	0.090	2 038 412
2001	509.6	2 037 134	1196	317	0.165	0.029	2 039 188
2002	509.6	2 037 907	1196	324	0.165	0.059	2 039 960
2003	509.6	2 038 680	1196	342	0.165	0.059	2 040 695
2004	509.5	2 039 454	1196	368	0.165	0.059	2 041 478
2005	509.5	2 040 228	1196	382	0.165	0.059	2 042 251
2006	509.5	2 041 002	1196	394	0.165	0.059	2 043 032
2007	509.5	2 041 776	1196	407	0.165	0.059	2 043 824
2008	509.4	2 042 551	1196	412	0.165	0.059	2 044 625
2009	509.4	2 043 326	1196	403	0.165	0.059	2 045 414

续表

年份	$E_{\text{moon-earth}}$ (EJ/a)	$E_{\text{sun-earth}}$ (EJ/a)	E_{crust} (EJ/a)	E_{NR} (EJ/a)	E_{volcano} (EJ/a)	$\Delta E_{\text{C,Forest}}$ (EJ/a)	E_{abs} (EJ/a)
	吸热	吸热	吸热	吸热	吸热	吸热	吸热
	表 6-47	表 6-37	表 6-40	表 6-36	表 6-48	本表	吸热总量
2010	509.4	2 044 101	1196	424	0.165	0.059	2 046 201
2011	509.3	2 044 877	1196	427	0.165	0.049	2 046 990
2012	509.3	2 045 652	1196	432	0.165	0.054	2 047 770
2013	509.3	2 046 429	1196	437	0.165	0.054	2 048 538
2014	509.2	2 047 205	1196	440	0.165	0.054	2 049 335
2015	509.2	2 047 982	1196	443	0.165	0.054	2 050 115
2016	509.2	2 048 759	1196	446	0.165	0.054	2 050 896
2017	509.1	2 049 536	1196	455	0.165	0.054	2 051 679
2018	509.1	2 050 314	1196	466	0.165	0.054	2 052 460
2019	509.1	2 051 092	1196	469	0.165	0.054	2 053 240
2020	509.0	2 051 870	1196	444	0.165	0.054	2 054 022

Table 6-51 Energy balance of the Earth's surface layer(Continued)

表 6-51 地球表层的能量平衡(续)

年份	E_{earth}(EJ/a)	E_{CO_2}(EJ/a)	$E_{\text{C,Forest}}$(EJ/a)	E_{Glacier}(EJ/a)	Q_{ESL}(EJ/a)	E_{release}(EJ/a)	δ(%)
	放热	放热	放热	放热	放热	放热	相对误差
	表 6-49	表 6-45 拟合值	表 6-30	表 6-43	表 6-50		
1990	2 016 999	529	48.6	184	12 227	2 029 987	0.032
1991	2 017 572	538	48.4	188	12 298	2 030 645	0.040
1992	2 018 148	546	48.4	193	12 370	2 031 306	0.045
1993	2 018 727	555	48.3	198	12 442	2 031 970	0.050
1994	2 019 309	563	48.2	203	12 513	2 032 636	0.055
1995	2 019 893	572	48.1	208	12 585	2 033 306	0.061
1996	2 020 480	580	48.0	213	12 657	2 033 979	0.066
1997	2 021 070	589	47.9	218	12 729	2 034 654	0.071
1998	2 021 663	598	47.8	224	12 800	2 035 333	0.076
1999	2 022 258	606	47.7	229	12 872	2 036 014	0.078
2000	2 022 857	615	47.6	235	12 944	2 036 698	0.083
2001	2 023 458	624	47.6	241	13 016	2 037 386	0.087

年份	E_{earth}(EJ/a)	E_{CO_2}(EJ/a)	$E_{C,Forest}$(EJ/a)	$E_{Glacier}$(EJ/a)	Q_{ESL}(EJ/a)	$E_{release}$(EJ/a)	δ(%)
	放热	放热	放热	放热	放热	放热	相对误差
	表 6-49	表 6-45 拟合值	表 6-30	表 6-43	表 6-50		
2002	2 024 062	632	47.5	248	13 087	2 038 076	0.091
2003	2 024 668	641	47.5	254	13 159	2 038 770	0.096
2004	2 025 277	650	47.4	260	13 231	2 039 466	0.101
2005	2 025 890	659	47.4	267	13 303	2 040 165	0.105
2006	2 026 504	667	47.3	274	13 374	2 040 867	0.109
2007	2 027 122	676	47.2	281	13 446	2 041 573	0.113
2008	2 027 743	685	47.2	288	13 518	2 042 281	0.117
2009	2 028 366	694	47.1	295	13 590	2 042 992	0.120
2010	2 028 992	703	47.1	303	13 661	2 043 706	0.124
2011	2 029 621	712	47.0	310	13 733	2 044 423	0.127
2012	2 030 252	721	47.0	318	13 805	2 045 143	0.129
2013	2 030 887	730	46.9	326	13 877	2 045 867	0.132
2014	2 031 524	739	46.9	334	13 948	2 046 593	0.135
2015	2 032 164	748	46.8	342	14 020	2 047 322	0.137
2016	2 032 807	757	46.7	351	14 092	2 048 054	0.140
2017	2 033 453	766	46.7	359	14 164	2 048 789	0.142
2018	2 034 101	776	46.6	368	14 235	2 049 527	0.144
2019	2 034 752	785	46.6	377	14 307	2 050 268	0.146
2020	2 035 406	794	46.5	386	14 379	2 051 012	0.147

In Table 6-51, the value of relative error δ has been increasing year by year from 1990 to 2020, indicating that from 1980 to 2014, the global atmospheric top albedo decreased by 1.29%, and the increase in the Earth's Solar energy absorption rate by 0.037 94%/a is slightly insufficient. An additional 0.003 822 7%/a should be added, which is equal to 0.041 762 7%/a.

表 6-51 中,相对误差 δ 值从 1990—2020 年逐年提高,说明 1980—2014 年全球大气顶部反照率下降了 1.29%,地球对太阳能的吸收率提高 0.037 94%/a 略显不足,应该再加上 0.003 822 7%/a,等于 0.041 762 7%/a。

Definition: The ratio of non renewable energy consumption to Earth's heat dissipation is the ratio of non renewable energy, as shown in equation(6-18). The ratio of forest carbon sequestration heat absorption to Earth's heat dissipation is the ratio of forest heat absorption, as shown in equation(6-19). The ratio of glacier melting heat absorption to Earth's heat dissipation is the ratio of glacier melting heat absorption, as shown in equation(6-20). The increase in Earth's Solar energy absorption rate $r_{\Delta\text{sun-earth}}$ causing a large amount of heat storage on the Earth's surface, the results are shown in Table 6-52.

定义：非可再生能源消费量与地球散热量的比值为非可再生能源比例，见式(6-18)。森林固碳吸热量与地球散热量的比值为森林吸热比例，见式(6-19)。冰川融化吸热量与地球散热量的比值为冰川融化吸热比例，见式(6-20)。地球对太阳能吸收率的提高 $r_{\Delta\text{sun-earth}}$ 导致地球表层大量蓄热，计算结果见表 6-52。

$$r_{\text{NR,net}} = 100E_{\text{NR}}/E_{\text{release}} (\%) \tag{6-18}$$

$$r_{\text{C,Forest}} = 100E_{\text{C,Forest}}/E_{\text{release}} (\%) \tag{6-19}$$

$$r_{\text{Glacier}} = 100E_{\text{Glacier}}/E_{\text{release}} (\%) \tag{6-20}$$

$$r_{\Delta\text{sun-earth}} = 100E_{\text{sun-earth}}/E_{\text{release}} (\%) \tag{6-21}$$

According to Tables 6-52：(1) The proportion of global non renewable energy consumption to the total heat release of the Earth has increased from 0.013 7% in 1990 to 0.0216% in 2020, with an average of 0.0186%. It can be seen that the global consumption of non renewable energy sources such as oil, natural gas, coal, and nuclear power is not the main cause of global atmospheric temperature rise. (2) The sum of the heat absorption from global forest carbon sequestration and global glacier melting is slightly smaller than the global consumption of non renewable energy. The ratio of global non renewable energy consumption to the sum of global forest carbon sequestration heat absorption and global glacier melting heat absorption increased from 1.195 in 1990 to 1.319 in 1996, then decreased to 1.098 in 2001, then increased to 1.242 in 2007, and finally decreased to 1.026 in 2020, with an average of 1.197. (3) The data in Table 6-52 also indicates that global non-renewable energy consumption, the reduction of global forest area and global glaciers melting increase the Earth absoption of the Solar radiation. And the ratio of Solar radiation absorption is 2～3 times of the ratio of non-renewable energy consumtion, so the atmosphere temperature rising speed is accelerated.

由表 6-52 可知：(1) 全球非可再生能源的消费量占地球总放热量的比例从 1990 年的 0.013 7% 提高到 2020 年的 0.021 6%，均值为 0.018 6%。可见，全球的石油、天然气、煤炭、核电等非可再生能源的消费并不是引起全球大气温度升高的主要原因。(2) 全球森林的固碳作用吸热量和全球冰川融化吸热量之和略小于全球非可再生能源的消费量。全球非可再生能源的消费量与全球森林的固碳作用吸热量和全球冰川融化吸热量之和的比值从 1990 年的 1.195 提高到 1996 年的 1.319，然后下降到 2001 年的 1.098，继而提高到 2007 年的 1.242，最后下降到 2020 年的 1.026，均值为 1.197。(3) 表 6-52 数据说明可再生能源消费、森林面积的减少和冰川融化引起地球表面裸地的增加，从而增加了地球对太阳辐射的吸收率，地球对太阳辐射的吸收率百分数增量大于全球非可再生能源百分数，从而引起地球气温的加速增长。

Table 6-52　Comparison of the proportion of non renewable energy consumption with the proportion of heat absorption from forest and glacier melting

表 6-52　非可再生能源消费比例与森林、冰川融化吸热量比例对比

年份	$r_{NR,net}$ (%)	$r_{C,Forest}$ (%)	$r_{Glacier}$ (%)	$r_{C,Forest+Glacier}$ (%)	$r_{NR,net}/r_{C,Forest+Glacier}$ (%)	$r_{\Delta sun\text{-}earth}$ (%)
1990	1.37E−02	2.40E−03	9.06E−03	1.15E−02	1.195	3.79E−02
1991	1.57E−02	2.39E−03	9.27E−03	1.17E−02	1.351	3.79E−02
1992	1.58E−02	2.38E−03	9.49E−03	1.19E−02	1.330	3.79E−02
1993	1.58E−02	2.38E−03	9.72E−03	1.21E−02	1.309	3.79E−02
1994	1.60E−02	2.37E−03	9.96E−03	1.23E−02	1.298	3.79E−02
1995	1.64E−02	2.36E−03	1.02E−02	1.26E−02	1.306	3.79E−02
1996	1.69E−02	2.36E−03	1.05E−02	1.28E−02	1.319	3.79E−02
1997	1.71E−02	2.35E−03	1.07E−02	1.31E−02	1.305	3.79E−02
1998	1.70E−02	2.35E−03	1.10E−02	1.33E−02	1.276	3.79E−02
1999	1.51E−02	2.34E−03	1.13E−02	1.36E−02	1.112	3.79E−02
2000	1.56E−02	2.34E−03	1.16E−02	1.39E−02	1.123	3.79E−02
2001	1.56E−02	2.34E−03	1.18E−02	1.42E−02	1.098	3.79E−02
2002	1.59E−02	2.33E−03	1.21E−02	1.45E−02	1.098	3.79E−02
2003	1.68E−02	2.33E−03	1.25E−02	1.48E−02	1.135	3.79E−02
2004	1.80E−02	2.33E−03	1.28E−02	1.51E−02	1.196	3.79E−02
2005	1.87E−02	2.32E−03	1.31E−02	1.54E−02	1.215	3.79E−02
2006	1.93E−02	2.32E−03	1.34E−02	1.57E−02	1.227	3.79E−02
2007	1.99E−02	2.31E−03	1.38E−02	1.61E−02	1.242	3.79E−02
2008	2.02E−02	2.31E−03	1.41E−02	1.64E−02	1.228	3.79E−02
2009	1.97E−02	2.31E−03	1.45E−02	1.68E−02	1.177	3.79E−02
2010	2.07E−02	2.30E−03	1.48E−02	1.71E−02	1.212	3.79E−02
2011	2.09E−02	2.30E−03	1.52E−02	1.75E−02	1.195	3.79E−02
2012	2.11E−02	2.30E−03	1.56E−02	1.79E−02	1.183	3.79E−02
2013	2.14E−02	2.29E−03	1.59E−02	1.82E−02	1.173	3.79E−02
2014	2.15E−02	2.29E−03	1.63E−02	1.86E−02	1.156	3.79E−02
2015	2.16E−02	2.29E−03	1.67E−02	1.90E−02	1.138	3.79E−02
2016	2.18E−02	2.28E−03	1.71E−02	1.94E−02	1.123	3.79E−02
2017	2.22E−02	2.28E−03	1.75E−02	1.98E−02	1.120	3.79E−02

年份	$r_{NR,net}$ (%)	$r_{C,Forest}$ (%)	$r_{Glacier}$ (%)	$r_{C,Forest+Glacier}$ (%)	$r_{NR,net}$ / $r_{C,Forest+Glacier}$ (%)	$r_{\Delta sun-earth}$ (%)
2018	2.27E−02	2.28E−03	1.80E−02	2.02E−02	1.124	3.79E−02
2019	2.29E−02	2.27E−03	1.84E−02	2.07E−02	1.107	3.79E−02
2020	2.16E−02	2.27E−03	1.88E−02	2.11E−02	1.026	3.79E−02
均值	1.86E−02	2.32E−03	1.34E−02	1.57E−02	1.197	3.79E−02

The reduction of forest area, converted into cultivated land or bare land, enhances the Earth's ability to absorb the Solar energy. The increase in ocean fishing has reduced the storage capacity of the marine ecosystem for the Solar energyand improved the Earth's absorption capacity of the Solar energy. The global melting of glaciers has produced bare land, grasslands, and shrubs, increasing the Earth's ability to absorb the Solar energy. Therefore, the consumption of non-renewable energy is a contributing factor to the global increase in atmospheric temperature, rather than the main cause. The data of $r_{\Delta sun-earth}$ as shown in Table 6-52.

森林面积的减小,转化为耕地或者裸地,提高了地球对太阳能的吸收能力。海洋捕捞量的提高,降低了海洋生态圈对太阳能的储存能力,提高了地球对太阳能的吸收能力。全球冰川融化产生了裸地、草地、灌丛,增加了地球对太阳能的吸收能力。因此,非可再生能源的消费是引起全球大气温度升高的诱因,而不是主因。$r_{\Delta sun-earth}$ 数据见表6-52。

The global consumption of non renewable energy has been increasing year by year, from 278 EJ(10^{18} J) in 1990 to 444 EJ in 2020. This growth comes from the continuous increase in global population. The following chapters will also discuss it.

全球非可再生能源的消费量逐年提高,1990 年为 278 EJ(10^{18}J),2020 年增加到 444 EJ。这种增长来自全球的人口持续提高,后面的章节还会讨论。

Due to the high ice cover, the albedo of the Greenland Ice sheet is 0.75 to 0.9(Ye et al., 2023). In the Arctic tundra, the forest albedo is about 0.1, the buck shrub albedo is about 0.25, and the sparse shrub albedo is about 0.45(Nicholls et al., 2021). In Arctic frozen soil, the leaf albedo of dwarf birch is about 0.3, and the background albedo is about 0.27(Juszak et al., 2014). The smaller the snow cover, the higher the surface albedo. The snow cover thickness is 18 cm, and the albedo is 0.7. The snow cover thickness is 0 cm, and the albedo is 0.2(Gao, 2021)

由于冰盖覆盖率很高,格林兰冰盖的反照率为 0.75～0.9(Ye et al.,2023)。在北极冻土地带,森林反照率约为 0.1,灌丛反照率约为 0.25,稀松灌丛反照率约为 0.45 (Nicholls et al.,2021)。北极冻土中矮桦树树叶反照率约为 0.3,背景反照率约为 0.27 (Juszak et al.,2014)。积雪厚度越小,地表反照率越高。积雪厚度 18 cm,反照率为 0.7;积雪厚度 0 cm,反照率为 0.2(高佳程,2021)。

From September 2019 to March 2022，the difference between NOAA and S-NPP L3's global mean albedo decreased from -0.002 to -0.01. Due to the presence of the Antarctic ice sheet，the albedo decreases from 0.81 to 0.76 at 80 degrees south to 60 degrees south，and increases from 0.05 to 0.39 at 60 degrees south to 70 degrees north (Peng et al.，2023). The albedo of the Andes snow mountains in Chile decreased from 0.9 at 10:30 to 0.82 at 13:30. When the distance from the highway is 32 m，the albedo is 0.82. When the distance from the road is 170 m，the albedo is 0.71(Sofia et al.，2023). As a result of climate warming，the NVDI increases by 0.8 and the planetary albedo in northwest India decreases by 5.96×10^{-4}/a(Krishna et al.，2022).

2019 年 9 月—2022 年 3 月，NOAA 与 S-NPP L3 全球平均反照率之差从-0.002降低到-0.01。由于存在南极冰盖，60°S～80°S，反照率从 0.81 降低到 0.76，从 60°S～70°N，反照率从 0.05 提高到 0.39(Peng et al.，2023)。智利安第斯雪山反照率从 10:30 的 0.9 降低到 13:30 的 0.82。距离公路的距离为 32 m 时，反照率为 0.82；距离公路的距离为 170 m 时，反照率为 0.71(Sofia et al.，2023)。由于气候变暖，NVDI 提高 0.8，印度西北地区行星反照率降低 5.96×10^{-4}/a(Krishna et al.，2022)。

Crop albedo is 0.22，Naked albedo is 0.26，Meadow albedo decreased by 0.25，Water albedo is 0.22，forest albedo is 0.20(Hua et al.，2019)

农作物反照率为 0.22，裸地反照率为 0.26，草甸反照率降低 0.25，水体反照率为 0.22，森林反照率为 0.20(Hua et al.，2019)。

The results show that the albedo of the blackboard is low by 0.005～0.008，and the albedo of the whiteboard is high by 0.84～0.35(Yuan et al.，2023). The higher the normalized vegetation index(NDVI) of a city，the lower the city's albedo(Wu et al.，2024). Snow-free surfaces in the United States：albedo increased from 0.125 to 0.150 in grasslands and from 0.138 to 0.150 in deciduous forests from 2001 to 2013(Wickham et al.，2016).

实验表明：黑板反照率低 0.005～0.008，白板反照率高 0.84～0.35(Yuan et al.，2023)。城市的归一化植被指数(NDVI)越高，城市的反照率越低(Wu et al.，2024)。美国无雪地面：2001—2013 年，草地的反照率从 0.125 升到 0.150，2001—2013 年，落叶森林从 0.138 升高到 0.150(Wickham et al.，2016)。

Partial albedo results：Nevada desert rocks：0.211, University of Pennsylvania：0.252. Albedo varies with the seasons. Bondville, Illinois：0.2 in summer，0.32 in winter；Boulder, Colorado：0.19 in summer，0.28 in winter(Ortega，2024).

反照率的部分研究结果：内华达沙漠岩石：0.211，宾夕法尼亚大学：0.252。反照率随着季节变化。美国伊利诺伊州邦德维尔市：夏天 0.2，冬天 0.32；科罗拉多州博尔德市：夏天 0.19，冬天 0.28(Ortega，2024)。

From 2002 to 2016，the surface albedo decreased by 0.0004 globally on average (0.04% in 2014，and 0.08% in 30 years can be inferred，which is quite different from the calculation results in Table 6-41). In Central Asia，northeast China and Central

America, the surface albedo showed an obvious increasing trend. In Siberia, the northern archipelago region of Canada, southeastern Australia, southern Africa and Europe, the surface albedo has shown a significant decline. From the perspective of the changes of surface albedo in different latitudes, the changes of surface albedo are most obvious in the region of $60°N \sim 80°N$ in the Northern Hemisphere, and the surface albedo has decreased by 0.013 from 2002 to 2016(Li, 2019).

2002—2016 年地表反照率在全球范围内平均下降了 0.000 4(14 年降低 0.04%,可以推测 30 年降低 0.08%,这一结果与表 6-41 的计算结果差别较大)。在中亚地区、中国的东北部和美国的中部地区,地表反照率出现明显的增长趋势;而在西伯利亚地区、加拿大的北部群岛地区、澳大利亚东南部、非洲南部和欧洲,地表反照率都出现了明显的减少趋势。从不同纬度带上地表反照率的变化来看,地表反照率在北半球 $60°N \sim 80°N$ 的区域内变化最为明显,地表反照率在 2002—2016 年间减少了 0.013(李秋苹,2019)。

Rising atmospheric temperatures cause glaciers to melt, creating new areas of open land, scrub, and wetlands that increase the absorption of the Solar energy and reduce the albedo of the Earth's surface. The last column of data in Table 6-41 shows that the absorption rate of the Earth is increasing and the albedo is gradually decreasing. In the 30 years from 1990 to 2020, the surface albedo has increased by 0.82%. Zhan and Liang (2022) showed that the global top atmospheric albedo decreased by 1.29% during 1980—2014. This result is close to the calculation in the last column of Table 6-46. Due to the scattering effect of the atmosphere, the albedo reduction value of the Solar radiation reaching the ground should be reduced, which is closer to the calculation results in the last column of Table 6-41.

大气温度升高引起冰川融化,进而产生了新的裸地、灌丛、湿地面积,这些陆地面积都会提高地球表面对太阳能的吸收率,降低反照率。表 6-41 中最后一列数据表明,地球的吸收率在提高,反照率在逐渐降低。1990—2020 年 30 年间,地表反照率提高了 0.82%。Zhan 和 Liang(2022)的研究结果表明:1980—2014 年全球大气顶部反照率下降了 1.29%,这个结果比较接近于表 6-46 中最后一列的计算结果。由于大气的散射作用,太阳辐射到达地面的反照率降低值应该有所降低,这就更加接近于表 6-41 中最后一列的计算结果。

About afforestation, the diseases and pests of mixed forest are relatively light, easy to survive and long-term planting. Mixed forests should be given priority for afforestation. Three to five main species should be considered for mixed forest species. Different regions can be planted according to local meteorological conditions and refer to the tree species structure of natural forests. Innovative planting methods need to be explored and verified according to the law of forestry(Li, 2015; Yao, 2006).

关于植树造林,混交林的病虫害比较轻,容易成活和长期种植。植树造林应当优先考虑混交林。混交林的树种应当考虑 3~5 种主要树种。不同地区可以根据当地气象条件,参考自然林的树种结构种植。创新性种植方式需要按照林学规律探索和验证(李晗,

2015；姚克平，2006）。

About mine bare land.

关于矿山裸地。

The exploitation of mines produces bare land.

矿山的开采产生裸地。

Mines include the following categories：(1) Fuel mines：coal mines, oil fields, gas fields, nuclear ore mines；(2) Metal mines：iron, aluminum, copper, zinc, lead, tungsten, gold, silver and other mines；(3) Non-metallic and building materials mines：sand, asbestos, rare earth and other mines. (4) Chemical raw material mines：such as limestone ore, potassium sulfate ore(Ma, 2019).

矿山包括以下几类：(1) 燃料型矿山：煤矿、油田、气田、核矿石矿；(2) 金属矿山：铁、铝、铜、锌、铅、钨、金、银等矿山；(3) 非金属及建材矿山：砂石、石棉、稀土等矿山。(4) 化工原料矿山：石灰石矿、硫酸钾矿等矿山（马莉，2019）。

The continuous growth of global population has stimulated the large-scale development of global minerals. Mining mines will destroy the original forest land, grassland, scrub or part of bare land on the mine floor, and may cause ground subsidence, ground cracks and other hazards during the mining process. When controlling the surface topography of the mine, technical measures such as backfilling of guest soil, refarming, vegetation community, and topographic and geomorphic restoration will be given priority (Ni et al., 2023). However, the restoration will make the original landform of the mine site, such as woodland, grassland, shrubland, or part of bare land completely transformed into bare land. The crops in the recultivated areas will absorb the low temperature waste heat of the atmosphere and the radiant energy of the Sun, and convert it into the chemical energy of the crops. Then through the consumption of people and livestock, it is converted into low temperature heat energy. This increases the surface's ability to absorb the Solar energy and increases the global surface's absorption rate of the Solar energy.

全球人口的持续增长刺激了全球矿产的大规模开发，开采矿山会破坏矿山地面原有的林地、草原、灌丛或者部分裸地，可能会造成地面沉降、地面裂缝等危害。在整治矿山地表形貌时，会优先选择客土回填、复耕、植被群落与地形地貌恢复等措施（倪坤等，2023）。但是复耕会使矿山所在地的原始地貌，比如林地、草原、灌丛或者部分裸地完全转化为裸地。复耕地区的农作物会吸收大气的低温废热和太阳的辐射能，转化为农作物化学能，然后通过人口、牲畜的消费，转化为低温热能。这就增加了地表对太阳能的吸收能力，提高了全球地表对太阳能的吸收率。

Hydropower generation, renewable energy power generation and the bare land.

关于水能发电、可再生能源发电和裸地。

(1) hydro electric power generation：mechanical energy is converted into electrical energy, and electrical energy consumption is converted into low temperature heat

energy. Mechanical energy → Electrical energy → Low temperature thermal energy. Without hydropower, this energy would not be fully converted into low-temperature thermal energy. When river water enters the ocean, the mechanical energy stored in the ocean will increase, which will strengthen the circulation characteristics of ocean currents and have a homogenizing effect on global atmospheric temperature.

（1）水能发电：机械能转化为电能，电能消费转化为低温热能。机械能→电能→低温热能。如果没有水力发电，这些能量不会完全转化为低温热能。江水进入海洋以后，海洋储存的机械能就会提高，会强化洋流的环流特性，对全球大气温度产生均匀化的作用。

（2）Renewable energy electric power generation.

（2）可再生能源发电。

Renewable energy generation includes：

可再生能源发电包括：

1）Solar power generation：electromagnetic radiation energy is converted into electrical energy, and electrical energy consumption is converted into low temperature heat energy. Electromagnetic radiation energy → Electric energy → Low temperature heat energy. If this energy is not used to generate electricity, some of it is reflected back into extraterrestrial space, reducing the low temperature heat energy at the Earth's surface.

1）太阳能发电：电磁辐射能转化为电能，电能消费转化为低温热能。电磁辐射能→电能→低温热能。如果这些能量没有用于发电，其中一部分能量就会反射回地外宇宙，从而减小地球表面的低温热能。

2）Wind electric power generation：mechanical energy is converted into electrical energy, and electrical energy consumption is converted into low temperature heat energy. Mechanical energy → Electrical energy → Low temperature thermal energy. Wind power comes from the Solar energy. If this energy is not used to generate electricity, the flowing atmospheric energy enhances atmospheric circulation, thereby reducing the low temperature heat energy at the Earth's surface.

2）风力发电：机械能转化为电能，电能消费转化为低温热能。机械能→电能→低温热能。风力发电的能量来源于太阳能。如果这些能量没有用于发电，流动的大气能量就会强化大气环流，从而减小地球表面的低温热能。

3）Tidal electric power generation：mechanical energy is converted into electrical energy, and electrical energy consumption is converted into low temperature heat energy. Mechanical energy → Electrical energy → Low temperature thermal energy. Tidal energy comes from the gravitational pull of the Moon and Sun on the Earth. Without tidal power, this energy would not be fully converted into low-temperature thermal energy. When river water enters the ocean, the mechanical energy stored in the ocean will increase, which will strengthen the circulation characteristics of ocean currents and have a homogenizing effect on global atmospheric temperature.

3）潮汐能发电：机械能转化为电能，电能消费转化为低温热能。机械能→电能→低温热能。潮汐能来源于月球、太阳对地球的万有引力。如果没有潮汐发电，这些能量不会完全转化为低温热能。江水进入海洋以后，海洋储存的机械能就会提高，会强化洋流的环流特性，对全球大气温度产生均匀化的作用。

4）Ocean current power generation：mechanical energy is converted into electrical energy, and electrical energy consumption is converted into low temperature heat energy. Mechanical energy → Electrical energy → Low temperature thermal energy. Without ocean currents to generate electricity, this energy would strengthen the circulation characteristics of ocean currents and have a homogenizing effect on global atmospheric temperature.

4）洋流发电：机械能转化为电能，电能消费转化为低温热能。机械能→电能→低温热能。如果没有洋流发电，这些能量就会强化洋流的环流特性，对全球大气温度产生均匀化的作用。

5）Biomass electric power generation：chemical energy is converted into electrical energy, and electrical energy consumption is converted into low temperature heat energy. Mechanical energy → Electrical energy → Low temperature thermal energy. Biomass includes：kitchen waste, municipal sludge, garden waste, forest litter and other energy reserves. If this part of the energy is not used for power generation, it will make plants, animal organs, tissues, etc. , rot and deteriorate, causing pollution to the atmosphere and water resource.

5）生物质能发电：化学能转化为电能，电能消费转化为低温热能。机械能→电能→低温热能。生物质包括厨余垃圾、城市污泥、园林废弃物、森林凋落物等蕴藏的能量。这部分能量如果没有用于发电，就会使得植物、动物器官等腐烂变质，对大气和水源造成污染。

Mechanical energy, the Solar electromagnetic radiation energy and chemical energy are ordered energy, the temperature of the energy carrier basically does not rise. Heat energy is disordered energy, and the temperature of the energy carrier increases. These ordered energies are converted into electricity and eventually into low-temperature heat. Hydropower station, the Solar thermal power station and photovoltaic power station, tidal power station covers the bare land. Low-temperature waste heat from hydropower and renewable energy, as well as power station footprint, creates bare land.

机械能、太阳电磁辐射能以及化学能都是有序能，能量载体的温度基本上不升高。热能是无序能，能量载体的温度升高。这些有序能转化为电能，最终转化为低温热能。水电站、太阳能光热电站和光伏电站、潮汐电站的占地产生了裸地。水力发电和可再生能源产生的低温废热以及电站占地产生了裸地。

In addition to hydropower stations, tidal power stations, the Solar power stations, wind power stations, various types of factories, urban area will produce the sixth type of bare land. The increase of the bare land area increases the absorption rate of the Solar energy on the Earth's surface.

除了水电站、潮汐电站、太阳能电站、风电电站之外，各类工厂、城市面积的扩大占地会产生第六类裸地。裸地面积的增加，提高了地球表面对太阳能的吸收率。

In fact, the Earth's surface biosphere has the ability to repair itself, as long as global human activities do not overexploit hydropower and renewable energy, there will be no negative impact on the Earth's biosphere.

实际上，地球表层的生态圈有自我修复的能力，只要全球人类活动没有过度开发水能和可再生能源，就不会对地球生态圈造成负面的影响。

The calculation process in this book considers hydropower and renewable energy generation as renewable energy sources.

本书的计算过程把水力发电和可再生能源发电看作可再生能源。

The surface of the Earth is divided into ocean and land. The land includes the following forms: (1) Areas dominated by water: rivers, wetlands, lakes. (2) Areas dominated by plants: woodland, scrub, grassland, farmland. (3) Rocky areas: deserts, rocky mountains and rocky islands. (4) Areas dominated by reinforced concrete: cities, factories, mines, residential areas, commercial areas, villages, townships. (5) Areas dominated by snow and ice: ice caps and glaciers. The global population continues to rise, triggering profound impacts on land and sea. Although the annual changes are very small, after long-term accumulation effect and the superposition of group scale effect, the self-healing ability of the Earth's surface ecosystem will be greatly reduced, and the global temperature, sea level and atmospheric CO_2 concentration will continue to rise. When these factors accumulate to the point that human beings cannot survive, ecological disasters will occur, which will lead to large number of reduction of the global population. The research results and conclusions of this monograph may not be recognized by the majority of the global population in the short term. However, time will eventually prove its objectivity, and guide the global human beings to deal with the relationship between human beings and nature in a rational way of living, so that the Earth's surface ecosystem can restore its self-repair ability, and human beings can maintain the harmonious relationship between human beings and nature.

地球的表面分为海洋和陆地。陆地包括以下形态：(1)以水为主的区域：河流、湿地、湖泊。(2)以植物为主的区域：林地、灌丛、草原、农田。(3)以岩石为主的区域：沙漠、岩石山脉、岩石岛屿。(4)以钢筋混凝土为主的区域：城市、工厂、矿山、居民区、商业区、村落、乡镇。(5)以冰雪为主的区域：冰盖、冰川。全球人口数量的持续增加，对陆地、海洋产生了深远影响。虽然每年发生的变化都很微小，但是经过长期的累积效应和群体性规模效应的叠加，地球表层生态系统的自我修复能力会大幅度降低，全球温度持续升高，海平面持续升高，大气 CO_2 浓度持续升高。当上述因素导致人类难以生存时，就会产生生态灾难，导致全球人口大量减少。本书的研究结果也许不能在短期内受到多数人的认可。但是时间最终会证明其客观性，并指导人类按照理性的生存方式处理人类与自然界的关系，从而使地球表层的生态圈恢复自我修复能力，维持人类与自然界之间的和谐关系。

The bare landon the Earth's land is discussed, but it is not clear enough. The existence of bare land increases the Earth's absorption rate of the Solar energy, which is converted into low-temperature waste heat, and further increases the atmospheric temperature. Bare land is further classified here.

上面对地球陆地的裸地进行了讨论,但是还不够清晰。裸地的存在,增加了地球对太阳能的吸收率,并转化为低温废热,进一步提高了大气温度。这里对裸地进行进一步分类。

Category 1 bare land: the bare land, grassland and scrub formed by the reduction of theforest area. It's an explicit bare land.

Category 2 bare land: the increase of bare land, grassland and scrub area caused by mineral exploitation. It's an explicit bare land.

Category 3 bare land: the area of bare land, grassland and scrub newly added by melting glaciers. It's an explicit bare land.

Category 4 bare land: the area of bare land, grassland and scrub increased with the increase of urban area. It's an explicit bare land.

Category 5 bare land: the existing cultivated land area, plus cultivated land expansion area. It's type A invisible bare land.

Category 6 bare land: The bare land caused by the reduction of low-temperature waste heat uptake and carbon absorbed the ocean due to marine fishing. This type of bare ground is type B invisible bare ground.

Category 7 bare land: The electricity of water power generation, the Solar power generation, wind power generation, tidal power generation, ocean current power generation is eventually converted into low-temperature waste heat, which produce the bare land. This type of bare ground is type C invisible bare ground.

第 1 类裸地:林地面积减少形成的裸地、草地、灌丛,是显性裸地。

第 2 类裸地:矿产开发引起的裸地、草地、灌丛面积的增加,是显性裸地。

第 3 类裸地:冰川融化新增的裸地、草地、灌丛面积,是显性裸地。

第 4 类裸地:因城市面积增加而增加的裸地、草地、灌丛面积,是显性裸地。

第 5 类裸地:现有耕地面积,加上耕地扩大面积,是 A 型隐形裸地。

第 6 类裸地:海洋捕捞引起海洋对低温废热和碳的吸收量减少,产生裸地。这一类裸地为 B 型隐形裸地。

第 7 类裸地:水力发电、太阳能发电、风能发电、潮汐能发电、洋流能发电的电能最终转化为低温废热,产生裸地。这一类裸地为 C 型隐形裸地。

The data in Table 6-52 show that the sum of the decrease of forest area and the decrease of the heat absorption ratio of glacier melting is less than the increase of the Solar energy absorption rate of the Earth. That suggests there are other factors at work besides the loss of forests and melting glaciers. That is, the dominant bare land of class 2 and 4 and the invisible bare land of class A, B and C(the bare land of class 5, 6 and 7).

Therefore, the increase in the consumption of natural resources caused by the increase in global population has increased the absorption rate of the Solar energy on the Earth, and further increased the melting rate of global glaciers.

表 6-52 的数据表明：森林面积的减小和冰川融化的吸热比例减小之和小于地球对太阳能的吸收率的增加幅度。这说明除了森林减少和冰川融化之外，还有其他因素在起作用，即第 2 类和第 4 类显性裸地与 A、B、C 型隐形裸地（第 5、6、7 类裸地）。因此，全球人口的增加引起自然资源的消耗量增加，提高了地球对太阳能的吸收率，进一步提高了全球冰川的融化速度。

The role of forests：(1) Carbon pools. Forest converting atmospheric CO_2 into organic carbon. (2) Energy storage reservoir. Forest absorbing low-temperature waste heat in the atmosphere and converting it into chemical energy. (3) The atmosphere dust reservoir. About 51% to 53% of the forest trunk is water. (4) Atmospheric dust reservoir. Forest tree leaves adsorb dust. With the process of rain and snowfall, the dust become part of the soil. (5) Species pool. Part of insects, birds, amphibians, reptiles lives in the forest as home.

森林的作用：(1)碳库，把大气中的 CO_2 转化为有机碳。(2)能量库，吸收大气中的低温废热，转化为化学能。(3)水库，森林树干的 51%～53% 都是水。(4)大气粉尘库，森林的树木叶片吸附粉尘。随着降雨、降雪过程，粉尘成为土壤的一部分。(5)物种库，一些昆虫、鸟类、两栖类、爬行类动物以森林为家园。

6.7　Concluding remarks

6.7　结论性评价

(1) Cycle ratio k_1 represents the ratio of Earth surface cycle energy to global non-renewable energy. From 1965 to 2022, k_1 decreases year by year on the whole, indicating that the uniform effect of Earth surface energy cycle on atmospheric temperature is getting smaller and smaller.

(1) 循环倍率 k_1 表示地球表层循环能量与全球非可再生能量的比值。1965—2022 年，k_1 总体上逐年降低，说明地球表层的能量循环对大气温度的均匀作用越来越小。

(2) The k_2 value of the cycle ratio represents the ratio of the Earth's surface heat capacity to the global non-renewable energy consumption. From 1965 to 2022, the k_2 value generally decreases year by year. It shows that the disturbance ability of global consumption of non-renewable energy to the Earth's surface ecological environment is generally increasing year by year.

(2) 循环倍率 k_2 表示地球表层热容量与全球非可再生能量消费量的比值。1965—2022 年，k_2 总体上逐年降低，说明全球消费的非可再生能量对地球表层生态环境的扰动能力总体上逐年提高。

(3) The reduction of forest area has resulted in the first type of bare land.

Overfishing of marine fish has weakened the carbon and energy storage functions of the ocean, leading to the second type of bare land. Global consumption of non renewable energy sources such as oil, natural gas, coal, and nuclear power has resulted in the emission of a large amount of CO_2 and low-temperature waste heat. The low-temperature waste heat has melted some of the glaciers, and the melting of glaciers has produced a third type of bare land. The exploitation of mines will produce a fourth type of bare land. The increase in bare land area has increased the absorption rate of the Solar radiation energy on the Earth's surface, greatly increasing the low-temperature waste heat on the Earth's surface, further exacerbating the global atmospheric temperature rise and the melting rate of glaciers.

（3）森林面积的缩小产生了第一类裸地，海洋鱼类的过量捕捞使得海洋的碳库和能库作用减弱，产生了第二类裸地、全球石油、天然气、煤炭、核电等非可再生能源的消费，排放了大量的 CO_2 和低温废热。低温废热融化了一部分冰川，冰川融化产生了第三类裸地。矿山开采产生了第四类裸地。裸地面积的增加提高了地球表面对太阳辐射能量的吸收率，增加了地球表面的低温废热热量，进一步加剧了全球大气温度的升高和冰川的融化。

The significant consumption of non renewable energy, rapid reduction in forest area, and overfishing of marine fish all come from the living and production needs of the global population. Therefore, in order to restore the self repairing ability of the Earth's surfacelayer ecosystem, it is necessary to significantly reduce the global population and significantly increase the global forest area.

非可再生能源的大量消费、森林面积的快速减小、海洋鱼类的过度捕捞都来自人类的生活和生产需求。因此，要恢复地球表层生态系统的自我修复能力，必须大幅度减少全球人口数量，同时大幅度提高全球森林面积。

Chapter 7   The extension of the Lunar orbital period from 1851 to 2022

第 7 章　1851—2022 年月球公转周期的延长量

Since the appearance of human beings on the Earth, the process of human exploration and conquest of nature has never been interrupted.

In 1492, Columbus set off from Europe and sailed west along the Atlantic Ocean to discover the American continent. In 1519, the Magellan maritime expedition set out from Europe and sailed south along the Atlantic Ocean, rounding the Cape of Good Hope at the southern tip of Africa, completing the first circumnavigation of the globe. Since then, the economic activities of the countries of the world have been linked together.

自从地球上出现人类以来,人类探索自然规律、征服自然的进程从未中断过。

1492 年,哥伦布率领海上探险队从欧洲出发,沿着大西洋向西航行,发现了美洲大陆。1519 年,麦哲伦率领海上探险队从欧洲出发,沿着大西洋向南航行,绕过非洲南端好望角,完成了第一次环球航行。从此,世界各国的经济活动连成一体。

In 1776, Watt invented the steam engine. The widespread use of steam engines made the power of factories no longer limited to rivers, manpower and animal power, and coal became the main fuel. Coal, boilers and steam engine units opened a new era of the first industrial revolution in human history. Since then, human production mode has changed from agriculture and handicraft industry to large-scale industry.

1776 年,瓦特发明了蒸汽机。蒸汽机的普遍使用,使得工厂的动力不再局限于河流、人力、畜力,煤炭成为主要的燃料,煤炭、锅炉、蒸汽机机组开创了人类历史上第一次工业革命新纪元。人类的生产方式由此从农业、手工业转向大工业。

As a result, the economic exchanges of countries in the world are becoming more and more frequent, the total population of the world continues to grow, and the overall urbanization rate of the population of countries in the world continues to increase. At the same time, global human production and social activities have led to an overall increase in the consumption of food, energy, minerals, timber, etc.

于是,世界各国的经济交往越来越频繁,世界人口总体性持续增长,世界各国人口的城镇化率总体性持续提高。与此同时,人类的生产和社会活动引起了对粮食、能源、矿产、木材等消费的持续提高。

The consumption of fossil fuels, deforestation and wood consumption, and the emission of CO_2 from volcanic eruptions into the atmosphere have caused an overall continuous increase in atmospheric CO_2 concentration. The consumption of oil, natural gas, coal, nuclear power, hydropower, and renewable energy continues to discharge low-temperature waste heat into the atmosphere, ocean, and land, causing the overall atmospheric temperature to continue to increase.

化石燃料的消费、森林的砍伐与木材消费、火山喷发产生的 CO_2 排入大气,引起大气 CO_2 浓度的总体性持续提高。石油、天然气、煤炭、核电、水电、可再生能源的消费向大气、海洋、陆地持续排放低温废热,引起大气温度的总体性持续提高。

In this chapter, the annual extension of the Lunar revolution period from 1851 to 2022 is calculated based on the total increase of atmospheric CO_2 concentration and atmospheric temperature. The overall impact of these changes on the Earth's surface ecological environment is analyzed.

本章内容是按照大气中 CO_2 浓度的总体性升高和大气温度的总体性升高,计算月球公转周期从 1851 年到 2022 年的逐年延长量,分析这些变化对地表生态环境造成的总体性影响。

7.1　The amount of change in atmospheric temperature

7.1　大气温度的变化量

The report on Global Climate 2022 released by the World Meteorological Organization (WMO) gives a line chart of global atmospheric temperature changes, as shown in Figure 7-1(WMO, 2023).

世界气象组织(WMO)发布的 2022 年全球气候报告给出了全球大气温度的变化折线图,见图 7-1(WMO, 2023)。

Define population standard deviation:

定义总体标准差:

$$\sigma = \sqrt{\frac{\sum\limits_{i=1}^{N}(y_i - f(x_i))^2}{N}} \tag{7-1}$$

Where N is the total number of data, y_i is the observed temperature value, $f(x_i)$ is the polynomial fitting value.

其中,N 是数据总数,y_i 是气温观察值,$f(x_i)$ 是多项式拟合值。

$$f(x) = B_0 + \sum_{j=1}^{k} B_j x \qquad (7\text{-}2)$$

Table 7-1 compares the obtained fitting results.

得到的拟合结果见表 7-1。

Table 7-1　Polynomial fitting results of global temperature

表 7-1　全球气温的多项式拟合结果

	2 次拟合	3 次拟合	4 次拟合
B_0	142.9	-469.8	88 078.7
B_1	$-0.151\ 61$	0.798 9	-182.354
B_2	4.02E$-$05	-4.51E-04	1.42E-01
B_3		8.46E-08	-4.88E-05
B_4			6.32E-09
σ	0.259	0.226	4.512

According to the data in Figure 7-1, the polynomial fitting curve is obtained, as shown in Figure 7-2.

To calculate the change in atmospheric heat capacity, the temperature difference between a given year and the previous year(Δt_1) is used, and the Δt_1 data are listed in Table 7-2.

根据图 7-1 的数据,得到多项式拟合曲线,见图 7-2。

为了计算大气热容量的变化值,需要用到某一年与前一年之间的温度差(Δt_1),Δt_1 数据列于表 7-2 中。

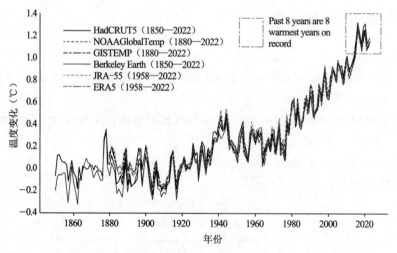

Figure 7-1　Trend of global atmospheric temperature anomaly(1851—2022)

图 7-1　全球大气温度距平变化趋势(1851—2022)

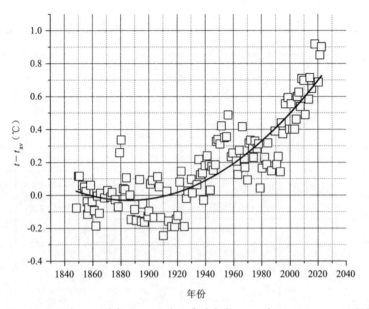

Figure 7-2 Quadratic polynomial fitting results of global atmospheric temperature(1851—2022)

图 7-2 全球大气温度(1851—2022)二次多项式拟合结果

Table 7-2 Fitting values of atmospheric temperature in WMO

表 7-2 WMO 的大气温度拟合值

年份	Δt(℃)	Δt_1(℃)	年份	Δt(℃)	Δt_1(℃)
1849	−0.001 784		1936	0.066 931 8	0.003 619 2
1850	−0.003 205	−0.001 421	1937	0.070 631 7	0.003 699 9
1851	−0.004 589	−0.001 384	1938	0.074 412 9	0.003 781 1
1852	−0.005 936	−0.001 346	1939	0.078 275 7	0.003 862 8
1853	−0.007 244	−0.001 308	1940	0.082 220 7	0.003 945 1
1854	−0.008 514	−0.001 27	1941	0.086 248 5	0.004 027 8
1855	−0.009 745	−0.001 231	1942	0.090 359 5	0.004 111
1856	−0.010 936	−0.001 191	1943	0.094 554 3	0.004 194 7
1857	−0.012 087	−0.001 151	1944	0.098 833 3	0.004 279
1858	−0.013 198	−0.001 111	1945	0.103 197	0.004 363 7
1859	−0.014 267	−0.001 069	1946	0.107 646	0.004 449
1860	−0.015 295	−0.001 028	1947	0.112 180 8	0.004 534 8
1861	−0.016 281	−0.000 986	1948	0.116 801 9	0.004 621 1
1862	−0.017 224	−0.000 943	1949	0.121 509 7	0.004 707 8
1863	−0.018 124	−0.000 9	1950	0.126 304 8	0.004 795 1
1864	−0.018 98	−0.0008 56	1951	0.131 187 8	0.004 882 9

127

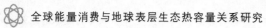

年份	Δt（℃）	Δt_1（℃）	年份	Δt（℃）	Δt_1（℃）
1865	−0.019 793	−0.000 812	1952	0.136 159	0.004 971 2
1866	−0.020 56	−0.000 768	1953	0.141 219 1	0.005 0601
1867	−0.021 283	−0.000 722	1954	0.146 368 5	0.005 149 4
1868	−0.021 959	−0.000 677	1955	0.151 607 7	0.005 239 2
1869	−0.022 59	−0.000 631	1956	0.156 937 2	0.005 329 6
1870	−0.023 174	−0.000 584	1957	0.162 357 6	0.005 420 4
1871	−0.023 711	−0.000 537	1958	0.167 869 4	0.005 511 8
1872	−0.024 2	−0.000 489	1959	0.173 473	0.005 603 6
1873	−0.024 641	−0.000 441	1960	0.179 169	0.005 696
1874	−0.025 033	−0.000 392	1961	0.184 957 8	0.005 788 9
1875	−0.025 376	−0.000 343	1962	0.190 840 1	0.005 882 2
1876	−0.025 669	−0.000 293	1963	0.196 816 2	0.005 976 1
1877	−0.025 912	−0.000 243	1964	0.202 886 8	0.006 070 5
1878	−0.026 104	−0.000 192	1965	0.209 052 2	0.006 165 4
1879	−0.026 245	−0.000 141	1966	0.215 313 1	0.006 260 9
1880	−0.026 334	−8.93E−05	1967	0.221 669 9	0.006 356 8
1881	−0.026 371	−3.7E−05	1968	0.228 123 1	0.006 453 2
1882	−0.026 356	1.578E−05	1969	0.234 673 2	0.006 550 2
1883	−0.026 287	6.906E−05	1970	0.241 320 9	0.006 647 6
1884	−0.026 164	0.000 122 8	1971	0.248 066 4	0.006 745 6
1885	−0.025 987	0.000 177 1	1972	0.254 910 4	0.006 844
1886	−0.025 755	0.000 231 9	1973	0.261 853 4	0.006 943
1887	−0.025 467	0.000 287 2	1974	0.268 895 9	0.007 042 5
1888	−0.025 124	0.000 343 1	1975	0.276 038 4	0.007 142 5
1889	−0.024 725	0.000 399 4	1976	0.283 281 3	0.007 242 9
1890	−0.024 269	0.000 456 2	1977	0.290 625 3	0.007 343 9
1891	−0.023 755	0.000 513 5	1978	0.298 070 7	0.007 445 5
1892	−0.023 184	0.000 571 4	1979	0.305 618 2	0.007 547 5
1893	−0.022 554	0.000 629 7	1980	0.313 268 2	0.007 65
1894	−0.021 865	0.000 688 6	1981	0.321 021 2	0.007 753
1895	−0.021 117	0.000 748	1982	0.328 877 8	0.007 856 6
1896	−0.020 31	0.000 807 9	1983	0.336 838 4	0.007 960 6

年份	Δt(℃)	Δt_1(℃)	年份	Δt(℃)	Δt_1(℃)
1897	−0.019 441	0.000 868 2	1984	0.344 903 6	0.008 065 2
1898	−0.018 512	0.000 929 1	1985	0.353 073 8	0.008 170 2
1899	−0.017 522	0.000 990 5	1986	0.361 349 6	0.008 275 8
1900	−0.016 469	0.001 052 4	1987	0.369 731 5	0.008 381 9
1901	−0.015 354	0.001 114 9	1988	0.378 219 9	0.008 488 5
1902	−0.014 177	0.001 177 8	1989	0.386 815 5	0.008 595 6
1903	−0.012 935	0.001 241 2	1990	0.395 518 7	0.008 703 2
1904	−0.011 63	0.001 305 1	1991	0.404 329 9	0.008 811 3
1905	−0.010 261	0.001 369 6	1992	0.413 249 8	0.008 919 9
1906	−0.008 826	0.001 434 5	1993	0.422 278 8	0.009 029
1907	−0.007 326	0.001 5	1994	0.431 417 5	0.009 138 6
1908	−0.005 76	0.001 566	1995	0.440 666 2	0.009 248 8
1909	−0.004 128	0.001 632 5	1996	0.450 025 7	0.009 359 4
1910	−0.002 428	0.001 699 4	1997	0.459 496 3	0.009 470 6
1911	−0.000 661	0.001 766 9	1998	0.469 078 5	0.009 582 2
1912	0.001 173 5	0.001 834 9	1999	0.478 772 9	0.009 694 4
1913	0.003 077	0.001 903 4	2000	0.488 58	0.009 807 1
1914	0.005 049 4	0.001 972 5	2001	0.498 500 3	0.009 920 3
1915	0.007 091 4	0.002 042	2002	0.508 534 2	0.010 034
1916	0.009 203 4	0.002 112	2003	0.518 682 4	0.010 148 2
1917	0.011 385 9	0.002 182 5	2004	0.528 945 3	0.010 262 9
1918	0.013 639 5	0.002 253 6	2005	0.539 323 4	0.010 378 1
1919	0.015 964 7	0.002 325 1	2006	0.549 817 2	0.010 493 8
1920	0.018 361 9	0.002 397 2	2007	0.560 427 3	0.010 610 1
1921	0.020 831 6	0.002 469 8	2008	0.571 154 1	0.010 726 8
1922	0.023 374 5	0.002 542 9	2009	0.581 998 1	0.010 844
1923	0.025 990 9	0.002 616 4	2010	0.592 959 9	0.010 961 8
1924	0.028 681 4	0.002 690 5	2011	0.604 04	0.011 080 1
1925	0.031 446 6	0.002 765 1	2012	0.615 238 8	0.011 198 8
1926	0.034 286 8	0.002 840 2	2013	0.626 556 9	0.011 318 1
1927	0.037 202 7	0.002 915 9	2014	0.637 994 8	0.011 437 9
1928	0.040 194 6	0.002 992	2015	0.649 553	0.011 558 2

年份	$\Delta t(\text{℃})$	$\Delta t_1(\text{℃})$	年份	$\Delta t(\text{℃})$	$\Delta t_1(\text{℃})$
1929	0.043 263 2	0.003 068 6	2016	0.661 231 9	0.011 679
1930	0.046 409	0.003 145 7	2017	0.673 032 2	0.011 800 3
1931	0.049 632 4	0.003 223 4	2018	0.684 954 4	0.011 922 1
1932	0.052 933 9	0.003 301 5	2019	0.696 998 8	0.012 044 4
1933	0.056 314 1	0.003 380 2	2020	0.709 166 1	0.012 167 3
1934	0.059 773 5	0.003 459 4	2021	0.721 456 7	0.012 290 6
1935	0.063 312 6	0.003 539 1	2022	0.733 871 1	0.012 414 5

7.2 The change in atmospheric CO_2 concentration

7.2 大气中 CO_2 浓度的变化量

According to the data reported in the literature, the global atmospheric CO_2 concentration($\times 10^{-3}(\text{v})$) from 1850 to 2021 is listed in Table 8-3.

根据文献报道数据,1850—2021 年全球大气 CO_2 浓度($\times 10^{-3}(\text{v})$)列于表 8-3。

As more and more energy is required for human production and life, the consumption of oil, coal and natural gas is increasing, and a large amount of CO_2 gas is emitted to the atmosphere, oceans, land and forests. At the same time, the global consumption of forest resources by human activities is increasing, and the global forests are cut down in large quantities, forming a new source of carbon emissions. In addition, volcanic eruptions also emit CO_2 into the atmosphere irregularly and intermittently. In addition, global economic depression, world wars, global pandemics and other factors will also affect the global consumption of natural resources and CO_2 emissions.

由于人类生产和生活需要的能量越来越多,石油、煤炭、天然气的消费量越来越大,向大气、海洋、陆地、森林排放大量的 CO_2 气体。同时,人类活动全球对森林资源的消费量越来越大,全球森林被大量砍伐,形成新的碳排放源。此外,火山喷发也会不规则、间断地向大气排放 CO_2 气体。另外,全球性的经济萧条、战争、瘟疫等也会影响全球的自然资源消耗量和 CO_2 排放量。

The CO_2 concentration data listed in Table 7-3 take into account all the above factors, but some data cannot be verified due to the long age, and some data records are incomplete. Therefore, the research results of scholars basically reflect the change process of atmospheric CO_2 concentration although they have certain uncertainties.

表 7-3 所列的 CO_2 浓度数据兼顾了上述所有因素,但是因为年代久远,有些数据无法考证,有些数据记录不完整。学者们的研究结果虽然具有一定的不确定度,但是基本上反映了大气 CO_2 浓度变化过程。

Table 7-3　Annual values of global atmospheric CO_2 concentration(1850—2021)

表 7-3　全球大气 CO_2 浓度年度值(1850—2021)

年份	c_{CO_2} ($\times 10^{-3}$)	参考文献	年份	c_{CO_2} ($\times 10^{-3}$)	参考文献
1850	285	Jiang et al., 2023	1946	315	Jiang et al., 2023
1854	285	Jiang et al., 2023	1951	319	Jiang et al., 2023
1858	285	Jiang et al., 2023	1956	319	Jiang et al., 2023
1861	287	Jiang et al., 2023	1961	323	Jiang et al., 2023
1866	288	Jiang et al., 2023	1968	330	Jiang et al., 2023
1869	288	Jiang et al., 2023	1974	338	Jiang et al., 2023
1873	290	Jiang et al., 2023	1981	347	Jiang et al., 2023
1877	290	Jiang et al., 2023	1988	359	Jiang et al., 2023
1881	292	Jiang et al., 2023	1994	368	Jiang et al., 2023
1886	294	Jiang et al., 2023	2000	378	Jiang et al., 2023
1891	294	Jiang et al., 2023	2006	389	Jiang et al., 2023
1896	294	Jiang et al., 2023	2012	404	Jiang et al., 2023
1901	298	Jiang et al., 2023	2015	412	Jiang et al., 2023
1905	298	Jiang et al., 2023	2016	400	Kuttippurath et al., 2022
1909	300	Jiang et al., 2023	2017	401	Kuttippurath et al., 2022
1914	306	Jiang et al., 2023	2018	403	Kuttippurath et al., 2022
1922	306	Jiang et al., 2023	2019	407	Kuttippurath et al., 2022
1927	310	Jiang et al., 2023	2020	408	Kuttippurath et al., 2022
1933	310	Jiang et al., 2023	2021	414	Yeh et al., 2023
1940	314	Jiang et al., 2023			

The data in Table 7-3 are fitted by polynomial, and the results are shown in Table 7-4. It can be seen that the fitting error of the 4th degree polynomial is the smallest.

将表 7-3 的数据进行多项式拟合,结果见表 7-4。可见,4 次多项式拟合误差最小。

Table 7-4　Polynomial fitting parameters of global atmospheric CO_2 concentration

表 7-4　全球大气 CO_2 浓度多项式拟合参数

	2 次拟合	3 次拟合	4 次拟合	5 次拟合
B_0	1.96E+04	$-2.25E+05$	$-1.42E+06$	1.90E+00
B_1	$-20.663\,31$	3.58E+02	2.83E+03	$-9.13E+02$
B_2	0.005\,52	$-1.90E-01$	$-2.11E+00$	1.84E+00
B_3		3.36E-05	6.94E-04	$-1.38E-03$
B_4			$-8.53E-08$	4.61E-07

	2 次拟合	3 次拟合	4 次拟合	5 次拟合
B_5				$-5.74E-11$
σ	11.57	9.19	5.70	142 61

The best polynomial fitting results are plotted in Figure 7-3.

将最佳多项式拟合结果绘制成图 7-3。

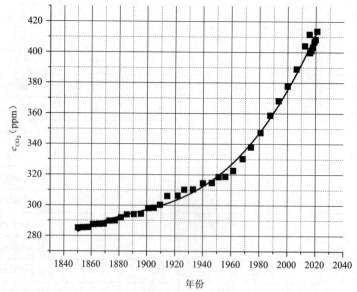

Figure 7-3　Polynomial fitting results of global atmospheric CO_2 concentration(1851—2022)

图 7-3　全球大气 CO_2 浓度 4 次多项式拟合结果(1851—2022)

The simulated values of global atmospheric CO_2 concentration were calculated according to the 4-degree polynomial fitting results in Table 7-4，and are listed in Table 7-5. The 1849 and 1850 data are a small extension of the simulated curve，so that the difference in atmospheric CO_2 concentration between 1850 and 1849 is obtained.

按照表 7-4 的 4 次多项式拟合结果计算出全球大气 CO_2 浓度模拟值，列于表 7-5。其中，1849 年、1850 年的数据为模拟曲线的少量外延，从而得到 1850 年与 1849 年的大气 CO_2 浓度之差。

Table 7-5　Simulated global atmospheric CO_2 concentration(1850—2022)

表 7-5　全球大气 CO_2 浓度模拟值(1850—2022)

年份	$CO_2(\times 10^{-3})$	$\Delta CO_2(\times 10^{-3}/a)$	年份	$CO_2(\times 10^{-3})$	$\Delta CO_2(\times 10^{-3}/a)$
1849	277		1936	305	0.520
1850	278	0.479	1937	306	0.532
1851	278	0.466	1938	306	0.544

年份	$CO_2(\times10^{-3})$	$\Delta CO_2(\times10^{-3}/a)$	年份	$CO_2(\times10^{-3})$	$\Delta CO_2(\times10^{-3}/a)$
1851	278	0.466	1938	306	0.544
1852	279	0.453	1939	307	0.557
1853	279	0.441	1940	308	0.569
1854	280	0.429	1941	308	0.582
1855	280	0.417	1942	309	0.594
1856	280	0.406	1943	309	0.608
1857	281	0.395	1944	310	0.621
1858	281	0.384	1945	311	0.634
1859	282	0.374	1946	311	0.648
1860	282	0.365	1947	312	0.661
1861	282	0.355	1948	313	0.675
1862	283	0.346	1949	313	0.690
1863	283	0.337	1950	314	0.704
1864	283	0.329	1951	315	0.718
1865	284	0.321	1952	315	0.733
1866	284	0.313	1953	316	0.748
1867	284	0.306	1954	317	0.763
1868	285	0.299	1955	318	0.778
1869	285	0.292	1956	319	0.793
1870	285	0.286	1957	319	0.809
1871	285	0.280	1958	320	0.824
1872	286	0.274	1959	321	0.840
1873	286	0.269	1960	322	0.856
1874	286	0.264	1961	323	0.872
1875	286	0.260	1962	324	0.888
1876	287	0.255	1963	325	0.905
1877	287	0.251	1964	325	0.921
1878	287	0.248	1965	326	0.938
1879	287	0.244	1966	327	0.955
1880	288	0.241	1967	328	0.972
1881	288	0.239	1968	329	0.989
1882	288	0.236	1969	330	1.006
1883	288	0.234	1970	331	1.024

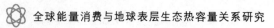
续表

年份	$CO_2(\times10^{-3})$	$\Delta CO_2(\times10^{-3}/a)$	年份	$CO_2(\times10^{-3})$	$\Delta CO_2(\times10^{-3}/a)$
1884	289	0.233	1971	332	1.041
1885	289	0.231	1972	333	1.059
1886	289	0.230	1973	334	1.077
1887	289	0.229	1974	336	1.095
1888	290	0.229	1975	337	1.113
1889	290	0.228	1976	338	1.131
1890	290	0.228	1977	339	1.149
1891	290	0.229	1978	340	1.167
1892	290	0.230	1979	341	1.186
1893	291	0.231	1980	343	1.205
1894	291	0.232	1981	344	1.223
1895	291	0.233	1982	345	1.242
1896	291	0.235	1983	346	1.261
1897	292	0.237	1984	348	1.280
1898	292	0.240	1985	349	1.299
1899	292	0.242	1986	350	1.319
1900	292	0.245	1987	351	1.338
1901	293	0.249	1988	353	1.358
1902	293	0.252	1989	354	1.377
1903	293	0.256	1990	356	1.397
1904	293	0.260	1991	357	1.417
1905	294	0.264	1992	358	1.437
1906	294	0.269	1993	360	1.457
1907	294	0.274	1994	361	1.477
1908	294	0.279	1995	363	1.497
1909	295	0.284	1996	364	1.517
1910	295	0.290	1997	366	1.537
1911	295	0.296	1998	368	1.558
1912	296	0.302	1999	369	1.578
1913	296	0.308	2000	371	1.598
1914	296	0.315	2001	372	1.619
1915	297	0.322	2002	374	1.640
1916	297	0.329	2003	376	1.660

年份	$CO_2(\times 10^{-3})$	$\Delta CO_2(\times 10^{-3}/a)$	年份	$CO_2(\times 10^{-3})$	$\Delta CO_2(\times 10^{-3}/a)$
1917	297	0.336	2004	377	1.681
1918	298	0.344	2005	379	1.702
1919	298	0.352	2006	381	1.723
1920	298	0.360	2007	382	1.744
1921	299	0.368	2008	384	1.765
1922	299	0.377	2009	386	1.786
1923	299	0.386	2010	388	1.807
1924	300	0.395	2011	390	1.828
1925	300	0.404	2012	392	1.850
1926	301	0.414	2013	393	1.871
1927	301	0.423	2014	395	1.892
1928	302	0.433	2015	397	1.914
1929	302	0.443	2016	399	1.935
1930	302	0.454	2017	401	1.957
1931	303	0.464	2018	403	1.978
1932	303	0.475	2019	405	2.000
1933	304	0.486	2020	407	2.021
1934	304	0.497	2021	409	2.043
1935	305	0.509	2022	411	2.064

7.3　The change in cycle rate k_2 from year to year

7.3　循环倍率 k_2 的逐年变化量

The atmosphere, ocean surface and land surface are defined as the Earth surface. The change of atmospheric temperature will cause the change of atmospheric, ocean and land temperature, and then cause the change of heat absorption(positive) and heat discharge(negative) of the Earth surface.

大气、海洋表层、陆地表层定义为地球表层。大气温度的变化会引起大气、海洋、陆地温度的变化,进而引起地球表层吸热量(正值)和放热量(负值)的变化。

Definition: The Earth's surface is 5 meters below the surface of the atmosphere, land and 500 meters below the surface of the ocean.

定义:大气、陆地表面以下 5 m、海洋表面以下 500 m 为地球表层。

The heat absorbed by the Earth surface rising 1.0 ℃ is defined as: the heat capacity of the Earth surface $Q(EJ=10^{18}J)$.

地球表层升高 1.0 ℃吸收的热量定义为:地球表层热容量 $Q(EJ=10^{18}J)$。

Total annual consumption of non-renewable energy(oil, gas, coal, nuclear) by human activities $E_{NR,net}$(EJ/a).

人类活动每年消耗的非可再生能量(石油、天然气、煤炭、核电)总值 $E_{NR,net}$(EJ/a)。

The cycle multiplier k_2 is defined by the formula(7-3).

循环倍率 k_2 的定义为式(7-3)。

$$k_2 = \frac{Q}{E_{NR,net}}, \ a \qquad (7-3)$$

According to the calculation results in Table 6-33, Table 6-34 and Table 6-35, the heat capacity of the Earth's surface is equal to the heat capacity of the atmosphere + ocean surface heat capacity + land surface heat capacity,

$$Q=5\ 472+789\ 981+1\ 638=797\ 091\ EJ.$$

根据表 6-33、表 6-34、表 6-35 的计算结果,地球表层的热容量等于大气的热容量+海洋表层热容量+陆地表层热容量,Q=5 472+789 981+1 638=797 091 EJ。

The total amount of non—renewable energy consumed by human activities each year $E_{NR,net}$(EJ/a) and the calculation results of cycle ratio k_2 are listed in Table 7-6.

人类活动每年消耗的非可再生能量总值 $E_{NR,net}$(EJ/a)和循环倍率 k_2 的计算结果列于表 7-6。

Table 7-6   The cycle ratio k_2 calculated according to the annual change of atmospheric temperature

表 7-6   按照大气温度逐年变化量计算的循环倍率 k_2

年份	$E_{NR,net}$(EJ/a)	k_2(a)	年份	$E_{NR,net}$(EJ/a)	k_2(a)
1851	26	31 224	1937	58	13 775
1852	25	32 114	1938	59	13 472
1853	24	33 016	1939	60	13 178
1854	23	33 927	1940	62	12 893
1855	23	34 846	1941	63	12 617
1856	22	35 769	1942	65	12 349
1857	22	36 693	1943	66	12 090
1858	21	37 615	1944	67	11 838
1859	21	38 530	1945	69	11 594
1860	20	39 436	1946	70	11 357
1861	20	40 327	1947	72	11 127
1862	19	41 199	1948	73	10 893
1863	19	42 047	1949	75	10 670

年份	$E_{NR,net}$(EJ/a)	k_2(a)	年份	$E_{NR,net}$(EJ/a)	k_2(a)
1864	19	42 866	1950	76	10 455
1865	18	43 651	1951	78	10 249
1866	18	44 396	1952	79	10 050
1867	18	45 097	1953	81	9 860
1868	17	45 749	1954	82	9 676
1869	17	46 346	1955	84	9 499
1870	17	46 884	1956	85	9 328
1871	17	47 359	1957	87	9 164
1872	17	47 766	1958	89	8 997
1873	17	48 103	1959	90	8 834
1874	16	48 367	1960	92	8 676
1875	16	48 555	1961	94	8 523
1876	16	48 667	1962	95	8 373
1877	16	48 702	1963	97	8 228
1878	16	48 660	1964	99	8 086
1879	16	48 541	1965	100	7 948
1880	16	48 348	1966	102	7 814
1881	17	48 082	1967	104	7 683
1882	17	47 746	1968	105	7 556
1883	17	47 344	1969	107	7 431
1884	17	46 880	1970	109	7 311
1885	17	46 357	1971	111	7 193
1886	17	45 781	1972	113	7 078
1887	18	45 155	1973	114	6 966
1888	18	44 486	1974	116	6 857
1889	18	43 778	1975	118	6 750
1890	19	43 035	1976	120	6 646
1891	19	42 264	1977	122	6 545
1892	19	41 468	1978	124	6 446
1893	20	40 652	1979	126	6 349
1894	20	39 821	1980	127	6 255

年份	$E_{NR,net}$(EJ/a)	k_2(a)	年份	$E_{NR,net}$(EJ/a)	k_2(a)
1895	20	38 978	1981	129	6 163
1896	21	38 128	1982	131	6 073
1897	21	37 273	1983	133	5 986
1898	22	36 418	1984	135	5 900
1899	22	35 564	1985	137	5 816
1900	23	34 716	1986	139	5 734
1901	24	33 874	1987	141	5 655
1902	24	33 042	1988	143	5 576
1903	25	32 220	1989	145	5 500
1904	25	31 411	1990	147	5 426
1905	26	30 616	1991	149	5 353
1906	27	29 835	1992	151	5 281
1907	27	29 025	1993	153	5 211
1908	28	28 258	1994	155	5 143
1909	29	27 530	1995	157	5 076
1910	30	26 839	1996	159	5 011
1911	30	26 182	1997	161	4 947
1912	31	25 504	1998	163	4 885
1913	32	24 845	1999	165	4 823
1914	33	24 203	2000	167	4 763
1915	34	23 579	2001	169	4 705
1916	35	22 973	2002	172	4 647
1917	36	22 385	2003	174	4 591
1918	37	21 814	2004	176	4 536
1919	37	21 261	2005	178	4 482
1920	38	20 724	2006	180	4 429
1921	39	20 203	2007	182	4 377
1922	40	19 699	2008	184	4 326
1923	41	19 210	2009	186	4 276
1924	43	18 736	2010	189	4 227
1925	44	18 277	2011	191	4 180

年份	$E_{NR,net}$(EJ/a)	k_2(a)	年份	$E_{NR,net}$(EJ/a)	k_2(a)
1926	45	17 832	2012	193	4 133
1927	46	17 402	2013	195	4 087
1928	47	16 985	2014	197	4 041
1929	48	16 581	2015	199	3 997
1930	49	16 190	2016	202	3 954
1931	50	15 811	2017	204	3 911
1932	52	15 444	2018	206	3 869
1933	53	15 089	2019	208	3 828
1934	54	14 745	2020	210	3 788
1935	55	14 411	2021	213	3 749
1936	57	14 088	2022	215	3 710

The year-by-year variation rule of cycle ratio k_2 is plotted in Figure 7-4, which is more intuitive. As can be seen from Figure 7-4: (1) From 1851 to 1877, that is, from point A to point B, the cycle ratio k_2 increased year by year(31 224 to 48 702), and the slope(the derivative of k_2 with respect to the year) decreased year by year until 1877, that is, point B in the figure. However, the atmospheric temperature in section AB decreased in more years. (2) From 1877 to 2022, the number of years in which global atmospheric temperatures increased year by year increased significantly. Overall, it has improved year by year. From 1877 to 2022, that is, from point B to point C(48 702 to 36 418), the cycle ratio k_2 decreases year by year. Moreover, the slope(the derivative of k_2 with respect to the year) first increases(1877—1898) and then decreases(1898—2022), i.e. from point C to point D (36 418 to 3 710).

循环倍率 k_2 的逐年变化规律绘制成图 7-4,更为直观。由图 7-4 可知:(1) 1851—1877 年,即 A 点到 B 点,循环倍率 k_2 逐年提高(31 224→48 702),而且斜率(k_2 对年度的导数值)逐年降低,直到 1877 年,即图中的 B 点。然而,AB 段的大气温度逐年下降的年份较多。(2) 1877—2022 年,全球大气温度逐年提高的年份大大增加,总体上逐年提高。1877—2022 年,即 B 点到 C 点(48 702→36 418),循环倍率 k_2 逐年降低,而且斜率(k_2 对年度的导数值)先增加(1877—1898 年)后降低(1989—2022 年),即 C 点到 D 点(36 418→3 710)。

The change law of the cycle ratio k_2, especially the law of decreasing year by year from 1898 to 2022, indicates that the annual global consumption of non-renewable energy (oil, natural gas, coal, nuclear power) has increased significantly year by year. The challenge to ecological capacity is becoming increasingly acute.

循环倍率 k_2 的变化规律,特别是 1898—2022 年的逐年降低规律,说明全球每年消耗的非可再生能量(石油、天然气、煤炭、核电)逐年大幅度提高,对生态容量的挑战日益尖锐。

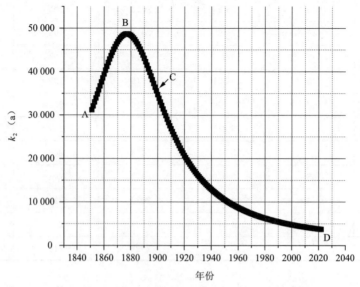

Figure 7-4　The change of cycle ratio k_2 (1851—2022)

图 7-4　循环倍率 k_2 的逐年变化(1851—2022)

To protect the ecological environment and increase ecological capacity, it is necessary to significantly reduce the total annual global consumption of non-renewable energy.

要保护生态环境、增加生态容量,必须大幅度降低全球非可再生能量的年度消费总量。

7.4　The amount of change in the Lunar orbital period

7.4　月球公转周期的变化量

The increase in the concentration of CO_2 in the atmosphere represents the total result of fossil fuel consumption, forest area reduction, volcanic eruptions and other factors.

大气中 CO_2 浓度的提高是化石燃料消费、森林面积减小、火山爆发等因素的综合结果。

According to the simulated values of atmospheric CO_2 concentration in Table 7-5, the annual increase of atmospheric CO_2 concentration is calculated, so as to calculate the increase of atmospheric carbon elements, and finally the annual total atmospheric mass replacement value is obtained, as shown in Table 7-7.

根据表 7-5 中大气 CO_2 浓度模拟值,计算大气 CO_2 浓度的逐年增加量,从而计算出大气中碳元素的增加量,最终得到年度大气总质量替换值,见表 7-7。

When the concentration of atmospheric CO_2 increases，the mass of the atmosphere remains unchanged，and the carbon elements discharged into the atmosphere repel the dry air，resulting in the reduction of the weight of the Earth. The calculation method of the Lunar revolution period $\Delta\tau$ is shown in equation(5-7) and (5-8).

当大气 CO_2 浓度提高时，大气的质量不变，排入大气的碳元素排斥干空气，从而引起地球重质量的降低。月球公转周期延长量 $\Delta\tau$ 计算方法见式(5-7)和(5-8)。

Speed of light $c = 299\ 792\ 458$ m/s.

光速 $c = 299\ 792\ 458$ m/s。

Table 7-7　Replacement amounts of atmospheric mass caused by changes in atmospheric CO_2 concentration
表 7-7　大气 CO_2 浓度变化引起大气质量的替换量

年份	ΔQ_{Air}(EJ)	Q_{CO_2}(EJ)	ΔM_C(Mt)	M_{E,CO_2}(kg)	ΣQ(EJ)	$m_{\Sigma Q}$(kg)	ΣM(Mt)	ΣM(kg/a)
1851	−8	33	1016	371	26	284	1 016	1.02.E+12
1852	−8	32	988	360	25	276	988	9.88.E+11
1853	−7	32	961	351	24	269	961	9.61.E+11
1854	−7	31	935	341	23	261	935	9.35.E+11
1855	−7	30	909	332	23	255	909	9.09.E+11
1856	−7	29	885	323	22	248	885	8.85.E+11
1857	−7	28	861	314	22	242	861	8.61.E+11
1858	−6	27	838	306	21	236	838	8.38.E+11
1859	−6	27	816	298	21	230	816	8.16.E+11
1860	−6	26	795	290	20	225	795	7.95.E+11
1861	−6	25	774	282	20	220	774	7.74.E+11
1862	−5	25	754	275	19	215	754	7.54.E+11
1863	−5	24	735	268	19	211	735	7.35.E+11
1864	−5	24	717	262	19	207	717	7.17.E+11
1865	−5	23	700	255	18	203	700	7.00.E+11
1866	−4	22	683	249	18	200	683	6.83.E+11
1867	−4	22	667	243	18	197	667	6.67.E+11
1868	−4	21	652	238	17	194	652	6.52.E+11
1869	−4	21	637	233	17	191	637	6.37.E+11
1870	−3	20	624	228	17	189	624	6.24.E+11
1871	−3	20	611	223	17	187	611	6.11.E+11
1872	−3	20	598	218	17	186	598	5.98.E+11
1873	−3	19	587	214	17	184	587	5.87.E+11
1874	−2	19	576	210	16	183	576	5.76.E+11

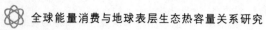

年份	ΔQ_{Air}(EJ)	Q_{CO_2}(EJ)	ΔM_C(Mt)	$M_{E.CO_2}$(kg)	ΣQ(EJ)	$m_{\Sigma Q}$(kg)	ΣM(Mt)	ΣM(kg/a)
1875	−2	19	566	207	16	183	566	5.66.E+11
1876	−2	18	557	203	16	182	557	5.57.E+11
1877	−2	18	548	200	16	182	548	5.48.E+11
1878	−1	18	540	197	16	182	540	5.40.E+11
1879	−1	17	533	194	16	183	533	5.33.E+11
1880	−1	17	526	192	16	183	526	5.26.E+11
1881	0	17	520	190	17	184	520	5.20.E+11
1882	0	17	515	188	17	186	515	5.15.E+11
1883	0	17	511	186	17	187	511	5.11.E+11
1884	0	17	507	185	17	189	507	5.07.E+11
1885	1	17	504	184	17	191	504	5.04.E+11
1886	1	16	501	183	17	194	501	5.01.E+11
1887	1	16	500	182	18	196	500	5.00.E+11
1888	2	16	498	182	18	199	498	4.98.E+11
1889	2	16	498	182	18	203	498	4.98.E+11
1890	2	16	498	182	19	206	498	4.98.E+11
1891	2	16	499	182	19	210	499	4.99.E+11
1892	3	16	500	183	19	214	500	5.00.E+11
1893	3	16	503	183	20	218	503	5.03.E+11
1894	3	17	505	184	20	223	505	5.05.E+11
1895	4	17	509	186	20	228	509	5.09.E+11
1896	4	17	513	187	21	233	513	5.13.E+11
1897	4	17	517	189	21	238	517	5.17.E+11
1898	5	17	523	191	22	244	523	5.23.E+11
1899	5	17	528	193	22	249	528	5.28.E+11
1900	5	18	535	195	23	255	535	5.35.E+11
1901	6	18	542	198	24	262	542	5.42.E+11
1902	6	18	550	201	24	268	550	5.50.E+11
1903	6	18	558	204	25	275	558	5.58.E+11
1904	7	19	567	207	25	282	567	5.67.E+11
1905	7	19	576	210	26	290	576	5.76.E+11
1906	7	19	586	214	27	297	586	5.86.E+11
1907	8	20	597	218	27	306	597	5.97.E+11

年份	ΔQ_{Air}(EJ)	Q_{CO_2}(EJ)	ΔM_C(Mt)	M_{E,CO_2}(kg)	ΣQ(EJ)	$m_{\Sigma Q}$(kg)	ΣM(Mt)	ΣM(kg/a)
1908	8	20	608	222	28	314	608	6.08.E+11
1909	9	20	620	226	29	322	620	6.20.E+11
1910	9	21	632	231	30	330	632	6.32.E+11
1911	9	21	645	235	30	339	645	6.45.E+11
1912	10	22	658	240	31	348	658	6.58.E+11
1913	10	22	672	245	32	357	672	6.72.E+11
1914	10	23	687	251	33	366	687	6.87.E+11
1915	11	23	702	256	34	376	702	7.02.E+11
1916	11	24	717	262	35	386	717	7.17.E+11
1917	12	24	733	268	36	396	733	7.33.E+11
1918	12	25	750	274	37	407	750	7.50.E+11
1919	12	25	767	280	37	417	767	7.67.E+11
1920	13	26	785	286	38	428	785	7.85.E+11
1921	13	26	803	293	39	439	803	8.03.E+11
1922	14	27	822	300	40	450	822	8.22.E+11
1923	14	28	841	307	41	462	841	8.41.E+11
1924	14	28	861	314	43	473	861	8.61.E+11
1925	15	29	881	321	44	485	881	8.81.E+11
1926	15	30	902	329	45	497	902	9.02.E+11
1927	16	30	923	337	46	510	923	9.23.E+11
1928	16	31	945	345	47	522	945	9.45.E+11
1929	16	32	967	353	48	535	967	9.67.E+11
1930	17	32	989	361	49	548	989	9.89.E+11
1931	17	33	1 012	369	50	561	1 012	1.01.E+12
1932	18	34	1 036	378	52	574	1 036	1.04.E+12
1933	18	35	1 060	387	53	588	1 060	1.06.E+12
1934	18	36	1 085	396	54	601	1 085	1.08.E+12
1935	19	36	1 109	405	55	615	1 109	1.11.E+12
1936	19	37	1 135	414	57	630	1 135	1.13.E+12
1937	20	38	1 161	423	58	644	1 161	1.16.E+12
1938	20	39	1 187	433	59	658	1 187	1.19.E+12
1939	21	40	1 214	443	60	673	1 214	1.21.E+12
1940	21	41	1 241	453	62	688	1 241	1.24.E+12

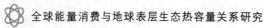

续表

年份	ΔQ_{Air}(EJ)	Q_{CO_2}(EJ)	ΔM_C(Mt)	M_{E,CO_2}(kg)	ΣQ(EJ)	$m_{\Sigma Q}$(kg)	ΣM(Mt)	ΣM(kg/a)
1941	22	42	1 268	463	63	703	1 268	1.27.E+12
1942	22	43	1 296	473	65	718	1 296	1.30.E+12
1943	22	43	1 325	483	66	734	1 325	1.32.E+12
1944	23	44	1 353	494	67	749	1 353	1.35.E+12
1945	23	45	1 383	504	69	765	1 383	1.38.E+12
1946	24	46	1 412	515	70	781	1 412	1.41.E+12
1947	24	47	1 442	526	72	797	1 442	1.44.E+12
1948	25	48	1 473	537	73	814	1 473	1.47.E+12
1949	25	49	1 503	549	75	831	1 503	1.50.E+12
1950	25	49	1 503	549	76	848	1 503	1.50.E+12
1951	26	51	1 566	571	78	865	1 566	1.57.E+12
1952	27	52	1598	583	79	882	1 598	1.60.E+12
1953	27	53	1 630	595	81	900	1 630	1.63.E+12
1954	28	55	1 663	607	82	917	1 663	1.66.E+12
1955	28	56	1 696	619	84	934	1 696	1.70.E+12
1956	29	57	1 730	631	85	951	1 730	1.73.E+12
1957	29	58	1 763	643	87	968	1 763	1.76.E+12
1958	30	59	1 797	656	89	986	1 797	1.80.E+12
1959	30	60	1 832	668	90	1 004	1 832	1.83.E+12
1960	31	61	1 867	681	92	1 022	1 867	1.87.E+12
1961	31	62	1 902	694	94	1 041	1 902	1.90.E+12
1962	32	64	1 937	707	95	1 059	1 937	1.94.E+12
1963	32	65	1 973	720	97	1 078	1 973	1.97.E+12
1964	33	66	2 009	733	99	1 097	2 009	2.01.E+12
1965	33	67	2 045	746	100	1 116	2 045	2.05.E+12
1966	34	68	2 082	760	102	1 135	2 082	2.08.E+12
1967	34	69	2 119	773	104	1 154	2 119	2.12.E+12
1968	35	71	2 156	787	105	1 174	2 156	2.16.E+12
1969	35	72	2 194	801	107	1 193	2 194	2.19.E+12
1970	36	73	2 232	814	109	1 213	2 232	2.23.E+12
1971	36	74	2 270	828	111	1 233	2 270	2.27.E+12
1972	37	76	2 309	842	113	1 253	2 309	2.31.E+12
1973	37	77	2 348	857	114	1 273	2 348	2.35.E+12

年份	ΔQ_{Air}(EJ)	Q_{CO_2}(EJ)	ΔM_C(Mt)	M_{E,CO_2}(kg)	ΣQ(EJ)	$m_{\Sigma Q}$(kg)	ΣM(Mt)	ΣM(kg/a)
1974	38	78	2 387	871	116	1 293	2 387	2.39.E+12
1975	39	80	2 426	885	118	1 314	2 426	2.43.E+12
1976	39	81	2 466	900	120	1 334	2 466	2.47.E+12
1977	40	82	2 506	914	122	1 355	2 506	2.51.E+12
1978	40	83	2 546	929	124	1 376	2 546	2.55.E+12
1979	41	85	2 586	944	126	1 397	2 586	2.59.E+12
1980	41	86	2 627	958	127	1 418	2 627	2.63.E+12
1981	42	87	2 668	973	129	1 439	2 668	2.67.E+12
1982	42	89	2 709	988	131	1 460	2 709	2.71.E+12
1983	43	90	2 750	1 003	133	1 482	2 750	2.75.E+12
1984	44	92	2 792	1 019	135	1 503	2 792	2.79.E+12
1985	44	93	2 834	1 034	137	1 525	2 834	2.83.E+12
1986	45	94	2 876	1 049	139	1 547	2 876	2.88.E+12
1987	45	96	2 918	1 065	141	1 568	2 918	2.92.E+12
1988	46	97	2 960	1 080	143	1 590	2 960	2.96.E+12
1989	46	98	3 003	1 096	145	1 612	3 003	3.00.E+12
1990	47	100	3 046	1 111	147	1 635	3 046	3.05.E+12
1991	48	101	3 089	1 127	149	1 657	3 089	3.09.E+12
1992	48	103	3 132	1 143	151	1 679	3 132	3.13.E+12
1993	49	104	3 176	1 159	153	1 702	3 176	3.18.E+12
1994	49	106	3 220	1 175	155	1 724	3 220	3.22.E+12
1995	50	107	3 263	1 191	157	1 747	3 263	3.26.E+12
1996	51	108	3 307	1 207	159	1 770	3 307	3.31.E+12
1997	51	110	3 352	1 223	161	1 793	3 352	3.35.E+12
1998	52	111	3 396	1 239	163	1 816	3 396	3.40.E+12
1999	52	113	3 441	1 255	165	1 839	3 441	3.44.E+12
2000	53	114	3 485	1 272	167	1 862	3 485	3.49.E+12
2001	54	116	3 530	1 288	169	1 885	3 530	3.53.E+12
2002	54	117	3 575	1 304	172	1 908	3 575	3.58.E+12
2003	55	119	3 621	1 321	174	1 932	3 621	3.62.E+12
2004	56	120	3 666	1 338	176	1 955	3 666	3.67.E+12
2005	56	122	3 711	1 354	178	1 979	3 711	3.71.E+12

续表

年份	ΔQ_{Air}(EJ)	Q_{CO_2}(EJ)	ΔM_C(Mt)	M_{E,CO_2}(kg)	ΣQ(EJ)	$m_{\Sigma Q}$(kg)	ΣM(Mt)	ΣM(kg/a)
2006	57	123	3 757	1 371	180	2 003	3 757	3.76.E+12
2007	57	125	3 803	1 387	182	2 026	3 803	3.80.E+12
2008	58	126	3 849	1 404	184	2 050	3 849	3.85.E+12
2009	59	128	3 894	1 421	186	2 074	3 894	3.89.E+12
2010	59	129	3 941	1 438	189	2 098	3 941	3.94.E+12
2011	60	131	3 987	1 455	191	2 122	3 987	3.99.E+12
2012	61	132	4 033	1 472	193	2 146	4 033	4.03.E+12
2013	61	134	4 080	1 488	195	2 170	4 080	4.08.E+12
2014	62	135	4 126	1 505	197	2 194	4 126	4.13.E+12
2015	63	137	4 173	1 522	199	2 219	4 173	4.17.E+12
2016	63	138	4 219	1 539	202	2 243	4 219	4.22.E+12
2017	64	140	4 266	1 557	204	2 268	4 266	4.27.E+12
2018	65	141	4 313	1 574	206	2 292	4 313	4.31.E+12
2019	65	143	4 360	1 591	208	2 317	4 360	4.36.E+12
2020	66	145	4 407	1 608	210	2 341	4 407	4.41.E+12
2021	67	146	4 454	1 625	213	2 366	4 454	4.45.E+12
2022	67	148	4 501	1 642	215	2 391	4 501	4.50.E+12

Table 7-8　Changes in Lunar revolution period caused by increasing atmospheric CO_2 concentration

表 7-8　大气 CO_2 浓度提高引起月球公转周期的变化

年份	$\Delta\tau$(ns/a)	年份	$\Delta\tau$(ns/a)	年份	$\Delta\tau$(ns/a)	年份	$\Delta\tau$(ns/a)
1851	398	1894	198	1937	455	1980	1 028
1852	387	1895	199	1938	464	1981	1 044
1853	376	1896	201	1939	475	1982	1 060
1854	366	1897	203	1940	486	1983	1 076
1855	356	1898	205	1941	497	1984	1 093
1856	346	1899	207	1942	507	1985	1 109
1857	337	1900	209	1943	518	1986	1 125
1858	328	1901	212	1944	530	1987	1 142
1859	320	1902	215	1945	541	1988	1 158
1860	311	1903	219	1946	553	1989	1 175

年份	$\Delta\tau$(ns/a)	年份	$\Delta\tau$(ns/a)	年份	$\Delta\tau$(ns/a)	年份	$\Delta\tau$(ns/a)
1861	303	1904	222	1947	565	1990	1 192
1862	295	1905	225	1948	576	1991	1 209
1863	288	1906	229	1949	588	1992	1 226
1864	281	1907	234	1950	588	1993	1 243
1865	274	1908	238	1951	613	1994	1 260
1866	267	1909	243	1952	626	1995	1 277
1867	261	1910	247	1953	638	1996	1 295
1868	255	1911	252	1954	651	1997	1 312
1869	250	1912	258	1955	664	1998	1 329
1870	244	1913	263	1956	677	1999	1 347
1871	239	1914	269	1957	690	2000	1 364
1872	234	1915	275	1958	703	2001	1 382
1873	230	1916	281	1959	717	2002	1 399
1874	225	1917	287	1960	731	2003	1 417
1875	221	1918	294	1961	744	2004	1 435
1876	218	1919	300	1962	758	2005	1 452
1877	215	1920	307	1963	772	2006	1 470
1878	211	1921	314	1964	786	2007	1 489
1879	209	1922	322	1965	800	2008	1 506
1880	206	1923	329	1966	815	2009	1 524
1881	204	1924	337	1967	829	2010	1 542
1882	202	1925	345	1968	844	2011	1 560
1883	200	1926	353	1969	859	2012	1 579
1884	198	1927	361	1970	874	2013	1 597
1885	197	1928	370	1971	889	2014	1 615
1886	196	1929	378	1972	904	2015	1 633
1887	195	1930	387	1973	919	2016	1 651
1888	195	1931	396	1974	934	2017	1 670
1889	195	1932	406	1975	949	2018	1 688
1890	195	1933	415	1976	965	2019	1 706
1891	195	1934	425	1977	981	2020	1 725
1892	196	1935	434	1978	996	2021	1 743
1893	197	1936	444	1979	1012	2022	1 762

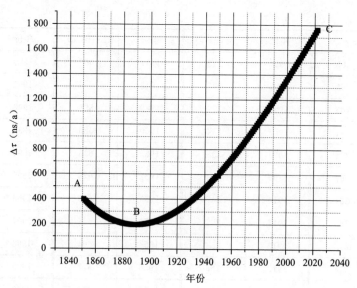

Figure 7-5　The variation of Lunar orbital period(1851—2022)

图 7-5　月球公转周期的逐年变化(1851—2022)

The simulated values of global atmospheric CO_2 concentration in Table 7-5 are plotted as Figure 7-6.

将表 7-5 的全球大气 CO_2 浓度模拟值绘制成图 7-6。

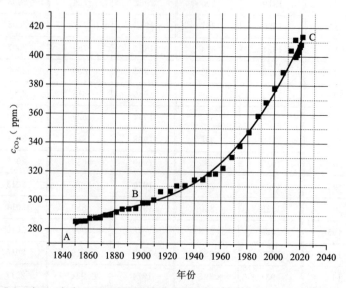

Figure 7-6　Annual changes in global atmospheric CO_2 concentration(1851—2022)

图 7-6　全球大气 CO_2 浓度变化逐年变化(1851—2022)

As can be seen from Figure 7-6, the difference between the global atmospheric CO_2 concentration decreased year by year from 0.479×10^{-3}/a(point A) in 1851 to the lowest value of 0.228×10^{-3}/a(point B) in 1889, and then increased year by year until $2.064 \times$

10^{-3}/a(point C) in 2022.

由图 7-6 可知:全球大气 CO_2 浓度从 1851 年的 0.479×10^{-3}/a(A 点)逐年降低,1889 年降至最低值 0.228×10^{-3}/a(B 点),之后逐年提高,直至 2022 年的 2.064×10^{-3}/a(C 点)。

Accordingly，as shown in Figure 7-5：The change in atmospheric mass mass replacement due to year-by-year changes in global atmospheric CO_2 concentration corresponds to A decrease in the Lunar revolution period from 398 ns(1.0 ns$=1.0 \times 10-$ 9 s) in 1851(point A) to 195 ns(point B) in 1889，and then an increase year by year until 1 762 ns(point C) in 2022.

相应地,图 7-5 可知:全球大气 CO_2 浓度逐年变化引起大气质量替换量的变化对应的月球公转周期从 1851 年的 398 ns(1.0 ns$=1.0 \times 10^{-9}$s)(A 点)降低到 1889 年的 195 ns(B 点),然后逐年增加,直到 2022 年的 1 762 ns(C 点)。

From 1851 to 2022，the cumulative extension of the Lunar revolution period caused by the increase of global atmospheric CO_2 concentration is 113 817 ns，which is 113.817 μs. The mean annual value is 662 ns.

从 1851—2022 年,全球大气 CO_2 浓度的提高引起月球公转周期的累计延长量为 113 817 ns,即 113.817μs,年均值为 662 ns。

7.5　The relationship between the change of atmospheric CO_2 concentration and the change of the Lunar revolution period

7.5　大气 CO_2 浓度变化量与月球公转周期变化量的关系

The variation of the Lunar orbital period is mainly affected by two factors：
月球公转周期的变化主要受到两个因素的影响：
(1) The change of atmospheric CO_2 concentration causes the change of Earth mass；
(2) The change of Earth's atmospheric temperature causes the change of atmospheric heat absorption，and the photon mass corresponding to heat absorption will also affect the change of Earth's mass，but this mass value is very small.
(1) 地球大气 CO_2 浓度变化引起地球质量的变化;
(2) 地球大气温度的变化引起大气吸热量的变化,吸热量对应的光子质量也会影响地球质量的变化,但是其数值非常小。

Therefore，the change of the Lunar revolution period is basically determined by the change of the Earth's mass caused by the change of the atmospheric CO_2 concentration.
因此,月球公转周期的变化基本上取决于大气 CO_2 浓度变化引起地球质量的变化。

The data of atmospheric CO_2 concentration change of the Earth in Table 7-5 and the data of Lunar revolution period change in Table 7-8 are plotted as Figure 7-7.
将表 7-5 中地球大气 CO_2 浓度变化数据与表 7-8 中月球公转周期变化数据绘制成

图 7-7。

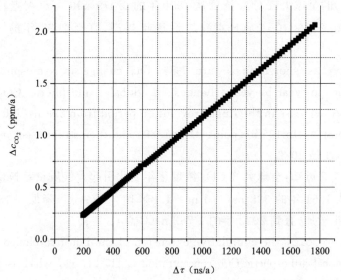

Figure 7-7   Relationship between global atmospheric CO_2 concentration

and the Lunar revolution period

图 7-7   全球大气 CO_2 浓度变化与月球公转周期变化的关系

As can be seen from Figure 7-7, there is an almost linear relationship between the change of global atmospheric CO_2 concentration ($\times 10^{-3}$/a) and the extension of the Lunar orbital period(ns).

由图 7-7 可知:全球大气 CO_2 浓度变化($\times 10^{-3}$/a)与月球公转周期的延长量(ns)之间几乎是直线关系。

Therefore, as long as the change of the Lunar revolution period is measured, the change of the global atmospheric CO_2 concentration can be consulted according to Figure 7-7.

因此,只要测量月球公转周期的变化量,就可以根据图 7-7 得到全球大气 CO_2 浓度的变化量。

In 2024, and the increase value of global atmospheric CO_2 concentration may be between $2.0 \times 10^{-3} \sim 3.0 \times 10^{-3}$/a. According to Figure 7-7, the extension of the Lunar revolution period is about 1 700 ~ 2 600 ns.

2024 年,全球大气 CO_2 浓度增加值可能为 $2.0 \times 10^{-3} \sim 3.0 \times 10^{-3}$/a,根据图 7-7 可知,月球公转周期的延长量为 1 700 ~ 2 600 ns。

Astronomy professionals and meteorological professionals can work together to verify the results of Figure 7-7 through astronomical and meteorological measurements.

天文学专业工作者与气象专业工作者可以合作,通过天文学和气象学测量工作考证图 7-7 的结果。

7.6　The relationship between the cyclic magnification k_2 and the variation of the Lunar orbital period

7.6　循环倍率 k_2 与月球公转周期的变化量的关系

The quantitative relationship between k_2 and $\Delta\tau$ can be summarized by drawing the data of cycle multiplier k_2 in Table 7-6 and the data of variation of Lunar revolution period $\Delta\tau$ in Table 7-8 as Figure 7-8.

将表 7-6 的循环倍率 k_2 数据与表 7-8 的月球公转周期变化量 $\Delta\tau$ 数据绘制成图 7-8，可以归纳出 k_2 与 $\Delta\tau$ 的定量关系。

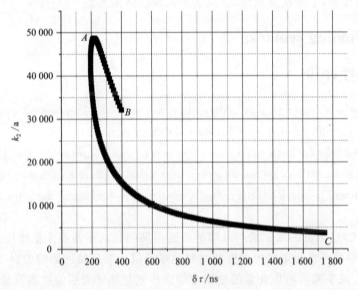

Figure 7-8　Relationship between cycle ratio k_2 and Lunar revolution period change $\Delta\tau$

图 7-8　循环倍率 k_2 与月球公转周期变化 $\Delta\tau$ 的关系

As can be seen from Figure 7-8, the relationship between the cyclic multiplier k_2 and the variation of Lunar revolution period $\Delta\tau$ is divided into two sections. When the global atmospheric CO_2 concentration($\times 10^{-3}$) decreases, it is section AB, which corresponds to the period from 1851 to 1889, as shown in Figure 7-5 and Figure 7-6. When the global atmospheric CO_2 concentration ($\times 10^{-3}$) increases, it is the AC segment, which corresponds to the period 1889—2022, see Figure 7-5, Figure 7-6. The higher the value of $\Delta\tau$, the lower the value of k_2, indicating that the greater the degree of damage to the ecological environment caused by global human activities, the shorter the time required (years).

由图 7-8 可知：循环倍率 k_2 与月球公转周期的变化量 $\Delta\tau$ 的关系分为两段，当全球大气 CO_2 浓度（$\times 10^{-3}$）降低时，为 AB 段，这一段对应 1851—1889 年，见图 7-5 和图 7-6；当

全球大气 CO_2 浓度($\times 10^{-3}$)增加时,为 AC 段,这一段对应 1889—2022 年,见图 7-5 和图 7-6。$\Delta\tau$ 的数值越大,k_2 的数值越低,表明全球人类活动对生态环境的破坏程度越大,需要的时间(年)越短。

The relationship of AB segment is almost linear decline. The change law of AC segment is that when the value of $\Delta\tau$ is less than 400 ns, the lower the value of k_2, the faster the decline rate with the increase of $\Delta\tau$. When the value of $\Delta\tau$ is greater than 1 300 ns, the lower the value of k_2, the slower the decline rate with the increase of $\Delta\tau$, and the relationship is almost linear.

AB 段几乎为直线下降的关系。AC 段的变化规律是,当 $\Delta\tau$ 的数值小于 400 ns 时,k_2 的数值越低,随着 $\Delta\tau$ 的增加,下降速度越快;当 $\Delta\tau$ 的数值大于 1 300 ns 时,k_2 的数值越低,随着 $\Delta\tau$ 的增加,下降速度越慢,而且几乎是线性降低关系。

7.7 Concluding remarks

7.7 结论性评价

(1) There is a linear positive correlation between the increase of atmospheric CO_2 concentration and the extension of Lunar revolution period.

(2) The impact of large-scale use of non-renewable energy on the Earth's surface ecological environment has increased every year since 1889. A significant reduction in the use of non-renewable energy can gradually restore the ecological capacity of the Earth's surface.

(1) 大气 CO_2 浓度的增加值与月球的公转周期的延长量基本上呈线性正相关关系。

(2) 全球非可再生能量的大规模使用对地球表层生态环境的影响力自 1889 年以来逐年提高,大幅度减少非可再生能量的使用才能逐步恢复地球表层的生态容量。

Chapter 8　The relationship between global population，urbanization rate and energy demand

第8章　全球人口、城市化率与能源需求的关系

After the opening of the global maritime routes around 1500 AD，especially in the second half of the 18th world，Watt invented the steam engine，since the industrial revolution，the global energy consumption has increased year by year，the global population has increased year by year，and the urbanization rate of the global population has increased year by year.

The content of this chapter is to analyze the relationship between global population，urbanization rate and energy demand.

大约1500年全球海上航路开通以后，特别是18世纪后半叶瓦特发明蒸汽机推动工业革命以来，全球能量消费量总体上逐年提高，全球人口数量总体上逐年增加，全球城市化率总体上逐年提高。

本章分析了全球人口、城市化率与能源需求的关系。

8.1　Temporal changes of energy consumption

8.1　能量的消费时序变化

According to the statistical results of the British BP company，from 1965 to 2022，the global total energy consumption（including oil，natural gas，coal，nuclear power，hydropower，renewable energy）has increased year by year，with an average annual growth rate of 2.29%，as shown in Table 8-1. The reasons for the increase in the total annual global energy consumption are the annual increase in the total global population and the annual increase in the urbanization rate of the global population.

根据英国 BP 公司的世界能源统计年鉴统计结果,从 1965 年到 2022 年,全球能量总消费量(包括石油、天然气、煤炭、核电、水电、可再生能源)逐年增长,年均增长 2.29%,见表 8-1。全球能量年消费总量提高的原因为全球人口总量的逐年增加和全球人口城市化率的逐年提高。

Table 8-1　Annual data of total world energy consumption(1965—2022)

表 8-1　世界能源消费总量年度数据(1965—2022)

年份	能量消费总量 E_{total}(EJ)	增长率 Δr_E(%)	年份	能量消费总量 E_{total}(EJ)	增长率 Δr_E(%)
1965	163	0.0	1994	348	1.1
1966	153	−6.2	1995	358	2.8
1967	175	14.5	1996	368	2.9
1968	188	7.1	1997	372	1.0
1969	198	5.4	1998	371	−0.1
1970	210	6.2	1999	381	2.6
1971	216	2.9	2000	390	2.5
1972	228	5.5	2001	390	−0.1
1973	251	10.3	2002	396	1.7
1974	240	−4.5	2003	414	4.5
1975	237	−1.1	2004	442	6.7
1976	263	10.9	2005	457	3.4
1977	265	0.5	2006	470	2.9
1978	281	6.3	2007	484	2.9
1979	279	−0.8	2008	490	1.2
1980	256	−8.5	2009	481	−1.8
1981	267	4.4	2010	504	4.8
1982	275	3.1	2011	509	1.0
1983	277	0.6	2012	515	1.2
1984	290	4.9	2013	521	1.3
1985	304	4.9	2014	525	0.7
1986	270	−11.1	2015	535	1.9
1987	292	8.0	2016	538	0.6
1988	288	−1.4	2017	538	0.0
1989	305	6.0	2018	557	3.5
1990	299	−2.2	2019	555	−0.4
1991	341	14.3	2020	529	−4.6

年份	能量消费总量 E_{total}(EJ)	增长率 Δr_E(%)	年份	能量消费总量 E_{total}(EJ)	增长率 Δr_E(%)
1992	342	0.3	2021	555	4.9
1993	344	0.6	2022	559	0.7

8.2　Temporal changes in global population

8.2　全球人口的时序变化

According to the data from the United Nations,《World Population Prospects (2023)》report, from 1950 to 2021, the global population as a whole will increase year by year, with an average annual growth rate of 1.64%, as shown in Table 8-2. Population growth intensifies the world's total energy consumption.

根据联合国《世界人口展望(2023)》报告的数据,从 1950 年到 2021 年,全球人口总体上逐年增加,年均增长率为 1.64%,见表 8-2。人口增加强化了世界能源的总消费量。

Table 8-2　World population and its annual growth rate

表 8-2　世界人口及其逐年增长率

年份	世界人口(1 000 人)	世界人口(10 亿人)	$\Delta r_{Population}$(%/a)	参考文献
1950	2 477 675	2.48		UN, 2023
1951	2 520 970	2.52	1.75	UN, 2023
1952	2 565 291	2.57	1.76	UN, 2023
1953	2 615 251	2.62	1.95	UN, 2023
1954	2 665 307	2.67	1.91	UN, 2023
1955	2 718 652	2.72	2.00	UN, 2023
1956	2 773 493	2.77	2.02	UN, 2023
1957	2 828 513	2.83	1.98	UN, 2023
1958	2 887 221	2.89	2.08	UN, 2023
1959	2 944 995	2.94	2.00	UN, 2023
1960	2 995 589	3.00	1.72	UN, 2023
1961	3 042 878	3.04	1.58	UN, 2023
1962	3 093 864	3.09	1.68	UN, 2023
1963	3 159 510	3.16	2.12	UN, 2023
1964	3 232 049	3.23	2.30	UN, 2023
1965	3 302 376	3.30	2.18	UN, 2023
1966	3 371 848	3.37	2.10	UN, 2023

年份	世界人口(1 000人)	世界人口(10亿人)	$\Delta r_{\text{Population}}$(%/a)	参考文献
1967	3 440 986	3.44	2.05	UN, 2023
1968	3 509 910	3.51	2.00	UN, 2023
1969	3 583 711	3.58	2.10	UN, 2023
1970	3 657 599	3.66	2.06	UN, 2023
1971	3 733 182	3.73	2.07	UN, 2023
1972	3 807 145	3.81	1.98	UN, 2023
1973	3 882 457	3.88	1.98	UN, 2023
1974	3 958 046	3.96	1.95	UN, 2023
1975	4 032 988	4.03	1.89	UN, 2023
1976	4 105 886	4.11	1.81	UN, 2023
1977	4 179 126	4.18	1.78	UN, 2023
1978	4 252 419	4.25	1.75	UN, 2023
1979	4 326 896	4.33	1.75	UN, 2023
1980	4 404 270	4.40	1.79	UN, 2023
1981	4 483 746	4.48	1.80	UN, 2023
1982	4 565 510	4.57	1.82	UN, 2023
1983	4 650 460	4.65	1.86	UN, 2023
1984	4 733 308	4.73	1.78	UN, 2023
1985	4 818 364	4.82	1.80	UN, 2023
1986	4 905 097	4.91	1.80	UN, 2023
1987	4 995 029	5.00	1.83	UN, 2023
1988	5 086 940	5.09	1.84	UN, 2023
1989	5 177 648	5.18	1.78	UN, 2023
1990	5 269 760	5.27	1.78	UN, 2023
1991	5 362 591	5.36	1.76	UN, 2023
1992	5 449 900	5.45	1.63	UN, 2023
1993	5 535 472	5.54	1.57	UN, 2023
1994	5 619 395	5.62	1.52	UN, 2023
1995	5 702 061	5.70	1.47	UN, 2023
1996	5 784 378	5.78	1.44	UN, 2023
1997	5 865 912	5.87	1.41	UN, 2023
1998	5 947 050	5.95	1.38	UN, 2023
1999	6 027 575	6.03	1.35	UN, 2023

年份	世界人口(1 000 人)	世界人口(10 亿人)	$\Delta r_{\text{Population}}$(％/a)	参考文献
2000	6 107 942	6.11	1.33	UN, 2023
2001	6 189 856	6.19	1.34	UN, 2023
2002	6 271 638	6.27	1.32	UN, 2023
2003	6 353 177	6.35	1.30	UN, 2023
2004	6 434 620	6.43	1.28	UN, 2023
2005	6 516 883	6.52	1.28	UN, 2023
2006	6 599 469	6.60	1.27	UN, 2023
2007	6 683 363	6.68	1.27	UN, 2023
2008	6 768 534	6.77	1.27	UN, 2023
2009	6 854 661	6.85	1.27	UN, 2023
2010	6 941 951	6.94	1.27	UN, 2023
2011	7 029 255	7.03	1.26	UN, 2023
2012	7 116 996	7.12	1.25	UN, 2023
2013	7 206 400	7.21	1.26	UN, 2023
2014	7 294 787	7.29	1.23	UN, 2023
2015	7 383 240	7.38	1.21	UN, 2023
2016	7 469 955	7.47	1.17	UN, 2023
2017	7 556 993	7.56	1.17	UN, 2023
2018	7 642 651	7.64	1.13	UN, 2023
2019	7 724 928	7.72	1.08	UN, 2023
2020	7 804 974	7.80	1.04	UN, 2023
2021	7 876 932	7.88	0.92	UN, 2023

According to the data in Table 8-1, the total annual global energy consumption increased by 2.29 ％ on average. According to the data in Table 8-2, the annual total consumption of the global population increased by 1.64 ％ on average. As a result, total annual global energy consumption is increasing at a faster rate than the annual increase in the global population because the urbanization rate of the global population is increasing year by year. The urban population consumes more energy than the rural population.

根据表 8-1 的数据,全球能源年消费总量平均提高 2.29％。根据表 8-2 的数据,全球人口年消费总量平均提高 1.64％。因此,全球能源年消费总量的增加速度高于全球人口年增加速度,原因是全球人口的城市化率逐年提高。城市人口对能源的消费量大于乡村人口。

8.3 Temporal changes in urbanization rates

8.3 城市化率的时序变化

As for the study on the global population urbanization rate, Zeng(2005) pointed out that from AD 100 to AD 1800, the global population urbanization rate increased from 4.7% to 5.1%. In 1850, the global urbanization rate had risen rapidly to 6.4%. In 1900, the global urbanization rate rose rapidly to 13.6%. According to the data of the United Nations《World Population Urbanization Prospects(2018)》, the world population urbanization rate has increased year by year, with an average annual growth rate of 1.03%, as shown in Table 8-3.

关于全球人口城市化率的研究,曾宪明(2005)的研究指出,从公元 100 年到公元 1800 年,全球人口城市化率大约从 4.7%提高至 5.1%。1850 年,全球人口城市化率迅速提高至 6.4%。1900 年,全球人口城市化率迅速提高至 13.6%。根据联合国《世界城镇化展望 (2018)》的数据,1950—2020 年,世界人口城市化率逐年提高,年均增长 1.03%,见表 8-3。

Table 8-3 Urbanization process of world population

表 8-3 世界人口城市化进程

Year	$r_u(\%)$	$\Delta r_u(\%)$	参考文献
100	4.7		曾宪明,2005
1800	5.1	0.0	曾宪明,2005
1850	6.4	0.5	曾宪明,2005
1900	13.6	2.3	曾宪明,2005
1950	29.6	2.4	UN, 2018
1955	31.6	1.4	UN, 2018
1960	33.8	1.3	UN, 2018
1965	35.6	1.1	UN, 2018
1970	36.6	0.6	UN, 2018
1975	37.7	0.6	UN, 2018
1980	39.3	0.9	UN, 2018
1985	41.2	0.9	UN, 2018
1990	43.0	0.9	UN, 2018
1995	44.8	0.8	UN, 2018
2000	46.7	0.8	UN, 2018

Year	$r_u(\%)$	$\Delta r_u(\%)$	参考文献
2005	49.2	1.1	UN，2018
2010	51.7	1.0	UN，2018
2015	53.9	0.9	UN，2018
2020	56.2	0.8	UN，2018

The average annual growth rate of the global population urbanization rate(1.03％/a) is lower than the difference between the growth rate of the global total energy consumption and the average annual growth rate of the global population(2.29％/ A－1.64％ /a＝ 1.65％/a), indicating that the per capita energy consumption of the urban population is greater than that of the rural population. At the same time, it also shows the driving effect of global population urbanization on total energy consumption.

全球人口的城市化率提高速度(1.03％/a)年均值低于全球能源消费总量增加速度与全球人口增加速度年均值之差(2.29％/a－1.64％/a＝1.65％/a),说明城市人口人均能量消费量大于乡村人口人均能源消费量,同时也说明全球人口城市化对能源消费总量具有拉动作用。

8.4　Comparison of global population, urbanization rate and energy demand

8.4　全球人口、城市化率与能源需求的比较

In the process of global industrialization, countries around the world have developed at different speeds. As a result, the average annual rate of increase(1950—2020) in the urbanization rate of the global population is 1.03％/a. The difference between the growth rate of total global energy consumption and the annual average growth rate of global population is 1.65％/a. It shows that the energy consumption intensity of the global urban population is higher than that of the global rural population.

在全球工业化进程中,世界各国的发展速度不尽相同。因此,全球人口的城市化率年均提高速度(1950—2020 年)为 1.03％/a。全球能源消费总量增加速度与全球人口增加速度年均值之差为 1.65％/a。这说明全球城市人口的能源消费强度高于全球乡村人口的能源消费强度。

Summarize the data from Table 8-1, Table 8-2, and Table 8-3 in Table 8-4 and plot the data from Table 8-4 as Figure 8-1.

将表 8-1、表 8-2、表 8-3 的数据汇总于表 8-4,并将表 8-4 的数据绘制成图 8-1。

Table 8-4 Relationship between global population growth rate, urbanization rate and total energy consumption growth rate

表 8-4 全球人口增长率、城市化率、总能量消费增长率之间的关系

年份	$\Delta r_{Population}$ （%）	Δr_u （%）	Δr_E （%）	年份	$\Delta r_{Population}$ （%）	Δr_u （%）	Δr_E （%）
1950		2.35		1990	1.78	0.86	−2.15
1955	2.00	1.37		1995	1.47	0.85	2.81
1960	1.72	1.34		2000	1.33	0.85	2.48
1965	2.18	1.09		2005	1.28	1.06	3.38
1970	2.06	0.57	6.19	2010	1.27	1.02	4.75
1975	1.89	0.61	−1.07	2015	1.21	0.88	1.86
1980	1.79	0.86	−8.46	2020	1.04	0.83	−4.63
1985	1.80	0.94	4.87				

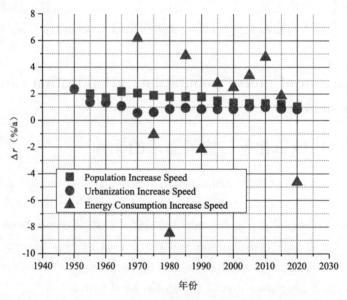

Figure 8-1 Global population growth rate, population urbanization rate, and total energy consumption growth rate(1950—2020)

图 8-1 1950—2020 年全球人口增长率、人口城市化率增长率、能量消费总量增长率

As can be seen from Figure 8-1：(1) The energy consumption intensity of the global urban population is higher than that of the global rural population. (2) From 1950 to 2020，the global population growth first increased(1950—1965)，and then decreased (1965—2020). (3) From 1950 to 2020，the growth rate of global population urbanization first declined(1950—1970) and then increased(1970—2020). (4) The growth rate of global annual total energy consumption fluctuated and declined from 1968 to 1980, increased from 1980 to 1985, decline in 1985—1990, increased from 1990 to 2010, decline from 2010 to 2020.

根据图 8-1 的可知:(1) 全球城市人口的能源消费强度高于全球乡村人口能源消费强度。(2) 1950—2020 年,全球人口增长率先上升(1950—1965 年),后下降(1965—2020 年)。(3) 1950—2020 年,全球人口城市化率增长速度先下降(1950—1970 年),后上升(1970—2020 年)。(4) 全球年能量消费总量增速出现过波动,1968—1980 年下降,1980—1985 年上升,1985—1990 年下降,1990—2010 年上升,2010—2020 年下降。

8.5 Concluding remarks

8.5 结论性评价

There are two pull factors for global energy consumption: (1) total population; (2) Urbanization rate of the population.

To reduce total global energy consumption, the rate of urbanization of the global population should continue to increase, while the global population must be drastically reduced.

全球能量消费的拉动因素:(1) 人口总量;(2) 人口的城市化率。

为了降低全球的能量消费总量,需要继续提高全球人口的城市化率,同时大幅度缩减全球人口数量。

There are two ways to achieve the harmony between human beings and the Earth: one is to reduce the total consumption of global physical resources, and the other is to increase the area of man-made forests.

实现人类与地球之间的和谐相处有两条途径:其一是减少全球物质资源的消耗总量,其二是增加人造森林面积。

The methods to reduce the total consumption of global material resources are: (1) improve energy efficiency, such as thermal power plants, nuclear power plants using large capacity, high parameter units, so as to improve Rankine cycle efficiency, thereby improving power plant efficiency, reduce power supply coal consumption. Thus, the consumption of fossil fuels and nuclear fuels per kWh of power generation is reduced, and the CO_2 emissions and low-temperature waste heat emissions from kWh power generation are reduced. Solar power plants, wind power plants, hydropower plants, tidal power plants, ocean current power plants, geothermal power plants have similar problems. (2) Developing renewable energy. For examples, kitchen waste, municipal sludge, straw, garden waste, forest litter, can be made into biogas as fuel for power plants. (3) Increase the reuse rate of minerals, food and forests. For examples, scrap metal, glass, plastic, wood, can be recycled to produce new products. This reduces the total consumption of minerals, food and forests. (4) Gradually reduce the global population with steady measurements, while continuously increasing the urbanization rate, thereby reducing the total demand for global material resources in general, and slowing down the predatory exploitation of the Earth's surface ecological resources by humans until the global material resource consumption is lower than the bearing capacity of the Earth's surface ecosystems. The goal of reducing the global population requires governments and international organizations around the world to make feasible adjustments to population policies according to the actual conditions of their countries and regions. At the same time, every family should give consideration to feelings and happiness, to achieve this object, whole world effort will make continuously effort and take a long time.

减少全球物质资源消耗总量的方法：（1）提高能源利用效率，比如火力发电厂、核电厂采用大容量、高参数机组，从而提高朗肯循环效率，进而提高电厂效率，降低供电煤耗。因而，每 kWh 发电量所需的化石燃料、核燃料消耗量降低，CO_2 排放量和低温废热排放量随之降低。太阳能电厂、风电电厂、水电电厂、潮汐能电厂、洋流能电厂、地热能电厂也有类似问题。（2）开发可再生能源。例如，厨余垃圾、城市污泥、秸秆、园林废弃物、森林凋落物等可以被制成沼气，成为电厂的燃料。（3）提高矿产、食品、森林的重复使用率。例如，废旧金属、玻璃、塑料、木材等可以循环使用，生产新产品，从而降低矿产、食品、森林的消耗总量。（4）在不断提高城市化率的同时，采取稳妥措施逐渐减少全球人口数量，从而在总体上降低全球物质资源的需求总量，减缓人类对地球表层生态资源的掠夺性开发，直到全球物质资源消耗量低于地球表层生态系统的承受能力。减少全球人口的目标，需要世界各国政府、各国际组织根据本国、本地区实际情况对人口政策做可行的调整，同时每一个家庭都要兼顾感情与幸福，这需经过长期努力才能实现。

The methods to increase the area of man-made forests are: (1) Planting mixed forests according to the climate, soil, light and other conditions around the world to improve the survival rate and disease resistance of forests. (2) Reduce the rate of deforestation of primary forests, implement technical measures such as thinning and rotation, so that primary forests can gradually recover their ability to repair themselves. The expansion of forest area will have the following effects: (1) Carbon storage. Increase the forest's ability to absorb CO_2 from the atmosphere, while releasing O_2. (2) Energy library. Increase the ability of the forest to absorb low-temperature waste heat without increasing the forest temperature, that is, the heat energy is converted into chemical energy. (3) Solid reservoir. Forests absorb water vapor from the atmosphere and moisture from the soil, expanding the capacity of solid reservoirs. (4) Dust storage. Inhalable particulate matter (such as PM 2.5) contained in the atmosphere is absorbed by forest leaves and falls to the ground through rainfall and snowfall, becoming part of the soil. (5) Species bank. Some birds, insects, reptiles, amphibians, and microorganisms use forests as their homes. Thus forming a new small ecosystem, which make positive contributions to the protection of the healthy development of the Earth's species and ecosystems.

　　增加人造森林面积的方法：(1) 按照全球各地的气候、土壤、光照等条件种植混交林，提高森林的成活率和抗病害能力。(2) 降低原始森林的砍伐速度，实施间伐、轮伐等措施，使得原始森林逐步恢复自我修复的能力。扩大森林面积产生的作用：(1) 碳库。提高森林对大气中 CO_2 的吸收能力，同时释放 O_2。(2) 能库。提高森林对低温废热的吸收能力而森林温度不会升高，即热能转化为化学能。(3) 固体水库。森林吸收大气中的水蒸气和土壤中的水分，扩大固体水库容量。(4) 粉尘库。大气中的气容胶包含的可吸入颗粒物（如 PM 2.5）被森林叶片吸附，通过降雨、降雪过程落在地面，成为土壤的一部分。(5) 物种库。一部分鸟类、昆虫类、爬行类、两栖类动物以及微生物会以森林为家园，从而形成新的小型生态圈，为保护地球物种和生态系统的健康发展做出贡献。

Chapter 9 Conclusions and prospects
第 9 章 结论与展望

9.1 Conclusions
9.1 结 论

There is a approximately linear positive correlation between the extension of the Lunar revolution period and the atmospheric CO_2 concentration of the Earth.

月球的公转周期延长量与地球大气 CO_2 浓度基本上呈线性正相关关系。

The ratio of the heat capacity of the Earth's surface layer to the amount of non-renewable energy consumed globally is called the cycle multiplier k_2. From 1990 to 2020, the k_2 value is getting smaller and smaller, indicating that the global human activities have an increasingly strong ability to disturb the ecological environment.

地球表层的热容量与全球消费的非可再生能源能量的比值称为循环倍率 k_2。1990—2020 年，k_2 值越来越小，表示全球人类活动对生态环境的扰动能力越来越强。

The ratio of Earth surface recycling energy to global consumption of non-renewable energy is called cycle ratio k_1. From 1965 to 2022, the value of k_1 decreases year by year, indicating that the uniform effect of Earth surface energy cycling on atmospheric temperature is getting smaller and smaller.

地球表层循环能量与全球消费的非可再生能量的比值称为循环倍率 k_1。1965—2022 年，k_1 值总体上逐年降低，说明地球表层的能量循环对大气温度的均匀作用越来越小。

The global consumption of fossil fuel energy and the greenhouse effect of CO_2 in the atmosphere have melted part of the world's glaciers, and the melting of glaciers has created new bare land, grassland and shrubland. The rising sea level has expanded the Earth's ocean area, and further increasing the Earth's absorption rate of the Solar radiant energy and further increasing the global atmospheric temperature.

全球消费的化石燃料的能量和大气中的 CO_2 温室作用导致全球一部分冰川融化，冰川融化出现了新的裸地、草地、灌丛。海平面上升扩大了地球的海洋面积，从而增加了地球对太阳辐射能的吸收率，进一步提高了全球大气温度。

There are two ways to achieve the harmony between human beings and the Earth: one is to reduce the total consumption of global physical resources, and the other is to increase the area of man-made forests. Reducing the total consumption of global physical resources can be achieved by: improving the efficiency of energy use; development of renewable energy sources; improve the reuse rate of waste metal, plastic and glass; drastically reduce the global population. The ways to increase the area of man-made forests: planting suitable mixed forests around the world according to local climate parameters, sunshine time, soil composition, etc. , is conducive to preventing diseases and ensuring the healthy growth of forests; reduce the rate of deforestation in primary forests.

实现人类与地球之间的和谐相处有两条途径:其一是减少全球物质资源的消耗总量,其二是增加人造森林面积。减少全球物质资源的消耗总量的途径:提高能源利用效率;开发可再生能源;提高废旧金属、塑料、玻璃的重复使用率;大幅度减少全球人口数量。增加人造森林面积的途径:世界各地根据当地气候参数、日照时间、土壤成分等种植合适的混交林,有利于防止病虫害,保证森林的健康成长;降低原始森林的砍伐速度。

9.2　Prospects

9.2　展　望

On increasing the urbanization rate of the global population.

关于提高全球人口的城市化率。

Resources consumed by human activities include minerals, energy, food and so on. Increasing the rate of urbanization will increase the total amount of resources used per capita, thereby improving the quality of life of every planet inhabitant.

人类活动消费的资源包括矿产、能源、食品等。提高城市化率才能使得人均使用资源量增加,进而提高每一个地球居民的生活质量。

About drastically reducing the global population.

关于大幅度降低全球人口数量。

In order to restore the self-healing and self-regulating capacity of the Earth's surface biosphere, total global resource consumption should be reduced, and thus the global population should be significantly reduced. This is an objective law. But this object will need long time to make effort, slowly and grandually realize this object.

为了恢复地球表层生态圈的自我修复和自我调节能力,需要降低全球资源消耗总量,进而大幅度降低全球人口数量。这是客观规律,但需要经过长期努力,逐渐达成这个目标。

There are several ways to reduce the global population.

First, according to Malthus's theory of population, the balance between population and natural resources is regulated through war, famine and disease. This way is too cruel to be advisable.

降低全球人口数量的方式有以下几种。

其一,按照马尔萨斯的人口论,通过战争、饥荒、疾病调节人口与自然界资源的平衡关系。这种方式过于残酷,不可取。

Second, the continuous growth of the global population has caused an unlimited rise in the total consumption of global resources, leading to ecological disasters, such as very hot summer, very cold winter, reduced food production, human diseases caused by excessive atmospheric CO_2 concentration, rising sea level inundate the land in coastal areas, and some coastal cities will disappear into the sea. These ecological disasters will also drastically reduce the global population. But this way is also cruel and not advisable.

其二,全球人口持续增长引起全球资源消费总量的无限量上升,进而引发生态灾难,如酷暑、严寒、粮食减产、大气 CO_2 浓度过高给人类带来的疾病,海平面上升淹没沿海地区的陆地,一部分沿海城市消失在海洋中。这些生态灾难也会大幅度削减全球人口数量。但是这种方式也比较残酷,不可取。

Third, governments have drastically reduced their populations through legislation and enforcement, such as family planning.

其三,各国政府通过立法和执法大幅度削减本国人口数量,如计划生育。

Fourth, when the urbanization rate of the global population increases to a relatively high degree, and the living standards of the population of different countries are not very different, the reduction of population will gradually become the consensus of the global population. At this time, governments and international intergovernmental organizations need to reach a consensus to bring about a significant decline in population from a national macro perspective and from a global local regional perspective.

其四,当全球各国的城市化率达到较高水平,各国人口的生活水平相差不大时,减少人口就会逐步成为全球的共识。此时,需要各国政府和政府间国际组织达成共识,从宏观角度和局部区域角度促成人口的大幅度递减。

The significant increase in global forest area.

关于大幅度提高全球森林面积。

If the global population were to decline significantly, it would be possible to convert some of the existing farmland back to forest, increasing the global forest area. Thus increasing the land's ability to convert the Solar energy into chemical energy without raising atmospheric temperatures.

如果全球人口大幅度降低,就有可能将一部分现有耕地退耕还林,增加全球的森林面积,从而在不提高大气温度的情况下增加陆地将太阳能转化为化学能的能力。

If the global population were to decline significantly, it would be possible to reduce the energy and mineral consumption, so the bare land area will decrease and the Earth surface will absorb less the Solar energy and slow down the atmosphere temperature rising speed.

如果全球人口大幅度降低,能源、矿产的需求量将会大幅度降低,可以降低能源、矿产开发过程产生的裸地面积,减少地球表面对太阳能的吸收率,减缓大气温度升高的速度。

If the global population were to fall significantly, it would be possible to reduce the catch of marine fisheries. This expands the carbon pool of marine plants and animals. The role of ocean carbon pools is similar to that of terrestrial forests. Increasing the ocean's ability to convert the Solar energy into chemical energy.

如果全球人口大幅度降低,就有可能降低海洋渔业的捕捞量,进而扩大海洋植物、海洋动物构成的碳库容量。海洋碳库的作用与陆地森林类似,增加海洋将太阳能转化为化学能的能力。

If the global population drops significantly, it is possible to reduce the number of grassland cattle and sheep. As a result, some grasslands gradually return to shrublands and forests, becoming part of terrestrial forests, and the terrestrial carbon pool capacity expands. Thus further increasing the ability of the land to convert the Solar energy into chemical energy.

如果全球人口大幅度降低,就有可能降低草原牛羊的数量,使得一部分草原逐渐恢复成灌丛和森林,成为陆地森林的一部分,陆地碳库容量扩大,从而进一步增加陆地将太阳能转化为化学能的能力。

If the global population were to drop significantly, it would be possible to reduce the amount of wetland aquatic products and reduce urban footprint. This makes some wetlands expand the existing area, and the small ecosphere composed of wetland plants and animals becomes a part of the terrestrial carbon pool, expanding the capacity of the terrestrial carbon pool. Thus further increasing the ability of the land to convert the Solar energy into chemical energy.

如果全球人口大幅度降低,就有可能降低湿地水产品的数量,同时减少城市占地面积。这就使得一部分湿地扩大现有面积,湿地植物和动物构成的小型生态圈成为陆地碳库的一部分,扩大陆地碳库容量,从而进一步增加陆地将太阳能转化为化学能的能力。

For deserts and exposedrock mountains, the area of deserts and exposed rock mountains can be gradually reduced by artificial afforestation or natural weathering and soil accumulation, and the capacity of terrestrial carbon pool can be increased. Thus further increasing the ability of the land to convert the Solar energy into chemical energy.

对于沙漠、裸露的岩石山体,可以通过人工造林或者自然风化、累积土壤的方式逐步减少沙漠、裸露的岩石山体的面积,增加陆地碳库容量,从而进一步增加陆地将太阳能转化为化学能的能力。

Totally speaking, a significant reduction in the global population can significantly reduce the global consumption of natural resources. Through the above measures, reduce the concentration of greenhouse gases such as CO_2 in the atmosphere, reduce the temperature of the Earth's surface ecosystem, and make the Earth a permanent home suitable for human habitation.

综上所述,全球人口数量的大幅度降低,可以大幅度降低全球自然资源的消费量。通过以上措施,降低大气中的 CO_2 等温室气体的浓度,降低地球表层生态圈的温度,使得地球成为适合人类居住的永久家园。

致谢
Acknowledgement

During the writing of this book, the author has received assistance from the following organizations. The author would like to express our gratitude。

(1) Literature support provided by China National Knowledge Infrastructure (CNKI) in the library of North China Electric Power University (Beijing).

(2) Literature support provided by Elsevier from the Library of North China Electric Power University (Beijing).

(3) Office conditions provided by the School of Energy, Power and Mechanical Engineering of North China Electric Power University (Beijing).

(4) The Department of Thermal Engineering at Tsinghua University (Beijing): taught rigorous and scientific work methods during the author's master's thesis (September 1991 to July 1994) and doctoral thesis (March 2000 to February 2005).

(5) Department of Thermal Energy Engineering, Taiyuan University of Technology (Taiyuan): The theoretical and technical system of thermal power engineering in power plants taught during the author's bachelor's degree thesis (September 1989 to July 1989).

作者在撰写本书期间，受到以下单位的帮助，在此感谢。

(1) 华北电力大学（北京）图书馆中国知网（CNKI）提供的文献支持。

(2) 华北电力大学（北京）图书馆 Elsevier 提供的文献支持。

(3) 华北电力大学（北京）能源动力与机械工程学院提供的办公条件。

(4) 清华大学热能工程系（北京）在作者硕士学位（1991 年 9 月—1994 年 7 月）和博士学位（2000 年 3 月—2005 年 2 月）期间传授的严谨、科学的工作方法。

(5) 太原工业大学热能工程系（太原）在作者学士学位期间（1989 年 9 月—1989 年 7 月）传授的电厂热能动力工程专业的理论体系和技术体系。

References

参考文献

Abhijit Bhagavatula, Gerald Huffman, Naresh Shah, Christopher Romanek, Rick Honaker, 2014. Source apportionment of carbon during gasification of coal-biomass blends using stable carbon isotope analysis [J]. Fuel Processing Technology, 128: 83-93.

Ahmed Ainouss, Gordon Mc Kay, Tareq Al-Ansari, 2020. Enhancing waste to hydrogen production through biomass feedstock blending: A techno-economic-environmental evaluation [J]. Applied Energy, 266: 114885.

Ahmnazmush Sakib, Mohammadreza Farokhi, Madjid Birouk, 2023. Evaluation of flamelet-based partially premixed combustion models for simulating the gas phase combustion of a grate firing biomass furnace [J]. Fuel, 333: 126343.

Aleksandra Struga, Krzysztof Kapusta, Magdalena Pankiewicz-Sperka, 2022. Pollutants release from the residues remaining after underground gasification (UCG) of ortho and meta-lignites [J]. Fuel, 327:125-126.

Alexander Kozlov, 2018. Kinetics of thermochemical conversion of the lignite coal in steam flow [C]. 10th International Conference on Applied Energy (ICAE2018), August, Hong Kong, China: 2210-2214.

Ali Cemal Benim, Cansu Deniz Canal, Yakup Erhan Boke, 2022. Computational investigation of oxy-combustion of pulverized coal and biomass in a swirl burner [J]. Energy, 238: 121852.

Ambatipudi Mani Kalyani, Saravanan Sujith Kaarthik, Abbhijith Hari Gopal, Arun Appadurai, Varunkumar, 2023. Experimental and computational investigations on combustion of powered biomass fuels in MILD conditions [J]. Thermal Science and Engineering Progress, 37: 101600.

André L. D. Spigolon, Michael D. Lewan, João G. Mendonça, 2015. Evaluation of the petroleum composition and quality with increasing thermal maturity as simulated by hydrous pyrolysis: A case study using a Brazilian source rock with Type I kerogen [J]. Organic Geochemistry, 83-84: 27-53.

Ashraf Elfasakhany, 2021. Investigation of biomass powder as a direct solid biofuel in combustion engines: Modelling assessment and comparisons [J]. Ain Shams Engineering Journal, 12: 2991-2998.

Asma Ashraf, Hamed Sattar, Shahid Munir, 2022. A comparative performance evaluation of co-combustion of coal and biomass in drop tube furnace [J]. Journal of the Energy Institute, 100:55-65.

Ayhan Demirbas, 2003. Sustainable cofiring of biomass with coal [J]. Energy Conversion and Management, 44: 1465-1479.

Aysel T. Atimtay, Ufuk Kayahan, Husnu Atakul, 2017. Co-firing of pine chips with Turkish lignites in 750 kWth circulating fluidized bed combustion system [J]. Bioresource Technology, 224: 601-610.

Babak Keivani, Hayati Olgun, Aysel T. Atimtay, 2022. Optimization of process parameters in oxygen enriched combustion of biocoal and soma lignite blends by response surface methodology [J]. Journal of CO_2 Utilization, 55: 101819.

Bai Hongsen, 2017. Experimental Study on Optimized Import Coals Blending Combustion of 300 MW Domestic Coal-fired Boiler [D]. Master Degree Thesis. Huazhong University of Science & Technology. Wuhan, Hubei, P. R. China. [白洪森,2017. 国产 300 MW 燃煤锅炉掺烧进口煤优化试验研究 [D]. 华中科技大学硕士学位论文. 中国,湖北,武汉.]

Bejarano Paula A., Levendis Yiannis A., 2008. Single-coal-particle combustion in O_2/N_2 and O_2/CO_2 environments [J]. Combustion and Flame, 153: 270-287.

Berrin Engin, Ufuk Kayahan, Hüsnü Atakül, 2020. A comparative study on the air, the oxygen-enriched air and the oxy-fuel combustion of lignites in CFB [J]. Energy, 196:117021.

Bi Yuyun, 2010. Study on Straw Resources Evaluation and Utilazation [D]. PhD Thesis. Chinese Academy of Agricultural Science. Beijing, P. R. China. [毕于运,2010. 秸秆资源评价与利用研究 [D]. 中国农业科学研究院博士学位论文. 中国,北京.]

Binner Eleanor, Zhang Lian, Li ChunZhu, Bhattacharya Sankar, 2011. In-situ observation of the combustion of air-dried and wet Victorian brown coal [J]. Proceedings of the Combustion Institute, 33: 1739-1746.

BP Statistial Review of World Energy 2010 [M]. London, England.

BP Statistial Review of World Energy 2015 [M]. London, England.

BP Statistial Review of World Energy 2022 [M]. London, England.

BP Statistial Review of World Energy 2023 [M]. London, England.

Bradley Damstedt, Jesper M. Pederson, Dane Hansen, Todd Knighton, Justin Jones, Craig Christensen, Larry Baxter, Dale Tree, 2007. Biomass cofiring impacts on flame structureand emissions [J]. Proceedings of the Combustion Institute, 31:

2813-2820.

Burak Özer, Paulo Eduardo, Amaral Debiagi, Feyza Kazanç, 2020. An experimental and numerical study on the combustion of lignites from different geographic origins [J]. Fuel, 278, 118320.

Burstein L., Ingman D., Michlin Y., 1999. Correlation between gas molecular weight, heating value and sonic speed under variable compositions of natural gas [J]. ISA Transactions, 38: 347-359.

Cai Pei, 2018. Calculation on Method for Finess of Meagre Coal in Utility Boiler [J]. Boiler Techonology. 49(4):12-15. [蔡培,2018. 电站锅炉燃用贫煤煤粉细度计算方法 [J]. 锅炉技术, 49(4):12-15.]

Caroline E., Burgess-Clifford, et al., 2009. The effect of calcination on reactive milling of anthracite as potential precursor for graphite production [J]. Fuel Processing Technology, 90:1515-1523.

Caton P. A., Carr M. A., Kim S. S., Beautyman M. J., 2010. Energy recovery from waste food by combustion or gasification with the potential for regenerative dehydration: A case study [J]. Energy Conversion and Management, 51: 1157-1169.

Chen Baokang, Chen Min, Xue Xiaolei, Zhu Guoping, Yang Xun, 2013. Experimental study on lignite and bituminous coal co-combustion in a bituminous coal fired 350 MW unit bolier [J]. Thermal Power Generation. 42(6):35-39. [陈宝康, 陈敏, 王小华, 薛晓垒, 牛国平, 杨恂, 2013. 350 MW 机组燃用烟煤锅炉掺烧褐煤的试验研究 [J]. 热力发电, 42(6):35-39.]

Chen Chen, 2017. Study on release and transformation of alkali metals and trace elements during biomass combustion [D]. PhD Thesis. Zhejiang University. Hangzhou, Zhejiang, P. R. China. [陈晨, 2017. 生物质燃烧过程碱金属及痕量元素析出转化研究 [D]. 浙江大学博士学位论文. 中国, 浙江, 杭州.]

Chen Guanying, Liu Fan, Ma Zonghu, Zhang Tingjun, Liu Lei, 2022. Evaluation of Uncertainty of Calorific Value of Biomass Fuel Cartridge [J]. China Biogas, 40(2): 77-80. [陈冠英, 刘凡, 马宗虎, 张廷军, 刘磊. 2022. 生物质成型燃料弹筒发热量的不确定度评定 [J]. 中国沼气, 40(2):77-80.]

Chen Hong, Chang Shuwen, Li Mingliang, Cao Xingwei, Qiu Yalin, 2009. Experimental study of burning brown coal in a 300 MW CFB boiler [J] Boiler Manufacturing, 1:1-4. [陈红, 昌树文, 李明亮, 曹兴伟, 邱亚林, 2009. 300 MW 循环流化床锅炉燃用褐煤的试验研究 [J]. 锅炉制造, 1:1-4.]

Cheng Junwei, Huang Mingqin, 2017. Pollutants emission and calorific value effect during kitchen waste co-combustion with different combustible fuel [J]. Environmental Protection Science and Techonology, 23(5):11-16. [程俊伟, 黄明琴, 2017. 厨余垃圾与不同燃料物混烧排污及热值效应分析 [J]. 环保科技, 23(5):

11-16.〕

Cheng Mingkai，Chen Sheng，Qiao Yu，Xu Minghou，2022. Role of alkali chloride on formation of ultrafine particulate matter during combustion of typical food waste〔J〕. Fuel，315：123153.

Cheng Mingkai，Chen Sheng，Xu Minghou，2022. Formation and Evolution of Ultrafine Particulate Matter from Typical Food Waste Combustion〔J〕. Journal of Combustion Science and Technology，28(6)：694-700.〔成明锴，陈晟，徐明厚，2022. 典型厨余垃圾燃烧超细颗粒物生成演化规律〔J〕. 燃烧科学与技术，28（6）：694-700.〕

Cheoreon Moon，Yonmo Sung，Gyungmin Choi，2015. NOx emissions and burnout characteristics of bituminous coal，lignite，and their blends in a pulverized coal-fired furnace〔J〕. Experimental Thermal and Fluid Science，62：99-108.

Ciria D.，Orihuela M. P.，Moreno-Naranjo P.，Chacartegui R.，Ramírez-Rico J.，Becerra J. A.，2022. Flame confinement in biomass combustion systems for particles abatement〔J〕. Energy Conversion and Management，264：115706.

Collins Ndibe，Maier，Scheffknecht，2015. Combustion，cofiring and emissions characteristics of torrefied biomass in a drop tube reactor〔J〕. Biomass and bioenergy，79：105-115.

Cormos Calin-Cristian，2016. Oxy-combustion of coal，lignite and biomass：A techno-economic analysis for a large scale Carbon Capture and Storage（CCS）project in Romania〔J〕. Fuel，169：50-57.

Cristina Dueso，Carmen Mayoral，Manuel Andrés，Ana Escudero，Luis Díez，2019. Towards oxy-steam combustion：The effect of increasing the steam concentration on coal reactivity〔J〕. Fuel，239：534-546.

Cristina Gonzalo-Tirado，Santiago Jiménez，Javier Ballester，2012. Gasification of a pulverized sub-bituminous coal in CO_2 at atmospheric pressure in an entrained flow reactor〔J〕. Combustion and Flame，159：385-395.

Curtis K. Stimpson，Andrew Fry，Trevor Blanc，Dale，2013. Line of sight soot volume fraction measurements in air-and oxy-coal flames〔J〕. Proceedings of the Combustion Institute，34：2885-2893.

Dai Minquan，Yu Zhaosheng，Tang Yuting，Ma Xiaoqian，2020. HCl emission and capture characteristics during PVC and food waste combustion in CO_2/O_2 atmosphere〔J〕. Journal of the Energy Institute，93：1036-1044.

Debora Moraes Hillig，et al.，2020. Evaluation of the structural changes of a char produced by slow pyrolysis of biomass and of a high-ash coal during its combustion and their role in the reactivity and flue gas emissions〔J〕. Energy，202：117793.

Díez Luis I.，Lupiáñez Carlos，Guedea Isabel，Bolea Irene，Romeo Luis M.，2015. Anthracite oxy-combustion characteristics in a 90 kWth fluidized bed reactor〔J〕.

Fuel Processing Technology，139：196-203.

Diego L. F.，Rufas A.，García-Labiano F.，Obras-Loscertales M.，Abad A.，Gayán P.，Adánez J.，2013. Optimum temperature for sulphur retention in fluidised beds working under oxy-fuel combustion conditions [J]. Fuel，114：106-113.

Ding lei，2023. Responses of terrestrial ecosystem carbon and oxygen cycles to global greening [D]. PhD Thesis. Lanzhou，Gansu，P. R. China. [丁磊，2023. 全球变绿下陆地生态系统碳氧循环响应 [D]. 兰州大学博士学位论文. 中国，甘肃，兰州.]

Dongke Zhang，Setyawati Yani，2011. Sulphur transformation during pyrolysis of an Australian lignite [J]. Proceedings of the Combustion Institute，33：1747-1753.

Du Qingze，2017. The Optimization Study of Anti-slagging Combustion in a 600 MW Boiler in Wangqu Power Plant [D]. Engineering Master Degree Thesis. North China Electric Power University. Baoding，Heibei，P. R. China. [杜青泽，2017. 王曲电厂600MW锅炉防结渣燃烧优化研究 [D]. 华北电力大学专业硕士学位论文. 中国，河北，保定.]

Duarte Magalhaes，Feyza Kazanc，2022. Influence of biomass thermal pre-treatment on the particulate matter formation during pulverized co-combustion with lignite coal [J]. Fuel，308：122027.

Duarte Magalhães，Aidin Panahi，FeyzaKazanç，Yiannis Levendis，2019. Comparison of single particle combustion behaviours of raw and torrefied biomass with Turkish lignites [J]. Fuel，241：1085-1094.

Dudziak M.，Werle S.，Marszałek A.，Sobek S.，Magdziarz A.，2022. Comparative assessment of the biomass the Solar pyrolysis biochars behavior and zinc Zn(II) adsorption [J]. Energy，261：125360.

Eneko Ortega，Sergio Suarez，Juan Carlos Jimeno，Jose Rubén Gutierrez，Vanesa Fano，Aloña Otaegi，Jose Manuel Rivas，Gustavo Navas，Ignacio Fernandez，2024. An statistical model for the short-term albedo estimation applied to PV. bifacial modules [J]. Renewable Energy，221：119777.

Escudero AnaI.，Aznar María，Díez Luis I.，Mayoral M. Carmen，Andrés José M.，2020. From O_2/CO_2 to O_2/H_2O combustion：The effect of large steam addition on anthracite ignition，burnout and NOx formation [J]. Fuel Processing Technology，206：106432.

Etheridge D M，Steel L P，et al.，1998. Historical CO_2 record derived from a spline fit (20 year cutoff) of the law Dome DE08-2 ice cores [R].

Fabrizio Scala，2015. Fluidized bed gasification of lignite char with CO_2 and H_2O：A kinetic study [J]. Proceedings of the Combustion Institute 35：2839-2846.

Fan Quanggui，Yan Weiping，Yan Shunlin，Wang Jun，2014. Pulverized Coal Boiler Principle [M]. China Electric Power Press. Beijing，P. R. China. [樊泉桂，阎维平，闫顺林，王军，2014. 锅炉原理 [M]. 北京，中国电力出版社.]

Fao，2020. Global Forest Resources Assessment 2020 Main report [M]. Roma，Italy.

Franz Winter，Michael E. Prah，Hermann Hofbauer，1997. Temperatures in a fuel particle burning in a fluidized bed：The effect of drying，devolatilization，and char combustion [J]. Combustion and Flame，108：302-314.

Fu Changkun，2018. Effects of forest gap on litterfall production and its elements return in an alpine forest [D]. PhD Thesis. Sichuan Agriculture University. Wenjiang，Sichuan，P. R. China. [付长坤，2018. 高寒森林林窗对凋落物生产及元素归还的影响 [D]. 四川农业大学博士学位论文. 中国，四川，温江.]

Gao Jiacheng，2021. Characteristics of surface energy and parameters in Gurbantunggut Desert [D]. Phd Thesis. Xinjiang University. Wulumuqi，Xinjiang，P. R. China. [高佳程，2021. 古尔班通古特沙漠地表能量及特征参数研究 [D]. 新疆大学博士学位论文. 中国，新疆，乌鲁木齐.]

Gao Jilu，Zou Tianshu，Li Zhishan，Ji Hongshun，Leng Jie，Wu Jingxing，Li HanQiong，2012. Experimental study on mixed combustion of Shenhua coal with Huolinhe lignite in a 1000 MW power unit [J]. Journal of Chinese Society of Power Engineering，32(5)：430-434. [高继录，邹天舒，李志山，纪宏舜，冷杰，吴景兴，李含琼，2012. 1000 MW 机组神华煤掺烧霍林河褐煤的试验研究 [J]. 动力工程学报. 32(5)：430-434.]

Gao Jinhong，2018. Determination and Analysis of Calorific Value of Common Edible Fungus [J]. Food Research And Development，39(11)：5-7. [高锦红，2018. 常见食用菌的热值测定分析 [J]. 食品研究与开发，39(11)：5-7.]

Gao Ruidan，Yin Shangyi，Song Tao，Lu Ping，2023. Numerical simulation of co-combustion of pulverized coal and biomass in TTF precalciner [J]. Fuel，334：126515.

Geng Kecheng，Chen Wei，2020. Based on the Testing of Burning Lignite for Analysis Design in Boiler [J]. Jouanal of Electric Power，35(6)：535-539. [耿克成，陈伟，2020. 基于试烧的褐煤锅炉设计分析 [J]. 电力学报，35(6)：535-539.]

Georg Archan，et al.，2020. Detailed experimental investigation of the spatially distributed gasrelease and bed temperatures in fixed-bed biomass combustion with low oxygen concentration [J]. Biomass and Bioenergy，141：105725.

Georg Archan，Robert Scharler，Andrés Anca-Couce，2021. Detailed NOX precursor measurements within the reduction zone of a novel small-scale fuel flexible biomass combustion technology [J]. Fuel，302：121073.

Gianluca Caposciutti，Federica Barontini，Umberto Desideri，2020. Woodchip size effect on combustion temperatures and volatiles in a small-scale fixed bed biomass boiler [J]. Renewable Energy，151：161-174.

Glushkov D. O.，Nyashina G. S.，Strizhak P. A.，2021. Composition of gas produced from the direct combustion and pyrolysis of biomass [J]. Process Safety and

Environmental Protection, 156, 43-56.

Gomez M., Fernandez A., Llavona I., Kuivalainen R., 2015. Reprint of "Experiences in sulphur capture in a 30 MWth Circulating Fluidized Bed boiler under oxy-combustion conditions [J]. Applied Thermal Engineering, 74: 69-74.

Gong Baixun, 2002. Analyzing of Municipal Solid Waste Incineration Stages [J]. Environmental Sanitation Engineering, 10(3):123-125. [龚佰勋, 2002. 城市垃圾焚烧阶段分析研究 [J]. 环境卫生工程, 10(3):123-125.]

Guo Dajiang, 2016. Type selection of large capacity boiler with burning anthracite of Vietnam [J]. Power System Engineering, 32(6):38-40. [郭大江, 2016. 大容量锅炉燃烧越南无烟煤的炉型选择分析 [J]. 电站系统工程, 32(6):38-40.]

Hayhurst A. N., Lawrence A. D., 1996. The amounts of NO, and N_2O formed in a fluidized bed combustor during the burning of coal volatiles and also of char [J]. Combustionand Flame, 105: 341-357.

He Shanshan, Li Wei, Wang Zhiling, Lu Han, Zhang Hongliang, 2017. Comnustion characteristics and working condition opertimization for wood and herb bimomanss [J]. Materials Reports, 3:50-55. [何姗姗,李薇,王灵志,卢晗,张宏亮, 2017. 木质与草本生物质燃烧特性及工况优化研究 [J]. 材料导报,3:50-55.]

Hu Jian, 2017. Study on Combustion Characteristics of Blended Coal and Pollutant Emission in Power Plant Boiler [J]. Qinghai Electric Power, 36(3):47-49. [胡健, 2017. 电站锅炉混煤掺烧及污染物排放特性研究 [J]. 青海电力, 36(3):47-49.]

Hu Yonghong, Hou Meiting, Zhao Chunlei, Zhen Xiaoju, Yao Lan, Xu Yanhua, 2019. Human-induced changes of surface albedo in Northern China from 1992—2012 [J]. Int J Appl Earth Obs Geoinformation, 79:184-191.

Huang Xiaohuang, Cui Guomin, Hua Zechao, Xu Jialiang, 2013. Calculation of simplified radiative transfer equation for radiative forcing of carbon dioxide [J]. Journal of University of Shanghai For Science and Technology, 35(6):599-602, 613. [黄晓璜,崔国民,华泽钊,徐家良, 2013. 一维辐射传递方程计算二氧化碳的辐射强迫 [J]. 上海理工大学学报, 35(6):599-602,613.]

Hus Patricia J., Tillman David A., 2000. Coÿring multiple opportunity fuels with coal at Bailly Generating Station [J]. Biomass and Bioenergy, 19: 385-394.

Inaki Adanez-Rubio, Ivan Sampron, María Teresa Izquierdo, Alberto Abad, Pilar Gayan',Juan Adanez, 2022. Coal and biomass combustion with CO_2 capture by CLOU process using a magnetic Fe-Mn-supported CuO oxygen carrier [J]. Fuel, 314:122742.

Inge Juszak, Angela M. Erb, Trofim C. Maximov, Gabriela Schaepman-Strub, 2014. Arctic shrub effects on NDVI, summer albedo and soil shading [J]. Remote Sensing of Environment, 153:79-89.

Jiang Cairong, Ma Jianjun, Arenillas Ana, Bonaccorso A. Damiano, John T. S., 2016.

Irvine Comparative study of durability of hybrid direct carbon fuel cells with anthracite coal and bituminous coal [J]. International journal of hydrogen energy, 41, (187):97-18806.

Jiang Sijian, Deng Xiangzheng, Yu Ziyue, Cheng Wei, 2023. Unevenly distributed CO_2 and its impacts on terrestrial carbon uptake under the changing land uses [J]. Science of the Total Environment, 903: 166805.

Jiao Chuanbao, Nan Bo, 2013. Study on coal suitability and slag protection of W flame boiler [J]. Electric Power Construction, 34(9): 86-91. [焦传宝, 南波, 2013. W 型火焰锅炉煤种适应性及防结焦研究 [J]. 发电技术, 34(9): 86-91.]

Jing Xiaolei, Bai Shaolin, Jin Zhonghua, Yang Peijun, Zhao Junqi, Yang Ying, Ma Xiaohong. The influence of primary air rate variation on performance of a tangentially fired lignite boiler [J]. Thermal Power Generation, 42(1): 77-78. [敬小磊, 白少林, 晋中华, 杨培军, 赵军旗, 杨颖, 马晓鸿, 2013. 锅炉燃用褐煤一次风率变化对切圆的影响 [J]. 热力发电, 42(1): 77-78.]

Joutsenoja T., Hernberg R., 1998. Characterization of burning char particles under pressurized conditions by simultaneous in situ measurement of surface temperature and size [C]. Twenty-Seventh Symposium (International) on Combustion/The Combustion Institute: 2925-2932.

Jyoti J., Swapna P., Krishnan R., 2023. North Indian Ocean sea level rise in the past and future: The role of climate change and variability [J]. Global and Planetary Change, 228: 104205.

Karlström O., et al., 2022. Effect of air staging on NO_x emissions in biomass combustion in a bubbling fluidized bed [J]. Fuel, 330:125565.

Ke Chuncheng, 2021. Study on heavy metals migration behaviors of municipal solid waste typical components under oxy-fuel combustion [D]. PhD Thesis. South China University of Technology. Guangzhou, Guangdong, P. R. China. [柯春城. 2021. 城市生活垃圾典型组分 O_2/CO_2 燃烧重金属迁移特性研究 [D]. 华中科技大学博士学位论文. 中国, 湖北, 武汉.]

Khalid Hadi, Ryo Ichimura, Genya Hashimoto, YuXia, Nozomu Hashimoto, Osamu Fujita, 2021. Effect of fuel ratio of coal on the turbulent flame speed of ammonia/coal particle cloud co-combustion at atmospheric pressure [J]. Proceedings of the Combustion Institute, 38: 4131-4139.

Krzywanski J., et al., 2022. Gaseous emissions from advanced CLC and oxyfuel fluidized bed combustion of coal and biomass in a complex geometry facility: A comprehensive model [J]. Energy, 251:123896.

Kuttippurath Jayanarayanan, Peter Rony, Singh Ajay, Raj Sarath, 2022. The increasing atmospheric CO_2 over India: Comparison to global trends [J]. iScience, 25: 104863.

Lee J. M., Kim J. S., Kim J. J., 2003. Comminution characteristics of Korean anthracite in a CFB reactor [J]. Fuel, 82: 1349-1357.

Lee Jong Min, Kim Dong-Won, Kim Jae-Sung., 2011. Characteristics of co-combustion of anthracite with bituminous coal in a 200-MWe circulating fluidized bed boiler [J]. Energy, 36: 5703-5709.

Lee Jong-Min, Kim Down-Won, Kim Jae-Sung, Na Jeong-Geol, Lee See-Hoon., 2010. Co-combustion of refuse derived fuel with Korean anthracite in a commercial circulating fluidized bedboiler [J]. Energy, 35: 2814-2818.

Lee Jong-Min, Kim Down-Won, Kim Jae-Sung, Na Jeong-Geol, Lee See-Hoon., 2010. Co-combustion of refused rived fuel with Korea nanthracite in a commercial circulating fluidized bed boiler [J]. Energy, 35: 2814-2818.

Li Debo, Shen Yueliang, Zhou Jielian. Li Jianbo., 2017. Combustion adjusting study and engineering practice of USC lean coal boiler burning high volatile bituminous coal [C]. Collect of Technology Research and Discussion Meeting of Fire Power Plant Super-low Emission SCR System Upgrade and Reform. Xi'an, Shanxi, China. [李德波, 沈跃良, 周杰联, 李建波, 2017. 1045 MW 超超临界贫煤锅炉燃用高挥发份烟煤的燃烧调整研究及工程实践 [C]. 火电厂超低排放 SCR 系统升级改造技术研讨会论文集. 中国, 陕西, 西安.]

Li Fuxiang, Hou Dean, Fan Xiaoming, Niu Shusen, 2013. Technology reform of 330 MW units coal boiler [J]. Huadian Technology, 35(5): 10-12. [李福祥, 侯德安, 范晓明, 牛树森, 2013. 330 MW 机组锅炉燃煤技术改造 [J]. 华电技术, 35(5): 10-12.]

Li Han, 2015. Preliminary Study on different areas China Fir cultivation system [D]. Master Degree Thesis. Fujian Agriculture and Forest University(FAFU). Fuzhou, Fujian, P. R. China. [李晗, 2015. 中国杉木不同产区栽培制度初步研究 [D]. 福建农林大学硕士学位论文. 中国, 福建, 福州.]

Li Qiuping, 2019. Temporal and spatial trend of global albedo and impact factors analysis from 2002 to 2016 [D]. Master Degree Thesis. West South China University. Chongqing, P. R. China. [李秋苹, 2019. 2002—2016 年全球地表反照率时空动态特征及影响因子分析 [D]. 西南大学硕士学位论文. 中国, 重庆]

Li Shuofan, Wu Jianxun, Wang Yidi, Li Yunyun, Zhang Weilai, Zhang Yahe, He Kaiyuan, Cai Chuxuan, Bian Gangyue, Wang Hangzhou, Shi Quan, 2023. Semi-quantitative analysis of molecular composition for petroleum fractions using electrospray ionization high-resolution mass spectrometry [J]. Fuel, 335:127049.

Li Wei, Sun Changxin, Pang Zhenzhou., 2021. Experimental study on suspended combustion characteristics of corn straw [J]. Boiler Manufacturing, (4)39-41. [李伟, 孙长鑫, 庞振洲, 2021. 玉米秸秆悬浮式燃烧特性试验研究 [J]. 锅炉制造, 4: 39-41.]

Li Yunyun, Liao Guangzhi, Wang Zhengmao, Su Rigu, Ma Shuai, Zhang Hui, Wang

Liangang, Wang Xusheng, Pan Jingjun, Shi Quan, 2022. Molecular composition of low-temperature oxidation products in a simulated crude oil In-situ combustion [J]. Fuel, 316: 123297.

Liu Haili, 2014. Study on Combustion and pyrolysis characteristics of food waste [D]. South China University of Technology. Guangzhou, Guangdong, P. R. China. [刘海力, 2014. 厨余垃圾的燃烧与热解特性研究 [D]. 华南理工大学博士学位论文. 中国, 广东, 广州.]

Liu Wen, 1983. Evolving of mass-energy eqation [J]. Acta Methematica Scientia, 3(1): 1-6. [刘文, 1983. 质能公式的力学推导 [J]. 数学物理学报, 3(1):1-6.]

Liu Zhuang, 2022. Experimental Study on preparation of low alkali fuel by deashing eucalyptus bark [D]. Master degree thesis. Guangxi University. Nanning, Guangxi, P. R. China. [刘壮, 2022. 桉树皮脱灰制备低碱燃料的实验研究 [D]. 广西大学硕士学位论文. 中国, 广西, 南宁.]

Lu Hongjiao, 2019. Study on Single Particle Combustion Characteristics of Peanut Shell Molding Fuel [D]. China University of Mining and Technology. Master Degree Thesis. Xuzhou, Jiangsu, P. R. China. [陆红娇, 2019. 花生壳成型燃料单颗粒燃烧特性研究 [D]. 中国矿业大学硕士学位论文. 中国, 江苏, 徐州.]

Luo Chaochun, LI Xiangqi, YAO Sai, 2014. Optimal Electricity-purchasing strategy of power company based uncertain hydropower [J]. Journal of Electric Power Science and Tecnology, 29(2):89-94. [罗朝春, 李湘旗, 姚赛, 2014. 水电不确定条件下电力公司最优购电策略分析 [J]. 电力科学与技术学报, 29(2):89-94.]

Luo Chunpeng, 2004. Study on pyrolysis kinetics characteristics of MSW and its artificial networks prediction [D]. Master Degree thesis. Zhejiang University. Hangzhou, Zhejiang, P. R. China. [罗春鹏, 2004. 垃圾热解特性及热解特性神经网络预测 [D]. 浙江大学硕士学位论文. 中国, 浙江, 杭州.]

Luo Yiran, Wei jinyi, Guo songjun, Chen Laiguo, 2022. Emission of air pollutants from straw buring and estimation of carbon sequence stration from biochar transformation in Guangxi [J]. Environmental Pollution and Provention, 44(8): 993-1000. [罗意然, 韦进毅, 郭送军, 陈来国, 2022. 广西秸秆燃烧大气污染物排放及生物炭转化固碳量估算 [J]. 环境污染与防治, 44(8): 993-1000.]

Ma Li, 2019. Study on the development level evaluation, development modes and long-term mechanism of China's green mines. PhD Degree Thesis. China University of Mining and Technology. Xuzhou, Jiangsu, P. R. China. [马莉, 2019. 我国绿色矿山发展水平评价及发展模式与长效机制研究 [D]. 博士学位论文. 中国矿业大学. 中国, 江苏, 徐州.]

Ma Shuai, 2016. Combustion system retrofitting and optimization adjustment for "W" shape flame anthracite boiler with split-burner [D]. Master Degree Thesis. Huazhong University of Science & Technology. Wuhan, Hubei, P. R. China. [马

帅，2016. 缝隙式燃烧器"W"型火焰无烟煤锅炉燃烧系统改造及优化调整 ［D］. 华中科技大学硕士学位论文. 中国,湖北,武汉.]

Ma Weizhong，2022. Research on typical probability annual power generation of photpvoltaic power station based uncertainty ［J］. Electric Engineering Technology，17：37-40. ［马伟忠，2022. 光伏电站基于不确定性的典型概率年发电量研究 ［J］. 电工技术，17：37-40.］

Małgorzata Wzorek，Robert Junga，Ersel Yilmaz，Patrycja Niemiec，2021. Combustion behavior and mechanical properties of pellets derived from blends of animal manure and lignocellulosic biomass ［J］. Journal of Environmental Management，290：112487.

Masayuki Taniguchi，et al.，2011. Staged combustion properties for pulverized coals at high temperature ［J］. Combustion and Flame，158：2261-2271.

Masayuki Taniguchi，et al.，2013. Comparison of staged combustion properties between bituminous coals and a low-rank coal：Fiber-shaped crystallized carbon formation，NOx emission and coal burnout properties at very high temperature ［J］. Combustion and Flame，160：2221-2230.

Mehmet Soner Yasar，2023. Coupling of spectral thermal radiation model with a comprehensive system model for co-combustion of biomass in bubbling fluidized bed ［J］. Fuel，333：126534.

Miriam Issac，Anthony De Girolamo，Baiqian Dai，Tahereh Hosseini，Lian Zhang，2020. Influence of biomass blends on the particle temperature and burnout characteristics during oxy-fuel co-combustion of coal ［J］. Journal of the Energy Institute，93：1-14.

Miriam Rabaçal，et al.，2019. Direct observations of single particle fragmentation in the early stages of combustion under dry and wet conventional and oxy-fuel conditions ［J］. Proceedings of the Combustion Institute，37：3005-3012.

Murat Varol，2015. Effect of biomass-sulfur interaction on ash composition and agglomeration for the co-combustion of high-sulfur lignite coals and olive cake in a circulatingfluidized bed combustor ［J］. Bioresource Technology，198：325-331.

Murat Varol，Aysel Atimtay，Hayati Olgun，Hüsnü Atakül，2014. Emission characteristics of co-combustion of a low calorie and high sulfur-lignite coal and woodchips in a circulating fluidized bed combustor：Part 1. Effect of excess air ratio ［J］. Fuel，117：792-800.

Musa Buyukada，2017. Uncertainty estimation by Bayesian approach in mochemical conversion of walnut hull and lignite coal blends ［J］. Bioresource Technology，232：87-92.

Musa Buyukada，et al.，2018. Utilization of apricot seed in（co-）combustion of lignite coal blends：Numeric optimization，empirical modeling and uncertainty estimation

[J]. Fuel，216：190-198.

Myung Won Seo，Ha Myung Jeong，Woon Jae Lee，Sang Jun Yoon，Ho Won Ra，Yong Ku Kim，Doyeon Lee，Si Woo Han，Sang Done Kim，Jae Goo Lee，Mun Jeong，2020. Carbonization characteristics of biomass/coking coal blends for the application of bio-coke [J]. Chemical Engineering Journal，394：124943.

Narayanana K. V.，Natarajan E.，2007. Experimental studies on cofiring of coal and biomass blends in India [J]. Renewable Energy，32：2548-2558.

Natalia Cid，David Patino，RaquelP'erez-Orozco，Jacobo Porteiro，2022. Performance analysis of a small-scale electrostatic precipitator with biomass combustion [J]. Biomass and Bioenergy，162：106500.

Ni Kun，Liu Chuang，Zhang Xiaozhuo，2023. Research on mining and ecological environment protection in open-pit coal mine in Canada [J]. China Coal，49(12)：125-133. [倪坤，刘闯，张潇卓，2023. 加拿大露天煤矿开采与生态环境保护研究 [J]. 中国煤炭，49(12)：125-133.]

Nicholls Erin M.，Carey Sean K.，2021. Evapotranspiration and energy partitioning across a forest-shrub vegetation gradient in a subarctic，alpine catchment [J]. Journal of Hydrology，602：126790.

Niu Wenjuan，2015. Physicochemical composition and energy potential of main crop straw and stalk [D]. PhD Thesis. China University of Agriculture. Beijing，P. R. China. [牛文娟，2015. 主要农作物秸秆组成成分和能源利用潜力 [D]. 中国农业大学博士学位论文. 中国，北京.]

Nyambura Samuel Mbugua，Li Chao，Li Hua，Xu Jialiang，Wang Jufei，Zhu Xueru，Feng Xuebin，Li Xiaolin，Bertrand Gbenontin V.，Ndumia Joseph Ndiithi，2023. Microwave co-pyrolysis of kitchen food waste and rice straw：Effects of susceptor on thermal，surface，and fuel properties of biochar [J]. Fuel，352：129093.

Osvaldasennech，et al.，1998. The influence of heat treatment and weathering on the gasification reactivity of montana lignite [C]. Twenty-Seventh Symposium (International) on Combustion/The Combustion Institute：2991-2999.

Peng Jingjing，Yu Peng，Yu Yunyue，Jia Aolin，Wang Dongdong，Wang Heshun，Wang Zhihao，2023. An evaluation of the NOAA global daily gap-filled VIIRS surface albedo [J]. Remote Sensing of Environment，298：113822.

Pen Xujian，Ku Lin，Hu Haiqing，2014. Fire resistance of four coniferous woody species in Heilongjiang province [J]. Journal of northeast forestry university，42(1)：71-75. [彭徐剑，鞠琳，胡海清，2014. 黑龙江省 4 种针叶树的燃烧性 [J]. 东北林业大学学报，42(1)：71-75.]

Pickard S. C.，Daood S. S.，Pourkashanian M.，Nimmo W.，2014. Co-firing coal with biomass in oxygen-and carbon dioxide-enriched atmospheres for CCS applications [J]. Fuel，137：185-192.

Ponepen Laphirattanakul, et al., 2020. Development of pulverized biomass combustor with a pre-combustion chamber [J]. Energy, 208: 118333.

Qi Xin, Ma Xiaoqian, Yu Zhaosheng, Huang Zigan, Teng Wen, 2023. Numerical simulation of municipal waste and food digestate blending combustion and NOx reduction under oxygen-enriched atmospheres [J]. Fuel, 345:128115.

Ran Shenming, Kong Hongbing, Yang Zhangning, Zhang Dinghai, He Wei, Li Zhenshan, 2021. Numerical study on influence of tiny oil ignition on combustion characteristics of opposed firing boiler burning lignite [J]. Clean Coal Technology, 27(s2):246-249. [冉燊铭, 孔红兵, 杨章宁, 张定海, 何维, 李振山, 2021. 微油点火对燃褐煤对冲燃烧锅炉燃烧特性影响的数值计算 [J]. 洁净煤技术, 27(s2):246-249.]

Ran Yua, et al., 2019. The effect of solvent extraction on petroleum pitch compositions and their pyrolysis behaviors [J]. Fuel, 247: 97-107.

Reza Khatami, Chris Stivers, Yiannis A. Levendis, 2012. Ignition characteristics of single coal particles from three different ranks in O_2/N_2 and O_2/CO_2 atmospheres [J]. Combustion and Flame, 159, 3554-3568.

Reza Khatami, Yiannis A. Levendis, Michael A. Delichatsios, 2015. Soot loading, temperature and size of single coal particle envelope flames in conventional-and oxy-combustion conditions (O_2/N_2 and O_2/CO_2) [J]. Combustion and Flame, 162: 2508-2517.

Rumaisa Tariq, et al., 2022. Co-pyrolysis and co-combustion of orange peel and biomass blends: Kinetics, thermodynamic, and ANN application [J]. Renewable Energy, 198, 399-414.

Sai Juncong, Zhao Ming, Zhao Yingtuan, Shen Yongqing, Li Mingliang, 2016. Study on Numerical Simulation of Anti Coking Retrofi t Scheme of 300 MW Bituminous Coal Unit [J]. Yunnan Electric Power, 44(3):109-113. [赛俊聪, 赵明, 赵应团, 沈永庆, 李明亮, 2016. 300 MW 烟煤机组防结焦改造方案的数值模拟研究 [J]. 云南电力技术, 44(3):109-113.]

Sai Krishna S. V. S., Prijith S. S., Kumar Raj, Sesha Sai M. V. R., Ramana M. V., 2022. P lanetary albedo decline over Northwest India contributing to near surface warming [J]. Science of the Total Environment, 816: 151607

Sang Hee Yoon, Seong-Ju Kim, Geon-Uk Baek, Ji Hong Moon, Sung Ho Jo, Sung Jin Park, Jae-Young Kim, Sang-Jun Yoon, Ho Won Ra, Sung-Min Yoon, Jae Goo Lee, Joo-Sik Kim, Tae-Young Mun, 2023. Operational optimization of air staging and flue gas recirculation for NOx reduction in biomass circulating fluidized bed combustion [J]. Journal of Cleaner Production, 387: 135878.

Sang-Wook Yeh, Min-Seok Shin, Seung-Joo Ma, Jong-Seong Kug, Byung-Kwon Moon, 2023. Understanding elevated CO_2 concentrations in East Asia relative to the global mean during boreal spring on the slow and inter annual timescales [J]. Science of the Total Environment，901：166098.

Shen Beibei，Song Shuaifeng，Zhang Lijuan，Wang Ziqing，Ren Chong，Li Yongsheng，2021. Changes in global air temperature from 1981 to 2019 [J]. Acta Geographica Sinica，76(11)：2660-2672. [沈贝蓓，宋帅峰，张丽娟，王子晴，任崇，李永生，2021. 1981—2019 年全球气温变化特征 [J]. 地理学报，76(11)：2660-2672.]

Smart J. P.，et al.，2011. On the effects of firing semi-anthracite and bituminous coal under oxy-fuel firing conditions [J]. Fuel，90：2812-2816.

Sobek S.，Tran Q. K.，Jung R.，Werle S.，2022. Hydrothermal carbonization of the waste straw：A study of the biomass transient heating behavior and solid products combustion kinetics [J]. Fuel，314，122725.

Sofía Gonza'lez-Correa，Magín Lapuerta，Diego Pacheco-Ferrada，Lina Castro，María Florencia Ruggeri，Francisco Cereceda-Balic，2023. Field study on the diffusion and advection effects of vehicle-emitted soot aerosols on snow albedo in the Chilean Andes [J]. Atmospheric Environment，315：120136.

Song Shuang，2017. Effects of torrefaction on the pyrolysis and gasification properties of typical kitchen waste [D]. Huazhong University of Science & Technology. Wuhan，Hubei，P. R. China. [宋爽，2017. 烘焙对典型厨余垃圾热解及气化特性的影响 [D]. 华中科技大学硕士学位论文. 中国，湖北，武汉.]

Sun Cen，Lei Ming，Wang Chunbo，Zhao Fan，Li Hangxing，2020. Mineral transformation of char and co-firing ash during coal blending with peanut husk under pressurized conditons [J]. Acta Energiae Solaris Sinica，41(2)：49-56. [孙岑，雷鸣，王春波，赵帆，李航行，2020. 花生壳与煤加压热解和掺烧成灰矿物相演变研究 [J]. 太阳能学报，41(2)：49-56.]

Sun Jin，Tan Xin，Shi Yingjun，Li Yan，Lv Shaojie，2017. Analysis of the combustion characteristics of biomass fuel in Thailand [J]. Industrial Boiler，5：37-39. [孙进，谭欣，史英君，李岩，吕少杰，2017. 泰国生物质燃料的燃烧特性分析与锅炉设计建议 [J]. 工业锅炉，5：37-39.]

Tahmasebi Arash，Zheng Hanglin，Yu Jianglong，2016. The influences of moisture on particle ignition behavior of Chinese and Indonesian lignite coals in hot air flow [J]. Fuel Processing Technology，153：149-155.

Tan Wei，2014. Experimental Study on the biomass combustion character in circulated fluidized bed [D]. Master Degree Thesis. North China Electric Power University. Beijing，P. R. China. [谭魏，2014. 循环流化床生物质燃烧特性的试验研究 [D]. 华北电力大学硕士学位论文. 中国，北京.]

Tang Hongyu，2022. Experimental study on combustion characteristics and structure optimization of square bale rice straw [D]. Master Degree Thesis. Heilongjiang Bayi Agricultural University. Daqing，Heilongjiang，P. R. China. [唐宏宇，2022. 方捆水稻秸秆燃烧特性与炉膛结构优化的试验研究 [D]. 黑龙江八一农垦大学硕士学位

论文. 中国,黑龙江,大庆。]

Tao JunJun, 2017. A study of fammability of layered fuels and the conditions to form flaming combustion [D]. Phd Thesis. University of Science and Technology of China. Hefei, Anhui, China. [陶骏骏, 2017. 分属燃料可燃性和点燃条件研究 [D]. 中国科技大学博士学位论文. 中国,安徽,合肥.]

Tiffany L. B. Yelverton, Angelina T. Brashear, David G. Nashc, James E. Brown, Carl F. Singer, Peter H. Kariher, Jeffrey V. Ryana, Preston Burnette, 2020. Characterization of emissions from a pilot-scale combustor operating on coal blended with woody biomass [J]. Fuel, 264: 116774.

Tillman, D. A, 2000. Biomass co ring: the technology, the experience, the combustion consequences [J]. Biomass and Bioenergy, 19: 365-384.

Tiziano Maffei, Reza Khatami, Sauro Pierucci, Tiziano Faravelli, EliseoRanzi, Yiannis A. Levendis, 2013. Experimental and modeling study of single coal particle combustion in O_2/N_2 and Oxy-fuel (O_2/CO_2) atmospheres [J]. Combustion and Flame, 160:2559-2572.

United Nations, 2018. World Urbanization Prospects: The 2018 Revision [M]. New York, USA.

United Nations, 2023. World Population Prospects 2022 [M]. New York, USA.

Wang Dinglei, 2013. Feasibility study for converting to burn bituminous coals in 1025 t/h lean coal-fired boiler [D]. Engineering Master Degree Thesis. North China Electric Power University. Beijing, P. R. China. [王顶磊,2013. 1025 t/h 贫煤锅炉改烧烟煤可行性研究 [D]. 华北电力大学专业硕士学位论文. 中国,北京.]

Wang GuangZe, 2018. Combustion experiment and application study blending with semi-coal in Power station boiler of 135 MW [D]. South China University of Technology. Guangzhou, Guangdong, P. R. China. [王光泽, 2018. 135MW 机组电站锅炉兰炭的掺烧试验及应用研究 [D]. 华南理工大学专业硕士学位论文. 中国,广东,广州.]

Wang Guozhong, Wu Shenglai, 2009. Test study on mixedly burning characters of bituminous coal with anthracite coal [J]. Thermal Power Generation, 38(3): 61-65. [王国忠,吴生来, 2009. 无烟煤与烟煤混烧特性试验研究 [J]. 热力发电, 38(3): 61-65.]

Wang Liang, 2019. Study on flow and combustion characteristics of a 600 MW down-fired boiler blended with bituminous coal [D]. Master Degree Thesis. Harbin Institute of Technology. Haerbin, Heilongjiang, P. R. China. [王亮, 2019. 一台 600 MW W 火焰锅炉掺烧烟煤炉内流动及燃烧特性研究 [D]. 哈尔滨工业大学硕士学位论文. 中国,黑龙江,哈尔滨.]

Wang Shufen,Gao Guanlong,Li Wei,et al., 2022. Emission inventory and characteristics of PM 10 from agricultural activities in Shanxi province [J]. Environmental

Science & Technology,45(6):185-194.［王树芬,高冠龙,李伟等,2022. 山西省农业源 PM10 排放清单及特征研究［J］.环境科学与技术,45(6):185-194.］

Wang Zhichao,Wang Yingyan, Li Yanjun, Tan Kai,Jiang Hua, Zhao Xiaopeng, Feng Ping'an, Yao We, 2020. Combustion characteristics of semi-coke and its large-proportion co-combustion experimental research in a 660 MW unit［J］. Huadian Technology, 42(7):35-40.［王志超,王莹燕,李彦军,谭恺,蒋华,赵晓鹏,冯平安,姚伟,2020. 兰炭燃烧特性及其在 660 MW 机组上的大比例掺烧试验研究［J］.华电技术, 42(7):35-40.］

Wang Zhiyong, 2008. Discussion on boiler mixed burnning anthracite and adjusting technology[J]. Fujian Electric Power and Electrical Engineering, 28(4):31-33.［王志勇,2008. 锅炉掺烧无烟煤的燃烧问题及其调整技术探讨［J］. 福建电力与电工,28(4):31-33.］

Wee Huiling, Wu Hongwei, Zhang Dongke, French David, 2005. The effect of combustion conditions on mineral matter transformation and ash deposition in a utility boiler fired with a sub-bituminous coal［J］. Proceedings of the Combustion Institute, 30：2981-2989.

Wei Chen, Yu Zhaosheng, Zhang Xikui, Ma Xiaoqian, 2021. Co-combustion behavior of municipal solid waste and food waste anaerobic digestates：Combustion performance, kinetics, optimization, and gaseous products［J］. Journal of Environmental Chemical Engineering, 9：106028.

Wei Erhu, Li Yanlin, Han yuqin, Liu jingnan, 2021. Study on the correlation between the change of Earth rotation speed and the change of global temperature［J］. Journal of Geomatics, 46(6):1-7.［魏二虎,李岩林,韩玉琴,刘经南,2021. 地球自转速度变化与全球气温变化的相关性研究［J］.测绘地理信息, 46(6):1-7.］

Wickham J., Nash M. S., Barnes C. A., 2016. Effect of land cover change on snow free surface albedo across the continental United States［J］. Global and Planetary Change, 146：1-9.

WMO, 2023. WMO Provisional state of the global climate 2022［M］. Geneva, Switzerland.

Wu Gang, Feng Zongwei, 1995. Study on the biomass of larix spp. Forest community in the frigid-temperate zone and the temperate zone of China［J］. Journal of Northeast Forestry University, 23(1):95-101.［吴刚,冯宗炜. 1995. 中国寒温带、温带落叶松林群落生物量的研究概述［J］.东北林业大学学报, 23(1):95-101.］

Wu Shengbiao, Lin Xingwen, Bian Zunjian, Lipson Mathew, Lafortezza Raffaele, et al., 2024. Satellite observations reveal a decreasing albedo trend of global cities over the past 35 years［J］. Remote Sensing of Environment, 303：114003.

Xin Zhiguang, 2017. The safety and economic study of 600 MW lean coal supercritical bolier on co-firing bituminous coal［D］. Master Degree Thesis. North China Electric

Power Unversity. Beijing, P. R. China. [辛志广,2017. 600 MW 超超临界贫煤锅炉掺烧烟煤安全和经济性分析 [D]. 华北电力大学工程硕士学位论文. 中国,北京.]

Xing Zhiwei, 2013. Combustion characteristics of municipal solid waste [D]. Master Degree Thesis. Huazhong University of Science & Technology. Wuhan, Hubei, P. R. China. [邢智炜, 2013. 城市生活垃圾的燃烧特性研究 [D]. 华中科技大学硕士学位论文. 中国,湖北,武汉.]

Xiong Minsi,Miao Shengci, Li Linian,Wang Qian, Zhou Yusi, Lu Yanan,Wu Zuli, Tang Fenghua, 2016. Review of world fishery production and marine fishing [J]. Fishery Information Strategy, 31(3):218-226. [熊敏思,缪圣赐,李励年,王茜,周雨思,陆亚男,吴祖立,唐峰华,2016. 全球渔业产量与海洋捕捞业概况 [J]. 渔业信息与战略,31(3):218-226.]

Xiong Weili, Huang Wei, Liu Zhihui, Liu Zhihong, Yang Yi, Chen Xun, 2009. Cause analysis and countermeasures on slagging for a "W"-shaped flame boiler of a 600 MW unit [J]. Electric Power, 42(12):57-60. [熊蔚立,黄伟,刘志辉,刘志宏,杨奕,陈珣, 2009. 600 MW 机组"W"火焰锅炉结焦原因分析及对策 [J]. 中国电力, 42(12):57-60.]

Xu Dinglan, 2019. Litter yield, storage and decomposition dynamics in Guanshan forest monitoring plot [D]. Master Degree Thesis. Jiangxi Agriculture University. Nanchang, Jiangxi P. R. China. [徐定兰, 2019. 官山森林大样地凋落物产量、储量及分解动态 [D]. 江西农业大学硕士学位论文. 中国,江西,南昌.]

Xu Longquan, 2018. Study on adaptability of CFB boiler to lignite-burning [D]. Engineering Master Degree Thesis. Changsha University of Science & Technology. Changsha, Hunan, P. R. China. [许龙泉,2018. CFB 锅炉改烧褐煤的适应性研究 [D]. 长沙理工大学专业硕士学位论文. 中国,湖南,长沙.]

Xu Xubin,Dai Hang,Zhao Fan,Wang Chunbo, 2021. Kinetic characteristics of torrefied corncob and coal co-firing under isothermal condition [J]. Acta Energiae the Solaris Sinica, 42(4):16-22. [许旭斌,戴航,赵帆,王春波,2021. 恒温下玉米芯焦与煤混燃动力学研究 [J]. 太阳能学报. 42(4):16-22.]

Yang Chengjun, 2015. Ash fusion temperature prediction model and test based on coal ash mineral properties of blended coal [D]. Master Degree Thesis. North China Electric Power University. Beijing, P. R. China. [杨枨钧,2015. 基于煤灰矿物相组成的混煤灰熔点预测模型及实验研究 [D]. 华北电力大学硕士学位论文. 中国,北京.]

Yang Chunlei, 2007. Studies on the fall-litter of cashu mountain forest park in Hefei city [D]. Master Degree Thesis. Anhui Agriculture University. Hefei, Anhui, P. R. China. [杨春雷, 2007. 合肥市蜀山森林公园森林凋落物研究 [D]. 安徽农业大学理学硕士学位论文. 中国,安徽,合肥.]

Yang Guotao, 2020. Comprehensive treatment with the boiler where inferior anthracite burned with low economy and seriously coking [J]. Industrial Heating，49(3)：28-30.［杨国涛，2020.燃用劣质无烟煤锅炉经济性差和锅炉结焦的综合治理［J］.工业加热，49(3)：28-30.］

Yang Qiu, Gu Jing, Wang Yazhuo, Yuan Haoran, He Mingyang, Sun Fuan，2018. Impact of torrefaction on the properties of food waste compost ［J］. China Engineering Science，20(3)：109-116.［杨秋,顾菁,王亚琢,袁浩然,何明阳,孙富安，2018. 烘焙对厨余垃圾堆肥特性影响［J］. 中国工程科学，20(3)：109-116.］

Yang Yuxuan，2023. Research on VOCs adsorption properties of modified pyrolytic carbon from high ash content food waste components ［D］. Phd thesis. Zhejiang University. Hangzhou, Zhejiang, P. R. China.［杨宇轩，2023. 厨余垃圾高含灰组分热解炭改性及 VOCs 吸附特性研究［D］. 浙江大学博士学位论文. 中国,浙江,杭州.］

Yao Kepnig，2006. Experiment on High-Yielding Mixed Plantations Composed of Phyllostachys pracox and other Tree Species ［J］. Jouranl of South West Forestry College，26(3)：79-80.［姚克平，2006. 雷竹混交林丰产栽培试验［J］. 西南林学院学报，26(3)：79-80.］

Yassine Rahib, Toufik. Boushaki, Brahim Sarh, Jamal Chaoufi，2021. Combustion and pollutant emission characteristics of argan nut shell（ANS）biomass ［J］. Fuel Processing Technology，213：106665.

Ye Fan, Cheng Qing, Hao Weifeng, Yu Dayu, Ma Chao, Liang Dong, Shen Huanfeng，2023. Reconstructing daily snow and ice albedo series for Greenland by coupling spatiotemporal and physics-informed models ［J］. International Journal of Applied Earth Observation and Geoinformation，124：103519.

Yiannis A. Levendis，2011. Combustion behavior in air of single particles from three different coal ranks and from sugarcane bagasse[J]. Combustion and Flame，158：452-465.

Yuan Cai，2017. Study on the technology of flue gas denitrification in hualu-hengsheng 480 t/h coal fired boiler ［D］. Engineering Master Degree Thesis. Beijing Chemistry Industry University. Beijing, P. R. China.［袁彩,2017. 华鲁恒生 480 t/h 煤粉炉烟气脱氮技术研究［D］. 北京化工大学专业硕士学位论文. 中国,北京.］

Yuan Jihui, Shimazaki Yasuhiro, Masuko Shingo，2023. Neural network models for predicting urban albedo of urban surfaces with different reflection directional properties ［J］. Energy Reports，10：2850-2864.

Zeng Xianming，2005. A study of the road to urbanization with China's characteristics ［D］. PhD Thesis. Wuhan Unicersity. Wuhan, Hubei, P. R. China.［曾宪明，2005. 中国特色城市化道路研究［D］. 武汉大学博士学位论文. 中国,湖北,武汉.］

Zhan Chuan, Liang Shunlin，2022. Improved estimation of the global top-of-atmosphere albedo from AVHRR data ［J］. Remote Sensing of Environment，269：112836.

Zhang Chongchong, 2020. Experiment and simulation of decoupling combustion of biomass Pellets [D]. China University of Petroleum. Engineering Master Degree Thesis. Beijing, P. R. China. [张冲冲, 2020. 生物质成型燃料解耦燃烧实验与模拟 [D]. 中国石油大学(北京). 专业硕士学位论文. 中国, 北京.]

Zhang Dinghai, 2022. Direct and indirect coupling combustion of coal and biomass characteristic study [D]. Engineering Master degree thesis. Zhejiang University. Hangzhou, Zhejiang, P. R. China. [张定海, 2022. 煤与生物质直接和间接耦合燃烧特性研究 [D]. 浙江大学工程硕士专业学位论文. 中国, 浙江, 杭州。]

Zhang Dongke, Yani Setyawati, 2011. Sulphur transformation during pyrolysis of an Australian lignite [J]. Proceedings of the Combustion Institute 33: 1747-1753.

Zhang Lei, Yang Pu, Zhu Kongyun, Ji Xinran, Ma Jiao, Mu Lan, Ullah Fahim, Li Aimin, 2022. Biorefinery-oriented full utilization of food waste and sewage sludge by integrating anaerobic digestion and combustion: Synergistic enhancement and energy evaluation [J]. Journal of Cleaner Production, 380: 134925.

Zhang Qingmei, Wu Can, Wu Tingting, Zhang Jinhua, 2023. Analysis on the planets gracitational acceleration in Solar system in classical mechanics [J]. Jouranl of Xinzhou Normal University, 39(5):21-25. [张青梅, 吴灿, 武婷婷, 张晋华, 2023. 探讨计算太阳系内行星的引力加速度 [J]. 忻州师范学院学报, 39(5):21-25.]

Zhang Xiaolong, 2016. Study on numerical simulation of combustion characteristics of 1 000 MW downshot boiler [D]. Engineering Master Degree Thesis. Harbin Institute of Technology. Haerbin, Heilongjiang, P. R. China. [张晓龙, 2016. 1000 MW 等级 W 火焰锅炉燃烧特性数值模拟研究 [D]. 哈尔滨工业大学工程硕士学位论文. 中国, 黑龙江, 哈尔滨.]

Zhang Xuefei, Xing Xianjun, Mi Mengxing, Li Yongling, Ma Peiyong, 2020. Study on combustion characteristics and kinetics of food waste and its hydrochars [J]. Acta energiae Solaris sinica, 41(6):128-134. [张学飞, 邢献军, 糜梦星, 李永玲, 马培勇, 2020. 厨余垃圾及其水热炭燃烧特性与动力学研究 [J]. 太阳能学报, 41(6): 128-134.]

Zhang Zili, Sun Guang, Duan Lunbo, 2022. Combustion characteristic and pollutants emission behavior during co-combustion of coal and municipal sewage sludge [J]. Clean Coal Technology, 28(3):118-129. [张自丽, 孙光, 段伦博, 2022. 煤与污泥混燃及污染物逸出特性 [J]. 洁净煤技术, 28(3):118-129.]

Zhao Guangbo, Liu Wentie, Huang Yimin, Qin Yukun, Li Han, 1998. The combustion share of bark in a bark fluidized bed-pulverized coal compound combustion boiler [J]. Journal of Engineering for Thermal Energy & Power, 13(5):325-327. [赵广播, 刘文铁, 黄怡珉, 秦裕琨, 李晗, 1998. 树皮在复合燃烧锅炉流化床内的燃烧份额 [J]. 热能动力工程, 13(5):325-327.]

Zhao Wenbin, Guo Zhengfu, Sun Yutao, Zhang Maoliang, 2018. Advances of the research on CO_2 degassing from volcanic fields [J]. Bulletin of Mineralogy, Petrology and Geochemistry, 37(4):601-620. [赵文斌,郭正府,孙玉涛,张茂亮,张丽红,雷鸣,马琳, 2018. 火山区 CO_2 气体释放研究进展 [J]. 矿物岩石地球化学通报, 37(4): 601-620.]

Zhao Xue, He Dengke, Wang Liao, 2019. Study on combustion characteristics of kitchen waste [J]. Sichuan Environment, 38(4):152-155. [赵学,何登科,王里奥, 2019. 厨余垃圾燃烧特性研究 [J]. 四川环境, 38(4):152-155.]

Zhao Yuchen, 2020. Study on combustion characteristics of biomass in compact combustor [D]. Master Degree Thesis. Liaoning Shihua University 1950. Fushun, Liaoning, P. R. China. [赵语晨, 2020. 紧凑型燃烧室内生物质燃烧特性研究 [D]. 辽宁石油化工大学硕士学位论文. 中国,辽宁,抚顺.]

Zhao Zhenning, Tong Yiying, Fang Zhanling, Zhang Qingfeng, 2009. Experimental study of mixed combustion of indonesia-originated lignite and vietnam-originated anthracite in a 600 MW supercritical unit [J]. Journal of Engineering for Thermal Energy &Power, 24(4):513-518. [赵振宁,佟义英,方占岭,张清峰. 2009. 600 MW 超临界机组掺烧印尼褐煤、越南无烟煤试验研究 [J]. 热能动力工程, 24(4): 513-518.]

Zhao Zhiyong, Li Fengquan, A yingke, Gao Jun, Liu Yongjiang, 2013. Application of new four-wall tangential firing technology in 600 MW super-critical lignite boiler [J]. Inner mongolia electric power. 31(1):12-16. [赵智勇,李丰泉,阿英克,高军,刘永江, 2013. 600 MW 超临界褐煤锅炉新型四墙切圆燃烧技术应用分析 [J]. 内蒙古电力技术, 31(1):12-16.]

Zheng Chupeng, Ma Xiaoqian, Yao Zhongliang, Chen Xinfei, 2019. The properties and combustion behaviors of hydrochars derived from co-hydrothermal carbonization of sewage sludge and food waste [J]. Bioresource Technology, 285:121347.

Zhou Di, Wei Rufei, Long Hongming, Li Jiaxin, Qi Liying, Xu Chunbao, 2020. Combustion characteristics and kinetics of different food solid wastes treatment by blast furnace [J]. Renewable Energy, 145:530-541.

Zhou Tianjun, Zuo Meng, Man Wenmin, 2024. Recent advances and future avenues in examining the impacts of volcanic aerosols on climate [J]. Chin Sci Bul, 69(2):230-252. [周天军,左萌,满文敏, 2024. 火山气溶胶影响气候的研究现状与未来 [J]. 科学通报, 69(2):230-252.]

Zhu Jian, 2022. Study on optimization of blended coal combustion based on numerical simulation [J]. Boiler Manufacturing, 4:3-5. [朱健, 2022. 基于数值模拟的混煤燃烧优化研究 [J]. 锅炉制造, 4:3-5.]

Zhu Kaixuan, 2017. Research on Anthracite changing to burn bituminous coal in a 600 MW unit down-fired boiler [D]. Master Degree Thesis. Huazhong University of Science & Techology. Wuhan, Hubei, P. R. China. [朱凯旋,2017. 600 MW 机

组 W 型火焰锅炉无烟煤改烧烟煤的研究 [D]. 华中科技大学硕士学位论文. 中国,湖北,武汉.]

Zou Qihong，Yu Zhaosheng，Wei Chen，Ma Xiaoqian，2023. Ash fusion characteristic of food waste digestate and municipal solid waste during co-combustion process [J]. Environmental Engineering，41(5):69-74. [邹骑鸿，余昭胜，韦琛，马晓茜，2023. 厨余沼渣与城市生活垃圾混合燃烧过程的灰熔融特性 [J]. 环境工程，41(5): 69-74.]

Appendix A Main coal quality parameters worldwide

附录 A 全球主要煤质参数

Appendix A1 Anthracite parameters worldwide

附录 A1 全球无烟煤参数

Table A1 Anthracite parameters worldwide

表 A1 全球无烟煤参数

序号	煤炭名称	M_{ar} (%)	A_{ar} (%)	V_{daf} (%)	C_{ar} (%)	H_{ar} (%)	O_{ar} (%)	N_{ar} (%)	S_{r} (%)	$Q_{ar,net}$ (kJ/kg)	参考文献
均值		6.44	24.47	7.31	62.04	1.75	2.17	0.76	0.77	22 822	
1	宾夕法尼亚无烟煤	6.53	6.38	3.92	77.38	1.12	7.48	0.68	0.43	26 315	Caroline et al., 2009
2	无烟煤	2.4	10.10	4.69	81.46	1.75	2.63	0.79	0.88	28 415	Jiang, 2016
3	无烟煤	8.75	19.99	4.79	65.55	2.52	1.94	1.04	1.29	23 874	张晓龙, 2016
4	无烟煤	6.1	33.26	4.83	0.00	0.00	0.00	0.00	0.00	19 540	王志勇, 2008
5	越南无烟煤	9.4	27.70	4.94	58.90	0.00	0.00	0.00	0.00	20 772	郭大江, 2016
6	韩国无烟煤 1	3.76	27.00	5.66	68.79	0.79	0.83	0.43	1.10	23 300	Lee, 2003
7	韩国无烟煤 2	3.26	31.98	6.02	63.21	0.77	2.16	0.39	0.41	21 403	Lee, 2003
8	贵州金沙无烟煤	7.5	23.50	6.11	64.66	1.89	0.89	0.60	0.96	23 080	王光泽, 2018
9	韩国无烟煤 3	3.6	34.07	6.24	60.76	0.82	2.41	0.43	0.24	20 628	Lee, 2003
10	晋城无烟煤	5.5	22.81	6.65	71.35	2.18	1.23	1.09	0.81	25 060	王志超, 2020

续表

序号	煤炭名称	M_{ar} (%)	A_{ar} (%)	V_{daf} (%)	C_{ar} (%)	H_{ar} (%)	O_{ar} (%)	N_{ar} (%)	S_t (%)	$Q_{ar,net}$ (kJ/kg)	参考文献
11	韩国无烟煤	3.3	39.00	6.93	54.70	0.30	3.80	0.20	0.60	18 167	Lee, 2011
12	晋南无烟煤	5.7	17.99	7.02	69.12	2.80	3.11	0.97	0.34	25 540	王光泽, 2018
13	W火焰校核煤	10	27.50	7.10	58.08	2.01	1.06	0.37	0.62	21 302	马帅, 2016
14	阳城无烟煤1	8.9	19.09	7.14	66.96	2.71	1.54	0.89	0.45	24 210	焦伟宝, 2013
15	无烟煤	7.18	25.97	7.18	62.29	1.34	0.45	1.97	0.74	21 790	熊蔚立, 2009
16	无烟煤	6	25.65	7.40	63.33	1.51	1.78	0.92	0.81	22 910	杨国涛, 2020
17	北西班牙无烟煤	1.8	26.40	7.52	66.70	1.51	1.87	0.86	0.86	23 358	Escudero, 2020
18	西班牙北部无烟煤	1.8	26.42	7.52	66.69	1.51	1.87	0.86	0.86	23 600	Dueso, 2019
19	阳城无烟煤2	8	24.70	7.91	62.00	2.07	1.93	0.91	0.39	22 380	焦伟宝, 2013
20	无烟煤	7	22.30	8.00	65.40	2.30	1.80	0.60	0.60	22 210	董晴, 2019
21	W火焰设计煤	8	23.66	8.05	63.14	2.36	1.36	0.86	0.62	23 354	马帅, 2016
22	校核煤2	10	30.94	8.24	54.30	1.42	0.75	0.61	1.98	19 832	黄伟, 2009
23	无烟煤2	7.8	26.25	8.44	58.46	2.15	4.01	0.97	0.36	21 780	毛晓飞, 2016
24	云南富源无烟煤	7.7	19.99	8.75	65.55	2.52	1.94	1.04	1.29	25 090	王光泽, 2018
25	无烟煤1	6.72	31.76	8.89	53.46	2.70	3.57	0.76	1.03	20 076	毛晓飞, 2016
26	无烟煤	8	16.18	8.94	69.71	2.45	1.66	0.90	1.11	25 930	王亮, 2019
27	越南煤	5.9	27.11	8.97	60.73	2.07	2.74	0.89	0.57	22 640	赵振宁, 2009
28	无烟煤	10	9.72	9.17	75.74	2.96	0.02	1.16	0.40	27 532	姚红英, 2009
29	无烟煤	8	22.98	9.68	62.85	2.06	2.12	0.84	1.16	23 310	王亮, 2019
30	六盘水无烟煤	5	28.00	9.92	58.65	3.18	2.25	1.09	1.83	22 039	黄伟, 2009
31	越南无烟煤	6.13	30.30	9.97	53.47	0.60	7.95	0.56	0.99	18 036	刘峰, 2009

Appendix A2 Bituminous coal parameters worldwide

附录 A2 全球烟煤参数

Table A2 Bituminous coal parameters worldwide

表 A2 全球烟煤参数

序号	煤炭名称	M_{ar} (%)	A_{ar} (%)	V_{daf} (%)	C_{ar} (%)	H_{ar} (%)	O_{ar} (%)	N_{ar} (%)	S_t (%)	$Q_{ar,net}$ (kJ/kg)	参考文献
	平均值	7.80	22.09	21.88	60.27	3.13	5.02	1.15	1.02	23 328	
1	600W 无烟煤 2	3.11	23.35	10.23	63.58	2.77	0.88	0.84	3.47	23 410	朱凯旋，2017
2	无烟煤	7.00	22.22	11.16	62.87	2.72	2.92	0.95	1.32	23 740	王国忠，2009
3	贫煤	6.20	42.87	11.20	45.37	1.64	2.16	0.64	1.12	16 280	杨国涛，2020
4	西班牙无烟煤	1.00	31.60	11.28	59.04	1.65	4.28	0.92	1.50	21 807	Diego et al., 2013
5	西班牙无烟煤	4.95	32.45	11.49	55.44	1.85	3.62	0.75	0.93	19 956	Gomez et al., 2015
6	韩国无烟煤	4.10	32.44	11.50	63.15	0.73	1.45	0.28	0.57	21 339	Lee, 2010
7	湖北黄口贫煤	8.40	31.00	11.85	53.85	2.00	3.24	1.01	0.50	19 850	王光泽，2018
8	贫煤	8.00	29.97	12.36	55.93	1.96	3.02	0.75	0.36	20 310	王亮，2019
9	贫煤 1	7.00	27.00	12.50	59.95	2.25	0.57	0.94	2.29	21 443	蔡培，2018
10	霍安贫煤 3	10.30	27.30	12.64	55.31	2.57	3.00	0.74	0.78	20 681	杜青泽，2017
11	重庆松藻无烟煤	9.40	24.39	12.72	58.27	2.56	1.91	0.94	2.53	22 070	王光泽，2018
12	徐州烟煤	1.85	28.81	12.93	59.16	3.07	5.30	0.78	1.03	22 740	张自丽，2022
13	贫煤 2	7.90	28.85	13.20	56.19	2.03	0.95	0.94	3.14	21 100	蔡培，2018
14	神木弘建煤	14.80	29.92	13.29	63.55	4.13	8.97	0.95	0.25	24 594	杨栻钧，2015
15	600W 无烟煤 1	6.21	29.41	13.53	54.29	2.26	2.18	0.96	4.06	21 390	朱凯旋，2017

续表

序号	煤炭名称	M_{ar} (%)	A_{ar} (%)	V_{daf} (%)	C_{ar} (%)	H_{ar} (%)	O_{ar} (%)	N_{ar} (%)	S_r (%)	$Q_{ar,net}$ (kJ/kg)	参考文献
16	潞安贫煤	6.60	21.21	13.70	64.46	3.31	3.35	0.80	0.27	24 860	胡健，2017
17	潞安贫煤	6.60	21.21	13.70	64.46	3.31	3.35	0.80	0.27	24 860	辛志广，2017
18	潞安常村贫煤	7.96	22.30	14.42	62.45	3.09	3.20	0.65	0.35	23 600	辛志广，2017
19	潞安贫煤 1	7.96	22.30	14.42	62.45	3.09	3.20	0.65	0.35	23 600	杜青泽，2017
20	南京生活污泥	22.24	35.35	14.66	19.14	3.11	13.26	3.41	0.49	7 500	张自丽，2022
21	贫煤	1.50	32.50	14.70	58.48	2.64	2.44	0.99	1.45	21 862	Jiang，2016
22	晋中贫煤	9.00	24.25	15.00	58.25	2.87	3.28	0.95	1.40	22 280	王光泽，2018
23	英国 Tilmanstone	1.00	3.20	15.03	88.40	3.80	1.20	1.10	1.30	32 805	Hayhurst et al.，1996
24	北西班牙无烟煤	2.05	26.00	15.07	64.46	2.32	2.93	1.19	1.04	23 525	Diez，2015
25	无烟煤 2	9.40	27.42	15.08	54.90	2.11	3.91	0.70	1.56	20 380	焦传宝，2013
26	晋中贫煤 2	7.40	27.00	15.30	57.07	2.66	3.73	0.94	1.20	21 143	李福祥，2013
27	河北贫煤	6.90	20.02	15.36	71.04	3.31	3.71	10.40	0.46	25 250	王志超，2020
28	贫煤 2	7.10	31.57	15.50	53.23	2.65	3.64	1.23	0.78	19 970	李德波，2017
29	贫煤	6.21	29.41	15.65	54.29	2.26	2.18	0.96	4.06	21 390	白洪森，2017
30	晋中贫煤 1	6.00	21.82	15.72	64.89	2.83	2.40	0.98	1.08	23 874	李福祥，2013
31	晋中贫煤	6.00	21.82	15.72	64.89	2.73	2.40	0.98	1.08	23 874	王顶磊，2013
32	潞安贫煤 2	5.93	19.55	15.74	67.00	3.23	3.06	0.96	0.27	25 240	杜青泽，2017
33	高燃料比煤	3.00	20.56	15.86	69.65	2.41	2.72	1.47	0.33	25 142	Hadi et al.，2021
34	俄罗斯贫煤	1.83	18.94	15.98	70.66	3.27	2.21	2.74	0.35	26 366	Smart et al.，2011
35	贫煤	9.42	34.02	16.00	0.00	0.00	0.00	0.00	0.00	18 472	王志勇，2008
36	600W 无烟煤 3	8.71	35.01	16.03	46.62	2.00	1.41	1.08	5.30	18 600	朱凯旋，2017

续表

序号	煤炭名称	M_{ar} (%)	A_{ar} (%)	V_{daf} (%)	C_{ar} (%)	H_{ar} (%)	O_{ar} (%)	N_{ar} (%)	S_r (%)	$Q_{ar,net}$ (kJ/kg)	参考文献
37	烟煤2	4.00	27.60	16.15	58.33	2.95	4.21	0.96	1.95	22 610	王国忠，2009
38	越南无烟煤	1.70	37.03	16.19	57.47	2.45	0.97	0.79	0.45	21 245	Lee, 2011
39	烟煤	8.00	24.30	16.56	59.96	2.85	3.34	1.05	0.50	22 820	朱健，2022
40	澳大利亚烟煤	1.50	25.00	16.60	66.60	3.40	1.62	2.31	0.67	25 206	Lee, 2011
41	贫煤	6.60	19.42	16.83	65.69	3.13	3.80	1.05	0.31	25 200	杜青泽，2017
42	河南贫煤	6.60	25.00	16.97	60.71	2.59	3.22	1.28	0.60	22 000	王光泽，2018
43	贫煤1	6.60	25.00	16.97	60.71	2.59	3.22	1.28	0.60	22 000	李德波，2017
44	贫煤	7.00	29.35	17.99	54.24	3.89	3.01	0.83	1.68	20 720	王光泽，2018
45	弘建红岩煤	12.13	29.81	18.51	60.83	3.60	11.56	0.83	0.30	23 240	杨栋钧，2015
46	烟煤1	4.70	28.63	19.59	57.46	3.11	3.45	0.95	1.70	22 070	王国忠，2009
47	贫煤	1.00	4.60	19.60	84.58	4.34	3.30	1.51	0.66	32 039	Jiang, 2016
48	贫煤	10.40	20.18	19.63	60.22	2.89	4.13	0.93	1.25	22 240	袁彩，2017
49	神木亿德煤	13.20	28.62	20.38	60.66	3.84	9.28	0.78	0.38	23 408	杨栋钧，2015
50	烟煤	0.70	6.70	20.95	83.71	4.26	2.59	1.39	0.65	31 677	Jiang, 2016
51	烟煤	6.40	22.48	21.25	61.15	3.12	4.35	0.91	1.59	23 600	杜青泽，2017
52	神木三道沟煤	14.20	25.82	23.06	59.95	3.64	7.35	0.69	0.37	22 951	杨栋钧，2015
53	府谷京府煤	12.80	28.06	23.18	60.06	3.82	8.42	0.83	0.37	23 200	杨栋钧，2015
54	高黏结比煤2	0.30	12.86	24.00	76.47	4.08	3.59	1.31	1.46	29 212	Hadi et al., 2021
55	罗马尼亚煤	8.00	12.77	24.50	72.30	4.11	7.45	1.69	0.56	27 620	Cormos, 2016
56	神木红岩煤	11.50	29.82	25.33	59.67	3.76	8.96	0.79	0.45	23 049	杨栋钧，2015
57	源安火车煤	6.60	9.89	25.40	64.46	3.31	2.89	1.26	0.27	24 262	杨栋钧，2015

续表

序号	煤炭名称	M_{ar} (%)	A_{ar} (%)	V_{daf} (%)	C_{ar} (%)	H_{ar} (%)	O_{ar} (%)	N_{ar} (%)	S_r (%)	$Q_{ar,net}$ (kJ/kg)	参考文献
58	五里庄煤	8.73	10.88	25.42	65.99	3.05	0.40	1.11	0.28	24 454	杨根钧, 2015
59	无烟煤 1	10.50	32.95	25.64	47.03	2.14	5.47	0.70	1.24	17 310	焦传宝, 2013
60	凉水井烟煤	14.84	27.76	26.64	57.52	3.39	7.98	0.73	0.24	21 880	杨根钧, 2015
61	红岩煤	13.39	28.38	27.56	57.85	3.41	8.24	0.76	0.30	22 047	杨根钧, 2015
62	神木鑫轮煤	11.60	27.25	27.93	59.10	3.82	7.22	0.90	0.29	22 906	杨根钧, 2015
63	潞安贫煤 4	11.00	17.01	28.01	60.33	3.29	7.12	0.92	0.33	23 180	杜青泽, 2017
64	烟煤	6.50	34.90	28.40	47.86	3.59	5.55	0.51	1.09	19 300	许龙泉, 2018
65	高燃料比煤 1	2.30	19.44	28.59	67.61	3.56	5.28	1.50	0.40	25 649	Hadi et al., 2021
66	潞安贫煤 5	11.20	18.48	29.56	58.48	3.32	7.06	0.89	0.57	22 430	杜青泽, 2017
67	烟煤 2	10.00	33.04	30.00	45.21	3.75	4.75	1.15	2.10	18 817	李福祥, 2013
68	西班牙煤 2	0.00	21.10	30.04	86.20	5.50	5.90	1.60	0.80	33 762	Khatami et al., 2015
69	潞安王庄煤 2	7.10	11.37	30.18	64.16	2.82	0.01	1.10	0.22	23 658	杨根钧, 2015
70	南非褐煤	0.83	12.62	30.50	70.00	3.90	10.35	1.73	0.57	26 824	Smart et al., 2011
71	大友褐煤	13.10	11.23	30.52	0.00	0.00	0.00	0.00	0.97	24 330	陈宝康, 2013
72	高挥烟煤	2.30	12.80	30.98	82.95	5.37	7.03	1.86	0.49	32 490	Taniguchi et al., 2011
73	秦鑫煤	9.00	12.54	31.37	58.92	2.87	2.85	0.70	1.05	22 028	杨根钧, 2015
74	烟煤	11.00	19.61	31.55	58.74	3.02	5.90	0.96	0.77	21 900	朱健, 2022
75	罗马尼亚褐煤	40.00	16.79	31.80	45.17	3.64	21.70	0.33	1.17	17 600	Cormos, 2016
76	焦煤	10.23	15.12	32.02	57.57	2.15	13.65	1.10	0.18	20 761	Rabaçal et al., 2019
77	烟煤	12.80	20.01	32.93	56.22	3.05	5.98	0.79	1.15	21 130	袁彩, 2017
78	塔山煤	14.00	11.76	33.80	63.09	3.95	5.93	0.82	0.45	24 190	赵振宁, 2009

续表

序号	煤炭名称	M_{ar} (%)	A_{ar} (%)	V_{daf} (%)	C_{ar} (%)	H_{ar} (%)	O_{ar} (%)	N_{ar} (%)	S_r (%)	$Q_{ar,net}$ (kJ/kg)	参考文献
79	神华烟煤	15.50	6.59	33.84	62.85	3.83	9.99	0.84	0.40	23 750	高继录，2012
80	烟煤 1	10.00	30.60	34.00	47.31	3.83	4.86	1.20	2.20	19 443	李福祥，2013
81	匹兹堡 8 号烟煤	2.50	0.00	34.46	70.10	4.58	6.73	1.37	1.37	27 576	Levendis，2011
82	英国 Holditch	1.20	4.20	34.57	85.30	5.40	0.80	1.90	1.20	33 377	Hayhurst et al.，1996
83	神华煤	14.40	5.45	34.57	65.47	3.71	10.01	0.82	0.14	24 620	赵振宁，2009
84	西班牙煤 1	0.00	15.00	35.18	81.50	5.00	10.50	2.10	0.90	31 734	Khatami et al.，2015
85	榆林烟煤 3	9.70	5.20	35.21	70.32	4.25	9.30	0.92	0.31	28 120	王光泽，2018
86	榆林烟煤 2	8.50	3.78	36.19	71.23	4.41	10.77	0.99	0.32	27 500	王光泽，2018
87	混煤	5.90	26.16	36.57	50.14	2.85	9.38	1.09	4.48	20 160	Dueso，2019
88	烟煤	13.60	12.60	36.86	59.65	3.56	9.34	0.86	0.39	23 010	杜青泽，2017
89	烟煤	1.00	14.90	36.98	68.12	4.88	9.00	1.51	0.59	27 185	Taniguchi et al.，2013
90	准格尔烟煤	12.00	18.48	37.00	54.72	3.10	10.21	0.96	0.53	20 725	高继录，2012

Appendix A3　Brown coal parameters wordwide
附录 A3　全球褐煤参数

Table A3　Brown coal parameters worldwide
表 A3　全球褐煤参数

序号	煤炭名称	M_{ar} (%)	A_{ar} (%)	V_{daf} (%)	C_{ar} (%)	H_{ar} (%)	O_{ar} (%)	N_{ar} (%)	S_r (%)	$Q_{ar,net}$ (kJ/kg)	参考文献
	平均值	20.22	13.25	51.27	52.32	3.81	12.44	0.92	1.02	20 300	
1	土耳其 Tuncbilek	2.81	14	37.38	51.41	4.66	23.71	2.2	1.21	21 518	Magalhaes et al., 2022
2	土耳其褐煤 1	2.81	14	37.38	61.8	5.6	28.5	2.65	1.45	25 879	Magalhãe et al., 2019
3	土耳其褐煤 1	2.8	14	37.38	59.74	5.41	14.06	2.58	1.41	25 009	Özer et al., 2020
4	印尼褐煤	20.38	1.7	37.88	55.72	3.87	17.34	0.8	0.19	21 641	Tahmasebi et al., 2016
5	奥地利烟煤	3	10.2	38.02	73.9	4.31	7.73	0.58	0.78	28 479	Winter et al., 1997
6	高挥烟煤	4.3	14.9	38.49	77.52	5.55	10.24	1.72	0.67	30 862	Taniguchi et al., 2011
7	云南褐煤	9.1	48.38	38.52	33.86	2.35	4.89	0.59	0.83	13 290	赛俊聪, 2016
8	曹家伙褐煤	6.12	6.81	38.67	75.68	4.73	5.23	1.06	0.39	26 430	许旭斌, 2021
9	神华外购	14	27.29	39	47.5	2.65	7.77	0.4	0.39	18 810	王顶磊, 2013
10	烟煤	0.7	14.1	39.04	70.01	4.61	8.53	1.65	0.46	27 526	Hadi et al., 2021
11	梅花井褐煤	17.95	18.25	39.04	50.26	3.82	8.6	0.7	0.43	17 930	许旭斌, 2021
12	高挥烟煤	2.5	14.3	39.06	81.32	5.27	8.58	1.85	0.49	31 843	Taniguchi et al., 2011
13	匹兹堡烟煤	2.5	13.5	39.88	71.5	4.7	7	1.3	1.3	28 144	Paula et al., 2008
14	美国煤	2.5	13.3	39.9	70.1	4.58	6.73	1.37	1.37	27 576	Khatami et al., 2015
15	英夕法尼亚煤	2.5	13.3	39.9	70.1	4.58	6.73	1.37	0.39	27 485	Khatami et al., 2012

续表

序号	煤炭名称	M_{ar} (%)	A_{ar} (%)	V_{daf} (%)	C_{ar} (%)	H_{ar} (%)	O_{ar} (%)	N_{ar} (%)	S_t (%)	$Q_{ar,net}$ (kJ/kg)	参考文献
16	宾夕法尼亚烟煤	2.5	13.3	39.9	70.1	4.58	6.9	1.37	1.37	27 576	Maffei et al., 2013
17	匹兹堡 8 号烟煤	2.5	13.3	39.9	70.1	4.58	6.73	1.37	1.37	27 576	Levendis et al., 2011
18	土耳其生物质焦炭	0.79	1.5	40.14	68.9	5.78	23.04	0.6	0.08	28 300	Keivani et al., 2022
19	德国硬煤	3.48	7.13	40.77	76.42	5.24	8.75	1.54	0.92	30 235	Reichelt et al., 1998
20	次烟煤	26	7.1	41.11	50.18	3.08	12.71	0.94	0.47	18 930	Wee et al., 2005
21	高挥烟煤	1.7	7.3	41.32	82.18	5.41	7.57	1.57	1.47	32 377	Taniguchi et al., 2011
22	哥伦比亚烟煤	7.37	9.16	41.89	64.63	4.66	12.21	1.38	0.59	25 678	Rabaçal et al., 2019
23	巴西烟煤	5.28	31.95	41.95	48.12	3.57	9.34	0.88	0.86	19 264	Rabaçal et al., 2019
24	韩国褐煤 1	10.33	10.63	42.25	70.89	4.4	8.95	1.1	0.13	27 360	Moon et al., 2015
25	英国 Baddesley	6.2	6.8	43.45	78	6.1	0.6	1.3	1	31 557	Hayhurst et al., 1996
26	美国煤 3	3.18	8.83	43.87	70.6	5.05	10.39	1.42	0.53	28 114	Stimpson et al., 2013
27	俄罗斯 Azey 煤	12.2	7.6	44.14	62.24	3.61	13.63	0.56	0.08	23 687	Kozlov, 2018
28	褐煤 1	33.4	8.66	44.65	42.97	2.86	11.35	0.61	0.15	15 150	赵智勇, 2013
29	意大利 Montana	37.2	6.9	44.76	64.55	4.05	17.22	0.99	0.75	24 372	Senneca et al., 1998
30	怀俄明次烟煤	26.3		44.91	51.44	4.2	11.5	0.66	0.29	20 445	Levendis, 2011
31	海拉尔褐煤	30.87	10.3	44.98	41.55	2.58	13.86	0.76	0.08	15 462	Tahmasebi et al., 2016
32	美国煤 1	21.23	5.53	46.1	54.39	2.07	15.67	0.86	0.26	19 386	Stimpson et al., 2013
33	褐煤 2	35.1	14.54	46.27	35	2.49	11.76	0.36	0.75	12 640	敬小磊, 2013
34	土耳其褐煤 2	17.7	13	46.46	61.2	4.66	31.7	1.15	1.3	24 386	Magalhãe et al., 2019
35	土耳其褐煤 2	2	15.5	46.55	58.08	4.46	17.74	0.99	1.24	23 516	Özer et al., 2020
36	美国煤 2	23.69	4.94	46.74	53.72	3.57	13.07	0.78	0.23	20 611	Stimpson et al., 2013

续表

序号	煤炭名称	M_{ar} (%)	A_{ar} (%)	V_{daf} (%)	C_{ar} (%)	H_{ar} (%)	O_{ar} (%)	N_{ar} (%)	S_r (%)	$Q_{ar.net}$ (kJ/kg)	参考文献
37	褐煤 1	29.5	13.43	46.8	40.96	2.78	12.27	0.61	0.45	14 720	敬小磊, 2013
38	怀俄名煤	26.3	5.6	48.6	51.44	4.2	11.5	0.29	0.29	20 445	Khatami et al., 2012
39	怀俄名次烟煤	26.3	5.6	48.6	51.44	4.2	11.5	0.66	0.29	20 445	Levendis et al., 2011
40	褐煤 2	40.8	7.26	49.13	38.06	2.77	9.44	0.6	1.07	13 850	耿克成, 2020
41	次烟煤		15.7	49.35	74.1	6.2	17.1	1.8	0.8	30 505	Taniguchi et al., 2011
42	小龙潭褐煤	37.39	13.72	49.39	35.42	2.5	8.72	0.84	1.42	12 850	陈红, 2009
43	次烟煤	7.1	7.1	49.42	63.58	4.29	16.82	0.86	0.26	24 941	Taniguchi et al., 2013
44	印尼次烟煤	15.77	2.3	49.46	64	3.17	13.7	1	0.06	23 737	Cristina et al., 2012
45	褐煤	32.1	17.86	49.46	36.52	2.57	9.83	0.74	0.38	13 020	冉燊铭, 2021
46	韩国褐煤 3	15.05	11.33	50.47	67.16	4.53	6.91	1.7	0.41	26 186	Cheoreon et al., 2015
47	土耳其褐煤	3.19	48.38	51.27	35.9	3.25	4.42	0.35	1.98	15 132	Kanca, 2020
48	孟加拉褐煤	31.9	9.66	51.33	44.6	3.49	9.22	1.16	0.51	17 388	邹宗赛, 2008
49	印尼褐煤	11.2	3.73	51.57	63.8	4.17	15.99	1.02	0.09	25 660	Dueso, 2019
50	奥地利次烟煤	25.3	12.3	51.6	42.5	3.28	15.27	0.4	0.95	16 684	Winter et al., 1997
51	Bursa-Orhaneli	23.63	9.69	51.74	68.48	4.56	11.53	1.51	1.23	17 422	Varol, 2015
52	韩国褐煤 2	18.22	5.45	51.8	73.58	4.6	8.45	1.59	1.48	28 383	Cheoreon et al., 2015
53	土耳其 Orhaneli-Bursa	30.4	6.5	51.98	48.44	3.06	9.33	0.77	1.6	18 353	Engin et al., 2020
54	德国褐煤	5.4	2.9	52.24	62.17	4.77	23.84	0.64	0.28	25 000	Özer et al., 2020
55	次烟煤	10.6	8.5	52.53	61.78	4.83	21.28	0.98	0.54	24 834	Taniguchi et al., 2011
56	土耳其褐煤 2	33.91	16.26	52.58	36.73	6.8	3.26	1.14	1.91	18 208	Atimtay et al., 2017
57	西澳大利亚褐煤 1	64.9	1.09	54.28	23.12	1.78	8.88	0.17	0.07	7 849	Zhang et al., 2011

续表

序号	煤炭名称	M_{ar} (%)	A_{ar} (%)	V_{daf} (%)	C_{ar} (%)	H_{ar} (%)	O_{ar} (%)	N_{ar} (%)	S_r (%)	$Q_{ar,net}$ (kJ/kg)	参考文献
58	北达科他褐煤	33.4		56.16	44.09	2.66	12.39	0.6	0.47	16 356	Levendis, 2011
59	西澳大利亚褐煤 3	59.6	11.19	56.57	17.91	1.44	8.71	0.58	0.58	5 978	Zhang et al., 2011
60	波兰褐煤 2	45.64	8.86	56.66	26.9	2.14	9.31	0	0.81	9 965	Struga et al., 2022
61	Denizili-Kale	16.68	17.16	56.8	55.74	3.42	17.08	1.46	3.74	16 166	Varol, 2015
62	西澳大利亚褐煤 4	53.8	11.09	56.97	20.44	1.9	12.75	0.01	0.01	7 349	Zhang et al., 2011
63	西澳大利亚褐煤 2	55.9	12.22	57.12	18.86	1.56	10.03	0.72	0.72	6 511	Zhang et al., 2011
64	土耳其褐煤 1	30.14	12.04	57.18	41.94	2.2	11.86	0.39	1.43	15 354	Atimtay et al., 2017
65	奥地利次烟煤	52.7	4.9	57.78	27.76	2.06	12.29	0.2	0.1	9 935	Winter et al., 1997
66	韩国褐煤 4	40.72	3.19	58.19	49.51	3.51	13.98	0.7	0.11	18 769	Cheoreon et al., 2015
67	土耳其 Soma Lignite	5.14	40.49	60.29	42.4	1.84	11.51	1	0.73	15 655	Keivani et al., 2022
68	土耳其 Soma-Manisa	18.7	34.7	60.3	34.47	1.46	9.43	0.68	0.59	12 361	Engin et al., 2020
69	德克萨斯褐煤	28.5		61.82	40.61	2.93	11.3	0.79	0.5	15 603	Levendis, 2011
70	北达科他褐煤	33.4	6.4	62.13	44.09	2.66	12.39	0.47	0.47	16 356	Khatami et al., 2012
71	北达科他褐煤	33.4	6.4	62.13	44.09	2.66	18.6	0.6	0.47	16 356	Maffei et al., 2013
72	北达科他褐煤	33.4	6.4	62.13	44.09	2.66	12.39	0.6	0.47	16 356	Levendis et al., 2011
73	土耳其 Bursa Orhaneli	22.33	23.09	63.03	32.22	1.84	18.73	0.42	1.37	11 990	Varol et al., 2014
74	褐煤	13.8	28	63.23	60.94	4.22	19.91	0.86	0.26	23 859	Taniguchi et al., 2011
75	德国褐煤	11.46	4.42	63.9	68.32	4.89	25.57	0.77	0.45	27 009	Reichelt et al., 1998
76	意大利褐煤	6.3	16.9	64.71	55.07	4.38	10.06	1.38	5.91	22 790	Scala, 2015
77	土耳其褐煤 3	4.6	42.4	65.85	27.72	2.86	17.89	0.74	3.76	12 171	Özer et al., 2020
78	波兰褐煤 1	31.62	4.29	68.14	34.09	3.19	19.03	0	0.35	13 647	Struga et al., 2022

续表

序号	煤炭名称	M_{ar} (%)	A_{ar} (%)	V_{daf} (%)	C_{ar} (%)	H_{ar} (%)	O_{ar} (%)	N_{ar} (%)	S_r (%)	$Q_{ar,net}$ (kJ/kg)	参考文献
79	澳大利亚 LY 褐煤	25.2	2.1	70.84	47.18	3.42	21.16	0.39	0.55	18 317	Binner et al., 2011
80	褐煤	11.7	48.04	71.31	27.46	4.46	2.56	0.65	5.14	13 649	Buyukada, 2017
81	褐煤	21.4	27.8	75.39	67.1	12.4	5.5	1.2	13.8	35 134	Buyukada et al., 2018
82	澳大利亚 LY 褐煤	31.9	2.2	78.3	43.03	3.1	19.11	0.36	0.3	16 463	Binner et al., 2011
83	德克萨斯褐煤	28.5	15.3	78.47	40.6	2.9	11.3	0.8	0.5	15 567	Paula et al., 2008
84	德克萨斯褐煤	28.5	15.3	78.65	40.61	2.93	11.3	0.5	0.5	15 603	Khatami et al., 2012
85	德克萨斯褐煤	28.5	15.3	78.65	40.61	2.93	11.3	0.79	0.5	15 603	Levendis et al., 2011

Appendix B Biomass fuel partial parameters

附录 B 生物质燃料部分参数

Appendix B1 Main crop straw fuel parameters

附录 B1 主要农作物秸秆燃料参数

Table B1 Main crop straw fuel parameters

表 B1 主要农作物秸秆燃料参数

序号	名称	M_{ar} (%)	A_{ar} (%)	V_{ar} (%)	FC_{ar} (%)	V_{daf} (%)	C_{ar} (%)	H_{ar} (%)	O_{ar} (%)	N_{ar} (%)	S_{ar} (%)	LHV_{ar} (kJ/kg)	参考文献
1	玉米原料	5.66	7.87	76.15	10.32	88.07	42.33	6.71	36.1	0.73	0.6	20 478	Bhagavatula et al., 2014
2	CS棉花秸秆	9.78	4.36	58.55	27.31	68.19	44.02	5.40	35.00	1.33	0.13	19 576	Wzorek et al., 2021
3	玉米原料	35	3.25	54.6	7.15	88.42	27.63	3.276	30.24	0.488	0.117	11 515	Demirbas et al., 2003
4	稻壳	9.96	20.61	54.68	14.75	78.76	31.46	4.916	32.99	0.099	0	14 975	Demirbas et al., 2003
5	玉米芯	15	1.4	76.6	7	91.63	41.14	4.76	37.44	0.255	0	17 868	Demirbas et al., 2003
6	麦草	11.4	4.492	60.98	23.12	72.50	38.77	5.021	40.02	0.176	0.123	17 446	Damstedt et al., 2007
7	稻壳	14.46	17	58.06	21.08	84.70	30.84	3.43	31.53	1.37	1.37	13 308	Kalyanni et al., 2023
8	玉米秸秆	6.95	7.95	70.70	14.40	76.81	36.50	3.28	32.47	0.63	0.10	15 061	Gao et al., 2023
9	棉花皮	10.50	10.54	62.17	16.79	69.49	30.87	3.70	26.77	0.66	0.10	13 559	Gao et al., 2023
10	小麦秸秆	9.83	4.62	71.16	14.39	74.61	37.39	4.07	31.11	0.46	0.15	16 088	Gao et al., 2023

续表

序号	名称	M_{ar} (%)	A_{ar} (%)	V_{ar} (%)	FC_{ar} (%)	V_{daf} (%)	C_{ar} (%)	H_{ar} (%)	O_{ar} (%)	N_{ar} (%)	S_{ar} (%)	LHV_{ar} (kJ/kg)	参考文献
11	千草秸秆	6.95	5.82	67.04	20.19	76.85	43.54	5.16	37.70	0.75	0.08	19 249	Glushkova et al., 2021
12	波兰废茎秸秆	7.80	6.17	69.24	16.79	80.48	43.35	5.27	42.96	0.54	0.07	19 278	Sobek et al., 2022
13	小麦秸秆	12.50	4.03	66.94	16.54	80.19	42.61	5.08	35.00	0.60	0.07	18 728	Burak et al., 2021
14	棉花秸秆	7.98	4.44	59.72	27.85	68.19	44.90	5.50	35.69	1.35	0.13	20 012	Wzorek et al., 2021
15	玉米秸秆	7.51	4.61	72.04	15.84	81.98	42.07	5.44	39.78	0.49	0.1	15 098	李伟, 2021
16	玉米秸秆	8.27	5.36	65.55	20.82	75.89	40.68	6.01	37.45	1.44	0.79	19 196	张冲冲, 2020
17	玉米芯	10.4	1.8	73.3	14.5	83.49	41.31	5.55	40.37	0.42	0.15	14 080	许旭斌, 2021
18	稻壳	10.70	13.52	60.9	14.88	80.36	37.51	3.83	34.12	0.29	0.03	13 917	孙进, 2017
19	玉米芯	46.40	3.7	42.2	7.7	84.57	13.71	0.81	35.04	0.31	0.03	8 324	孙进, 2017
	均值	13.00	6.92	65.64	16.39	80.13	37.40	4.59	35.36	0.65	0.22	16 198	本研究

注：部分数据是本研究计算得到。

Appendix B2　Fuel parameters of secondary crops, vegetables and fruits straw

附录 B2　次要农作物、蔬菜水果秸秆燃料参数

表 B2　次要农作物、蔬菜水果秸秆燃料参数

Table B2　Fuel parameters of secondary crops, vegetables and fruits straw

序号	名称	M_{ar} (%)	A_{ar} (%)	V_{ar} (%)	FC_{ar} (%)	V_{daf} (%)	C_{ar} (%)	H_{ar} (%)	O_{ar} (%)	N_{ar} (%)	S_{ar} (%)	LHV_{ar} (kJ/kg)	参考文献
1	枣核废物	5	0.95	77.71	16.34	82.63	46.84	6.40	36.59	4.23	0	21 596	Alnouss et al., 2020
2	ROC油菜籽饼	11.66	5.72	58.58	24.05	70.90	44.75	6.03	26.03	5.20	0.60	20 456	Wzorek et al., 2021
3	紫花苜蓿秸秆	10.48	5.84	68.06	15.62	81.33	40.6	5.15	36.02	1.83	0.09	18 194	Tillman et al., 2000
4	榛子壳	9.2	3.5	60.1	27.2	68.84	48.03	5.08	32.91	1.27	0	20 580	Demirbas et al., 2003
5	甘蔗垃圾	4	1.75	55.98	38.27	59.40	47.04	5.65	41.56	0.00	0	20 944	Narayanana et al., 2007
6	可可壳	6.5	6.5	48.15	38.85	55.34	46.52	5.42	33.89	1.122	0.047	20 488.7	Narayanana et al., 2007
7	甘蔗渣	50	1.5	30.15	18.35	62.16	11.75	1.63	35.12	0	0	4 317	Narayanana et al., 2007
8	落花生壳	10.83	4	74.48	18.75	77.58	40.03	5.11	39.18	0.85	0.00	16 000	Kalyanni et al., 2023
9	马来西亚水果梗	6.10	5.8	80.00	8.10	84.93	47.26	5.83	46.04	0.82	0.05	21 148.4	Tariq et al., 2022
10	马来西亚油棕榈壳	6.70	2.2	73.50	17.60	75.15	51.07	4.71	43.76	0.41	0.05	21 260.4	Tariq et al., 2022
11	马拉西亚橙皮	6.60	5.7	66.00	21.70	69.99	41.94	4.14	52.90	0.97	0.05	17 707	Tariq et al., 2022
12	土耳其橄榄渣	5.9	2.90	71.90	19.30	74.05	42.50	5.84	42.32	0.53	0.00	19 598	Magalhaes et al., 2022
13	土耳其棉花皮	6.90	5.40	75.60	12.10	79.92	43.57	6.05	33.70	4.10	0.37	20 175	Yasar, 2023
14	法国 Argan 果核壳	9.50	1.50	67.50	21.50	75.84	45.68	5.62	37.69	0.00	0.00	20 345	Rahib et al., 2021
15	向日葵秸秆	9.10	2.91	68.90	19.09	78.31	47.00	5.18	34.91	0.73	0.13	20 351	Ulusoy et al., 2021
16	油菜籽饼	11.66	5.72	58.58	24.05	70.90	44.75	6.03	26.03	5.20	0.60	20 456	Wzorek et al., 2021

续表

序号	名称	M_{ar} (%)	A_{ar} (%)	V_{ar} (%)	FC_{ar} (%)	V_{daf} (%)	C_{ar} (%)	H_{ar} (%)	O_{ar} (%)	N_{ar} (%)	S_{ar} (%)	LHV_{ar} (kJ/kg)	参考文献
17	芒草颗粒	7.80	2.10				43.34	5.41	39.28	0.27	0.00	16 400	Archan et al., 2021
18	花生壳压块	3.64	23.76	57.98	14.62	79.86	35.03	4.60	31.69	1.14	0.14	15 984	陆红娇，2019
19	花生壳颗粒	5.34	12.57	65.67	16.42	80	45.1	5.70	29.62	1.57	0.1	20 334	陆红娇，2019
20	花生壳	6.09	10.27	65.44	18.2	78.24	43.22	5.88	33.42	1.11	0.01	15 756	张冲冲，2020
21	硬杂木+花生壳	7.08	2.53	74.45	15.94	82.37	45.42	6.22	38.04	0.70	0.01	16 597	张冲冲，2020
22	花生壳	3.22	16.56	77.38	2.84	96.46	46.64	5.96	26.20	0.78	0.64	21 197	孙岑，2020
23	甘蔗渣	10.07	2.93	72.1	14.9	82.87	46.51	6.06	33.94	0.44	0.05	21 042	何姗娜，2017
24	甘蔗叶	9.93	4.81	70.45	14.81	82.63	43.94	5.88	34.64	0.59	0.21	20 040	何姗娜，2017
25	甘蔗渣	50.73	1.43	41.98	5.86	87.75	21.33	3.06	23.29	0.13	0.03	7 638	孙进，2017
	均值	10.96	5.55	65.03	18.52	76.56	42.39	5.31	35.55	1.36	0.13	18 344	本研究

Appendix B3　Part of forest litter fuel parameters

附录 B3　部分森林凋落物燃料参数

Table B3　Part of forest litter fuel parameters

表 B3　部分森林凋落物燃料参数

序号	名称	M_{ar} (%)	A_{ar} (%)	V_{ar} (%)	FC_{ar} (%)	V_{daf} (%)	C_{ar} (%)	H_{ar} (%)	O_{ar} (%)	N_{ar} (%)	S_{ar} (%)	LHV_{ar} (kJ/kg)	参考文献
1	switchgrass	4.87	2.16	83.62	9.35	89.94	45.76	8.09	38.72	0.32	0.08	22 949	Bhagavatula et al., 2014
2	黑松木颗粒	3.63	0.73	73.75	21.89	77.11	50.55	5.71	39.05	0.15	0.18	22 173	Yelverton et al., 2020
3	桉树木屑	29.60	0.14	59.35	10.91	84.47	36.29	4.15	29.77	0.04	0.01	15 337	Issac et al., 2020
4	黄杨	5.31	1.54	81.52	11.63	87.51	44.40	5.51	42.46	0.79	0.00	19 900	Seo et al., 2020
5	锯末	34.93	0.69	55.04	9.34	85.49	32.06	3.86	28.19	0.26	0.01	13 541	Tillman et al., 2000
6	锯末	7.30	2.60	76.20	13.90	84.57	46.90	5.20	37.89	0.10	0.01	20 369	Demirbas et al., 2003
7	森林废弃物	10.50	1.88	68.65	18.97	82.21	46.81	5.37	34.91	0.54	0.00	20 435	Dea et al., 2015
8	白木	7.90	10.96	65.89	15.25	81.21	41.28	3.81	35.64	0.28	0.12	17 135	Ndibe et al., 2015
9	硬木颗粒	8.00	1.40	73.60	17.00	74.65	45.72	5.61	39.01	0.18	0.04	20 383	Yoon et al., 2023
10	硬木颗粒	7.60	2.20	90.20	0.00	92.23	84.57	5.27	0.37	0.28	0.04	32 751	Yoon et al., 2023
11	松木颗粒	6.82	0.23	74.12	18.83	74.29	41.45	5.12	46.37	0.07	0.18	18 538	Ciria et al., 2022
12	木颗粒	5.20	0.40	71.60	22.80	71.89	44.75	5.97	43.61	0.09	0.00	20 485	Cid et al., 2022
13	加拿大生物质	6.00	0.40	79.40	14.20	79.72	51.10	6.30	42.50	0.10	0.00	22 872	Sakib et al., 2023
14	波兰木片	6.20	1.40	77.00	15.40	78.09	47.70	5.47	38.85	0.27	0.11	20 936	Krzywanski et al., 2022
15	波兰废弃生物质	7.80	6.17	69.24	16.79	73.79	43.33	5.26	43.06	0.00	0.55	19 298	Dudziak et al., 2022
16	芬兰云杉树皮	52.30	1.81	35.87	10.02	36.53	24.37	2.66	18.13	0.20	0.02	9 428	Karlstr'om et al., 2022

续表

序号	名称	M_{ar} (%)	A_{ar} (%)	V_{ar} (%)	FC_{ar} (%)	V_{daf} (%)	C_{ar} (%)	H_{ar} (%)	O_{ar} (%)	N_{ar} (%)	S_{ar} (%)	LHV_{ar} (kJ/kg)	参考文献
17	松树锯末	7.00	1.49	76.32	15.19	83.40	48.04	6.02	37.25	0.20		21 571	Glushkova et al., 2021
18	北极桦树叶	7.00	2.60	70.96	19.44	78.50	45.38	5.75	38.28	0.99		20 427	Glushkova et al., 2021
19	奥地利云杉木片	35.00	0.62				32.63	3.85	27.43	0.07	0.40	13753	Archan et al., 2021.0
20	奥地利 Miscanthus 颗粒	7.00	2.10				43.72	5.43	39.60	0.25	1.90	19 740	Archan et al., 2020
21	泰国橡木	4.60	8.30	66.90	20.20	76.81	39.98	5.75	34.06	7.23	0.09	18 724	Laphirattanakul et al., 2020
22	西班牙木头颗粒	5.23	0.39	71.57	22.81	75.83	44.56	5.98	43.38	0.08	0.00	20 433	Adanez et al., 2022
23	巴西湿地松	7.70	0.41	87.84	11.75	95.59	45.82	8.06	45.39	0.23	0.09	22 874	Hillig et al., 2020
24	杨树木片	7.00	2.04	76.69	14.28	84.31	44.58	5.30	40.56	0.52	0.00	18 380	Caposciutti et al., 2020
25	木片 1	8.00	0.70				46.29	5.48	38.80	0.09	0.00	17 400	Archan et al., 2021
26	木片 2	16.60	0.70				41.93	4.96	35.15	0.08	0.00	15 500	Archan et al., 2021
27	木片 3	30.70	0.70				34.78	4.12	29.16	0.07	0.00	12 400	Archan et al., 2021
28	梅叶冬青叶片	74.10	2.09	19.17	4.64	80.51	12.84	1.49	8.90	0.52	0.06	3 990	陶骏骏, 2017
29	冲天柏叶片	35.90	3.87	46.97	13.26	77.98	34.26	3.67	20.86	1.06	0.38	14 083	陶骏骏, 2017
30	青冈栎叶片	67.55	2.05	24.33	6.07	80.03	16.67	1.89	11.33	0.42	0.09	5 796	陶骏骏, 2017
31	米老排叶片	74.29	1.21	19.42	5.08	79.27	13.23	1.49	9.35	0.42	0.01	4 108	陶骏骏, 2017
32	大叶香樟叶片	57.76	3.13	31.39	7.72	80.26	20.69	2.37	15.04	0.85	0.16	7 822	陶骏骏, 2017
33	香果树叶片	45.70	1.91	40.10	12.29	76.54	29.08	3.17	19.14	0.82	0.18	11 645	陶骏骏, 2017
34	白花山玉兰叶片	60.15	2.59	29.85	7.41	80.11	19.42	2.26	14.65	0.84	0.09	7 235	陶骏骏, 2017
35	乐昌含笑叶片	65.56	2.53	25.80	6.11	80.85	17.35	1.96	11.57	0.85	0.18	6 142	陶骏骏, 2017
36	野杜丹叶片	71.40	2.81	21.06	4.73	81.66	13.30	1.63	10.39	0.42	0.05	4 342	陶骏骏, 2017

续表

序号	名称	M_{ar} (%)	A_{ar} (%)	V_{ar} (%)	FC_{ar} (%)	V_{daf} (%)	C_{ar} (%)	H_{ar} (%)	O_{ar} (%)	N_{ar} (%)	S_{ar} (%)	LHV_{ar} (kJ/kg)	参考文献
37	相思树叶片	58.01	1.79	30.37	9.83	75.55	22.24	2.43	14.36	1.02	0.15	8 382	陶骏骏,2017
38	圣诞树叶片)	47.98	3.04	37.40	11.58	76.36	28.07	2.98	16.60	1.15	0.18	11 072	陶骏骏,2017
39	格树叶片	58.25	4.60	29.64	7.51	79.78	19.34	2.33	14.59	0.81	0.08	7 322	陶骏骏,2017
40	赤桉叶片	63.71	1.31	26.91	8.07	76.93	20.09	2.11	12.16	0.57	0.05	7 219	陶骏骏,2017
41	叶子花叶片	76.04	3.37	16.68	3.91	81.01	10.98	1.29	7.39	0.79	0.14	3 145	陶骏骏,2017
42	桂花叶片	47.91	2.41	39.95	9.73	80.41	26.99	3.14	18.74	0.75	0.06	10 869	陶骏骏,2017
43	牛矢果叶片	49.64	1.82	38.69	9.85	79.71	27.46	2.88	17.18	0.97	0.05	10 722	陶骏骏,2017
44	马尾松叶片	65.57	0.67	26.80	6.96	79.38	18.39	2.13	12.93	0.29	0.02	6 637	陶骏骏,2017
45	云南松叶片	56.68	1.10	32.47	9.75	76.91	22.60	2.57	16.13	0.83	0.09	8 665	陶骏骏,2017
46	昆明海桐叶片	62.28	2.76	27.86	7.10	79.69	19.40	2.10	12.85	0.54	0.07	7 018	陶骏骏,2017
47	金竹叶片	38.69	7.25	44.07	9.99	81.52	28.10	3.35	21.01	1.35	0.25	11 672	陶骏骏,2017
48	车桑子叶片)	64.56	1.82	26.58	7.04	79.06	19.04	2.04	11.76	0.68	0.10	6 791	陶骏骏,2017
49	肋果茶叶片	63.90	2.86	24.98	8.26	75.15	18.45	2.04	11.98	0.50	0.27	6 629	陶骏骏,2017
50	北美红杉叶片	51.80	1.80	34.83	11.57	75.06	26.41	2.82	16.39	0.66	0.12	10 276	陶骏骏,2017
51	红花油茶叶片	58.04	1.71	31.43	8.82	78.09	21.59	2.41	15.29	0.90	0.06	8 141	陶骏骏,2017
52	油茶叶片	60.99	2.01	28.95	8.05	78.24	20.00	2.22	14.06	0.67	0.05	7 362	陶骏骏,2017
53	木荷叶片	48.01	1.57	39.71	10.71	78.76	28.46	3.03	18.16	0.70	0.07	11 239	陶骏骏,2017
54	马缨丹叶片	78.10	2.15	15.77	3.98	79.85	10.42	1.23	7.30	0.75	0.05	2 846	陶骏骏,2017
55	松木	7.04	2.58	82.96	7.42	91.79	46.09	6.35	37.36	0.56	0.02	18 385	张冲冲,2020
56	硬杂木	6.31	3.22	73.71	16.76	81.47	45.54	6.03	37.87	1.01	0.02	16 828	张冲冲,2020
57	木头	8.49	6.25	70.73	14.53	82.96	44.82	6.28	33.74	0.18	0.24	16 128	张冲冲,2020

续表

序号	名称	M_{ar} (%)	A_{ar} (%)	V_{ar} (%)	FC_{ar} (%)	V_{daf} (%)	C_{ar} (%)	H_{ar} (%)	O_{ar} (%)	N_{ar} (%)	S_{ar} (%)	LHV_{ar} (kJ/kg)	参考文献
58	桉树枝	11.23	3.73	68.30	16.74	80.32	46.45	6.28	31.81	0.44	0.06	21 216	何姗姗，2017
59	桉树叶	9.38	4.78	67.39	18.45	78.51	49.97	6.43	26.83	2.39	0.22	22 575	何姗姗，2017
60	桉树皮	10.18	11.20	62.76	15.86	79.83	44.02	5.77	28.24	0.55	0.04	19 934	何姗姗，2017
61	棕榈纤维	31.84	6.35	48.61	13.20	78.64	31.35	4.57	25.81	0.02	0.06	11 800	孙进，2017
62	桉树皮	52.00	2.45	37.60	7.95	82.55	22.41	1.80	21.17	0.16	0.01	6 845	孙进，2017
63	棕榈壳	12.00	3.52	68.20	16.28	80.73	44.44	5.01	34.73	0.28	0.02	16 900	孙进，2017
64	棕榈油串	50.80	2.04	37.40	9.76	79.30	23.38	2.74	20.59	0.35	0.10	6 614	孙进，2017
	均值	33.46	2.61	51.09	11.64	79.54	33.72	4.04	25.72	0.62	0.12	13 846	本研究

Appendix B4　Part of municipal waste fuel parameters

附录 B4　部分城市垃圾燃料参数

Table B4　Part of municipal waste fuel parameters

表 B4　部分城市垃圾燃料参数

序号	名称	M_{ar} (%)	A_{ar} (%)	V_{ar} (%)	FC_{ar} (%)	V_{daf} (%)	C_{ar} (%)	H_{ar} (%)	O_{ar} (%)	N_{ar} (%)	S_{ar} (%)	LHV_{ar} (kJ/kg)	参考文献
1	干燥下水污泥	8.30	65.84	8.07	17.79	31.21	4.94	0.59	17.46	2.84	0.03	2 021	Alnouss et al., 2020
2	MSW	42.00	8.60	35.00	14.40	70.85	34.42	8.38	5.00	1.49	0.12	9 741	Qi et al., 2023
3	波兰污泥	16.60	27.89	50.54	4.97	70.09	29.94	4.17	44.62	4.67	0.00	13 579	Dudziak et al., 2022
4	污水污泥	0.00	41.16	53.62	5.22	91.13	29.96	4.68	18.50	4.98	0.72	12 226	Zhenget al., 2019
	均值	12.54	27.24	48.29	11.94	73.21	32.43	4.65	24.34	2.53	0.25	12 955	本研究

Appendix B5　Part of kitchen waste fuel parameters

附录 B5　部分厨余垃圾燃料参数

Table B5　Part of kitchen waste fuel parameters

表 B5　部分厨余垃圾燃料参数

序号	名称	M_{ar} (%)	A_{ar} (%)	V_{ar} (%)	FC_{ar} (%)	V_{daf} (%)	C_{ar} (%)	H_{ar} (%)	O_{ar} (%)	N_{ar} (%)	S_{ar} (%)	LHV_{ar} (kJ/kg)	参考文献
1	食物残渣	75.10	1.54	21.44	1.92	91.79	10.84	1.61	10.18	0.72	0.00	3 428	Alnouss et al., 2020
2	AFW	60.00	2.10	20.10	17.80	53.03	50.71	7.81	34.00	4.54	1.21	3 320	Qi et al., 2023
3	广东食物残渣	2.47	8.44	80.27	8.82	90.10	47.99	7.35	31.00	2.57	0.20	23 049	Dai et al., 2020
4	食物残渣 1	71.40	0.96	24.28	3.36	87.83	14.89	2.03	9.70	0.95	0.07	4 203	Caton et al., 2010
5	食物残渣 2	70.40	1.98	23.68	3.94	85.74	14.43	2.05	9.73	1.32	0.10	4 594	Caton et al., 2010
6	食物残渣 3	72.00	1.81	23.45	2.74	89.55	14.17	1.98	9.00	0.98	0.07	3 716	Caton et al., 2010
7	肉渣	12.37	0.83	75.64	11.16	87.14	50.60	23.55	21.66	3.46	0.73	38 750	Zhou et al., 2020
8	馒头残渣	8.69	0.56	86.13	4.62	94.91	44.18	20.69	32.83	2.21	0.09	32 480	Zhou et al., 2020
9	米饭残渣	8.36	0.34	88.65	2.65	97.10	47.79	8.76	31.56	3.06	0.13	20 520	Zhou et al., 2020
10	蔬菜残渣	11.93	0.92	75.46	11.69	86.59	46.02	16.81	21.20	2.73	0.47	28 410	Zhou et al., 2020
11	深圳厨余垃圾	63.31	17.14	17.21	2.33	88.03						10 542	龚佰勋, 2002
12	武汉厨余垃圾	83.60	3.65	10.75	2.00	84.29	4.93	0.65	6.85	0.24	0.07	351	邢智炜, 2013
13	白菜叶	60.00	6.60	25.32	8.08	75.81	14.50	2.04	15.43	1.30	0.13	5 423	成明锴等, 2022
14	米饭残渣	52.00	0.19	42.74	5.07	89.40	21.27	3.16	22.77	0.62	0.05	8 940	宋爽, 2017
15	菜叶残渣	45.00	7.87	34.27	12.90	72.70	20.55	2.97	21.21	2.45	0.05	8 678	宋爽, 2017
16	牛骨	10.04	62.21	26.03	1.72	93.80	15.24	2.86	5.87	3.72	0.06	7 632	杨宇轩, 2023

续表

序号	名称	M_{ar} (%)	A_{ar} (%)	V_{ar} (%)	FC_{ar} (%)	V_{daf} (%)	C_{ar} (%)	H_{ar} (%)	O_{ar} (%)	N_{ar} (%)	S_{ar} (%)	LHV_{ar} (kJ/kg)	参考文献
17	藻壳	9.81	29.15	55.78	5.26	91.38	27.91	3.07	23.30	6.41	0.36	12 030	杨宇轩，2023
18	虾壳	2.53	27.49	59.31	10.67	84.75	31.93	3.89	26.51	7.12	0.53	14 352	杨宇轩，2023
	均值	39.95	9.65	43.92	6.49	85.78	28.11	6.55	19.58	2.61	0.25	12 801	本研究

Appendix B6　Part of animal manure fuel parameters

附录 B6　部分动物粪便燃料参数

Table B6　Part of animal manure fuel parameters

表 B6　部分动物粪便燃料参数

序号	名称	M_{ar} (%)	A_{ar} (%)	V_{ar} (%)	FC_{ar} (%)	V_{daf} (%)	C_{ar} (%)	H_{ar} (%)	O_{ar} (%)	N_{ar} (%)	S_{ar} (%)	LHV_{ar} (kJ/kg)	参考文献
1	粪肥	27.40	15.68	47.12	9.80	82.79	21.12	2.90	30.51	2.11	0.28	9 204	AlNouss et al., 2020
2	CAM 骆驼粪	57.43	3.87	27.36	11.34	70.71	20.33	2.49	14.90	0.84	0.14	7 834	Wzorek et al., 2021
3	COM 牛粪	84.21	1.91	9.71	4.17	69.97	7.59	0.97	5.00	0.27	0.04	1 518	Wzorek et al., 2021
4	骆驼粪便	57.43	3.87	27.36	11.34	70.71	20.33	2.49	14.90	0.84	0.14	7 834	Wzorek et al., 2021
5	牛粪	84.21	1.91	9.71	4.17	69.97	7.59	0.97	5.00	0.27	0.04	1 518	Wzorek et al., 2021
	均值	62.14	5.45	24.25	8.16	72.83	15.39	1.97	14.06	0.87	0.13	5 581	本研究

Appendix B7　Part of construction waste fuel parameters

附录 B7　部分建筑垃圾料料参数

Table B7　Part of construction waste fuel parameters

表 B7　部分建筑垃圾燃料参数

序号	名称	M_{ar} (%)	A_{ar} (%)	V_{ar} (%)	FC_{ar} (%)	V_{daf} (%)	C_{ar} (%)	H_{ar} (%)	O_{ar} (%)	N_{ar} (%)	S_{ar} (%)	LHV_{ar} (kJ/kg)	参考文献
1	各仓木料废弃物	30.78	4.08	52.56	12.58	80.69	33.22	3.84	27.04	1.00	0.07	14 002	Hus et al., 2010
2	木屑	7.00	0.37	54.52	38.11	58.86	45.38	5.92	41.32	0.00	0.00	20 604	Narayanana et al., 2007
	均值	18.89	2.23	53.54	25.35	69.77	39.30	4.88	34.18	0.50	0.04	17 303	本研究

Appendix B8 Other refuse fuel parameters

附录 B8 其他垃圾燃料参数

Table B8 Other refuse fuel parameters

表 B8 其他垃圾燃料参数

序号	名称	M_{ar} (%)	A_{ar} (%)	V_{ar} (%)	FC_{ar} (%)	V_{daf} (%)	C_{ar} (%)	H_{ar} (%)	O_{ar} (%)	N_{ar} (%)	S_{ar} (%)	LHV_{ar} (kJ/kg)	参考文献
1	SRC	6.00	2.90	72.40	18.70	79.47	44.84	5.64	38.46	0.38	1.79	20 330	Pickard et al., 2014
2	MC	5.50	3.30	74.00	17.30	81.14	43.85	5.48	41.59	0.28	0.00	19 693	Pickard et al., 2014
3	RCG	5.80	8.10	68.50	17.60	79.56	39.75	5.09	39.94	1.32	0.00	17 952	Pickard et al., 2014
4	Switchgrass	15.00	7.63	65.18	12.19	84.24	39.68	4.95	31.93	0.65	0.16	17 595	Tillman et al., 2000
	均值	8.08	5.48	70.02	16.45	81.10	42.03	5.29	37.98	0.66	0.49	18 893	本研究

Appendix C   Constant table
附录 C   常数表

Appendix C1   Physical constants

附录 C1   物理常数

Table C1   Physical constants

表 C1   物理常数

1	光速	Lightspeed	$c \, (m/s)$	299 792 458
2	碳元素原子量	C	$C(g/mol)$	12.010 7
3	万有引力常数		$G(N \cdot m^2/kg^2)$	6.672 59E-11
4	地球质量	Earth Mass	$M_e(kg)$	5.972 37E+24
5	大气摩尔质量		$MW_{air}(g/mol)$	29
6	CO_2 摩尔质量	CO_2	$MW_{CO_2}(g/mol)$	44.009 5
7	N_2 摩尔质量	N_2	$MW_{N_2}(g/mol)$	28.013 4
8	氮元素原子量	N	$N(g/mol)$	14.006 7
9	氧元素原子量	O	$O(g/mol)$	15.999 4
10	大气压力		$p(Pa)$	101 325
11	标准煤的热值	Heating Value of CE	$Q_{CE}(kJ/kg)$	29 307.6
12	标准油的热值	Heating Value of OE	$Q_{OE}(kJ/kg)$	42 620
13	标准气的热值	Heating Value of GE	$Q_{GE}(kJ/kg)$	36 440
14	通用气体常数		$R[J/(mol \cdot K)]$	8.314 5
15	原子钟的时间分辨率		$\Delta t_{ac}(ns)$	50

Appendix C2　Lunar constants
附录 C2　月球常数

Table C2　Lunar constants
表 C2　月球常数

1	向心加速度	$a\,(\mathrm{m^2/s})$	2.724E-03
2	质量	$M_{\mathrm{Luna}}\,(\mathrm{kg})$	7.324 2E+22
3	半径	$r\,(\mathrm{m})$	1 737 100
4	月地最短距离	$r_{\mathrm{luna\text{-}earth1}}\,(\mathrm{m})$	3.631E+08
5	月地最长距离	$r_{\mathrm{luna\text{-}earth2}}\,(\mathrm{m})$	4.057E+08
6	月地平均距离	$r_{\mathrm{luna\text{-}earth}}\,(\mathrm{m})$	3.844E+08
7	表面积	$S\,(\mathrm{km^2})$	3.79E+07
8		$(\mathrm{m^2})$	3.79E+13
9	公转轨道 1 m 距离对应的时间		
10		$t_{1\mathrm{m}}\,(\mathrm{s})$	9.773E−04
11		(ms)	9.773E−01
12		$(\mu\mathrm{s})$	977
13		(ns)	977 307
14	暗面表面温度	$t_{\mathrm{dark}}\,(℃)$	−180
15	亮面表面温度	$t_{\mathrm{light}}\,(℃)$	150
16	公转周期	$T_{\mathrm{LO}}\,(\mathrm{day})$	27.32
17		(s)	2.360E+06
18	自转周期	$T_{\mathrm{LR}}\,(\mathrm{day})$	27.32
19		(s)	2.360E+06
20	月球运行线速度	$w\,(\mathrm{m/s})$	1 023
21	逃逸速度	$w_{\mathrm{escape}}\,(\mathrm{m/s})$	2 400
22	平均密度	$\rho_{\mathrm{Luna}}\,(\mathrm{kg/m^3})$	3 344
23	反照率	$\varphi\,(—)$	0.136
24	反射率	$\chi\,(—)$	0.58

Appendix C3　Solar constants
附录 C3　太阳常数

Table C3　Solar constants
表 C3　太阳常数

1	光速	$c(\mathrm{m/s})$	299 792 458
2	太阳直径	$d_{sun}(\mathrm{m})$	1.392E+09
3	每年辐射的热量	$E_{sun}(\mathrm{J/a})$	1.37E+34
4	太阳距离地球距离	$L_{sun\text{-}earth}(\mathrm{m})$	1.496E+11
5	地球质量	$M_{earth}(\mathrm{kg})$	5.965E+24
6	太阳质量	$M_{sun}(\mathrm{kg})$	1.989 1E+30
7	地球年时间	$P_{earth\text{-}O}(\mathrm{s})$	31 556 925
8	公转周期	$P_O(\mathrm{a})$	2.25E+08
9	自转周期	$P_R(\mathrm{day})$	25.05
10	半径	$r_{sun}(\mathrm{m})$	6.86E+08
11	太阳表面积	$S(\mathrm{m^2})$	5.91E+18
12	太阳温度	$T(\mathrm{K})$	6 000
13	太阳每年损失的质量	$\Delta m(\mathrm{kg})$	1.52E+17
14	太阳平均密度	$\rho(\mathrm{kg/m^3})$	1 408
15	地球质量损失率	$s(-)$	0
16	斯蒂芬-玻尔兹曼常数	$\sigma_0[\mathrm{W/(m^2 \cdot K^4)}]$	5.67E-08
17	太阳每年质量损失率	$\chi(-)$	7.66E-14

Appendix C4   Earth constants
附录 C4   地球常数

Table C4   Earth constants

表 C4   地球常数

1	地球 0 m 海拔表面大气压力	atm(Pa)	101 325
2	地球面积	$A_{earth}(m^2)$	5.10E+14
3	地球陆地面积	$A_{land}(m^2)$	1.49E+14
4	地球海洋面积	$A_{sea}(m^2)$	3.611E+14
5	赤道圆周长	$C_{earth}(m)$	40 075 017
6	地球直径	$d_{earth}(m)$	1.274E+07
7	重力加速度	$g(m/s^2)$	9.806 65
8	大气摩尔质量	$MW_{ea}(g/mol)$	29
9	地球平均海拔	$h_{earth}(m)$	0.0
10	地球陆地平均海拔	$H_{land}(m)$	875
11	地球海洋平均海拔	$H_{sea}(m)$	0
12	轨道长度	$L_{earth-O}(m)$	9.24E+11
13	远日点距离	$L_{LS}(m)$	1.520 98E+11
14	近日点距离	$L_{NS}(m)$	1.470 98E+11
15	地球与太阳平均距离	$L_{ES}(m)$	1.495 98E+11
16	地球质量	$M_{earth}(kg)$	5.965 0E+24
17	半径	$r_{earth}(m)$	6.37E+06
18	极半径	$r_{role}(m)$	6.357E+06
19	赤道半径	$r_{equator}(m)$	6.378E+06
20	地球平均半径	$r_{e,m}(m)$	6.368E+06
21	太阳距离地球距离	$r_{sun-earth}(m)$	1.496E+11
22	地球公转周期	$P_O(day)$	365.242 19
23		(s)	3.156E+07
24	自转周期	$P_R(s)$	96 240
25	地表平均温度	$T_{地表}(K)$	287
26	平均公转速度	$v(m/s)$	29 783
27	转轴倾角	$\gamma(°)$	23.44
28	反照率	$\varphi(-)$	0.367

Appendix D　Symbol table

附录 D　符号表

Appendix D1　English symbol

附录 D1　英文符号表

Table D1　English symbol

表 D1　英文符号表

Symbol 符　号	Meaning 含　义	Unit 单　位
a	加速度	m/s^2
A	全球林地面积	$1\ 000\ hm^2$
A_{ar}	收到基灰分含量	%
c	光速	m/s
C_{ar}	收到基碳含量	%
$C_{ar,q4}$	固体不完全燃烧损失引起的碳含量损失	%
$C_{ar,ub}$	未燃尽碳收到基含量	%
$C_{ar,V}$	挥发分中的含碳量	%
E	光子的能量	J
E_1	地球每年吸收太阳的辐射能量	EJ/a
E_2	地球每年向地外宇宙的辐射能量	EJ/a
$E_{主要粮食}$	全球每年消费的主要粮食的能量	EJ/a
$E_{次要粮食}$	全球每年消费的次要粮食的能量	EJ/a
$E_{水果蔬菜}$	全球每年消费的水果蔬菜的能量	EJ/a
$E_{BP,coal}$	《世界能源统计年鉴》中煤炭的能量	EJ
E_{coal}	《世界能源统计年鉴》中全球消费煤炭能量	EJ/a
E_{cs}	全球每年消费牛羊肉的地表循环热量	EJ/a
$E_{C,forest}$	全球森林的固碳能力(碳通量)	EJ/a
E_{Fish}	全球每年消费海洋捕捞渔业的地表循环热量	EJ/a
E_{Forest}	全球森林地表循环热量	EJ/a
E_{gas}	《世界能源统计年鉴》中全球消费天然气能量	EJ/a

Symbol	Meaning	Unit
符　号	含　义	单　位
E_{hydro}	《世界能源统计年鉴》中全球消费水电能量	EJ/a
$E_{nuclear}$	《世界能源统计年鉴》中全球消费核电能量	EJ/a
E_{NR}	全球消费的非可再生能源能量	EJ/a
E_{oil}	《世界能源统计年鉴》中全球消费原油能量	EJ/a
$E_{renewable}$	《世界能源统计年鉴》中全球消费可再生能源的能量	EJ/a
$E_{straw,1}$	全球每年消费的主要粮食的秸秆循环热量	EJ/a
F	通量	Mt/a
FC_{ar}	收到基固定碳含量	%
g	气体	
G	万有引力常数,6.673×10^{-11}	$N \cdot m^2/kg^2$
H_{ar}	收到基氢含量	%
k_1	地球表层循环能量占全球消费的非可再生能源能量的百分数 $r_{total,net}$	%
k_2	地球表层热容量与全球消费的非可再生能源能量的比值 $r_{total,net}$	a
LHV	收到基低位发热量	kJ/kg
m	光子的质量	kg
m_{Ash}	1.0 kg 煤炭中的灰分质量	kg/kg
m_C	1.0 kg 煤碳燃烧向大气排放的 CO_2 质量	kg/kg
m_{CO_2}	1.0 kg 煤碳燃烧排放的 CO_2 质量	kg/kg
m_{N_2}	1.0 kg 煤碳燃烧排放的 N_2 质量	kg/kg
m_{NO}	1.0 kg 煤碳燃烧排放的 NO 质量	kg/kg
m_O	1.0 kg 煤碳所含的氧元素,以 SO_2 形式排向大气的质量	kg/kg
m_S	1.0 kg 煤碳所含的硫元素,以 SO_2 形式排向大气的质量	kg/kg
M_1	全球每年森林凋落物产量	$kg/(hm^2 \cdot a)$
M_{air}	地球大气质量	Mt
M_{ar}	收到基水分含量	%
M_C	世界每年消费煤炭向大气排放碳的质量	Mt/a
$M_{C,NG}$	每年燃烧天然气产生的碳的质量	Mt/a
$M_{C,raw oil}$	每年燃烧原油产生的碳的质量	Mt/a
M_{cs}	全球每年牛羊肉产量	t/a
M_{earth}	地球质量	kg
$M_{E,coal}$	世界每年燃烧煤炭产生的能量对应的光子质量	kg/a
$M_{E,forest}$	全球森林吸收碳的化学能量对应的光子质量	kg/a

Symbol 符　号	Meaning 含　义	Unit 单　位
$M_{E, raw\ oil}$	世界每年燃烧石油产生的能量对应的光子质量	kg/a
$M_{E, H}$	世界每年水电产生的能量对应的光子质量	kg/a
$M_{E, N}$	世界每年核电产生的能量对应的光子质量	kg/a
$M_{E, R}$	世界每年可再生能源能量对应的光子质量	kg/a
$M_{E, NG}$	世界每年燃烧天然气产生的能量对应的光子质量	kg/a
M_{Fish}	全球海洋捕捞渔业产量	Mt/a
M_{Food}	全球每年的粮食产量	t/a
M_{moon}	月球质量	kg
M_{Total}	全球每年的粮食蔬菜水果总产量	t/a
M_{VF}	全球每年的蔬菜水果产量	t/a
M_{N_2}	每年燃烧煤炭产生的氮气的质量	Mt/a
$M_{N_2, NG}$	每年燃烧天然气产生的氮气的质量	Mt/a
$M_{N_2, raw\ oil}$	每年燃烧原油产生的氮气的质量	Mt/a
$M_{H_2O, NG}$	每年燃烧天然气产生的水蒸气的质量	Mt/a
$M_{H_2O, raw\ oil}$	每年燃烧原油产生的水蒸气的质量	Mt/a
$M_{SO_2, raw\ oil}$	每年燃烧原油产生的二氧化硫的质量	Mt/a
$M_{次要粮食}$	全球每年次要粮食的产量	t/a
$M_{主要粮食}$	全球每年主要粮食的产量	t/a
N_{ar}	收到基氮含量	%
O_{ar}	收到基氧含量	%
$r_{C, Forest}$	森林固碳吸热量与地球散热量的比值为森林吸热比例	%
$r_{\Delta sun-earth}$	地球对太阳能的吸收率	%
r_{Food}	粮食产量的份额	—
$r_{Glacier}$	冰川融化吸热量与地球散热量的比值为冰川融化吸热比例	%
r_{hydro}	水电能量的百分数	%
r_{NR}	非可再生能源消费量与地球散热量的比值为非可再生能源比例	%
$r_{renwable}$	可再生能源能量的百分数	%
r_{total}	地表循环能量占非可再生能源能量的百分数	%
$r_{total, net}$	扣除森林吸热量以后,地表循环能量占非可再生能源能量的百分数	%
r_{VF}	蔬菜水果产量的份额	—
$r_{主要粮食}$	主要粮食产量的份额	—
$Q_{ar, net}$	收到基低位发热量	kJ/kg

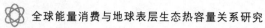

Symbol 符 号	Meaning 含 义	Unit 单 位
q_4	燃煤锅炉的固体不完全燃烧的热损失	%
s	固体	
s_{E_2}	E_2 增速	EJ/a/℃
S_{ar}	收到基硫含量	%
t_{atm}	大气温度	℃
V^0	理论空气量	Nm^3/kg
V^0_{HSO}	H_{ar}、S_{ar} 燃烧需要的氧气(O_2)量,正值表示需要额外氧气,负值表示燃料自带的氧元素就能使得 H_{ar}、S_{ar} 完全燃烧	Nm^3/kg
$V^0_{SO_2}$	1.0 kg煤燃烧向大气排放的 SO_2 体积	Nm^3/kg
V_{ar}	收到基挥发分含量	%
V_{CO_2}	1.0 kg煤完全燃烧产生的 CO_2 体积	Nm^3/kg
$V_{CO_2,1}$	1.0 kg煤燃烧产生的 CO_2 与 SO_2 体积之和	Nm^3/kg
$V_{CO_2,ubC}$	未燃尽碳对应的 CO_2 体积	Nm^3/kg
$V_{CO_2,2}$	1.0 kg煤在实际燃烧过程中产生的 CO_2 体积和 SO_2 体积之和与未燃尽碳对应的 CO_2 体积之差	Nm^3/kg
V_{H_2O}	1.0 kg煤燃烧产生的水蒸气体积	Nm^3/kg
V_{N_2}	1.0 kg煤燃烧产生的 N_2 体积	Nm^3/kg
V_{N_2deNO}	烟气脱除 NOx 引起的 N_2 排放量	Nm^3/kg
V_{SO_2}	1.0 kg煤燃烧产生的 SO_2 体积	Nm^3/kg
x	地球对太空的辐射角系数	—

Appendix D2　Greek alphabet

附录 D2　希腊字母符号

Table D2　Greek alphabet

表 D2　希腊字母符号表

Symbol	Meaning	Unit
符　号	含　义	单　位
δ	地球总辐射能与地球接受太阳辐射能的相对误差	%
ΔA	全球森林面积的变化量	m^2
ΔMc	全球森林面积减少引起的固碳能力的降低量	m^2
Δr_E	全球能量消费量的年增长率	%
Δr_u	全球人口城市化率的年增长率	%
$\Delta r_{Population}$	全球人口年增长率	%
$\Delta \tau$	月球公转周期的变化量	ns/a
ε_1	海洋黑度	—
ε_2	陆地黑度	—
σ_0	斯蒂芬-玻尔兹曼常数	$W/(m^2 \cdot K^4)$
ψ_1	主要粮食作物的草谷比	—
ψ_2	水果蔬菜甜菜的草谷比	—

Appendix D3   Superscript and subscript

附录 D3   上标、下标

Table D3   Superscript and subscript

表 D3   上标、下标

上 标	
Symbol	Meaning
符　号	含　义
0	理　论
下 标	
Symbol	Meaning
符　号	含　义
ad	空气干燥基
ar	收到基
daf	干燥无灰基

Appendix D4　Amount
附录 D4　数量

Table D4　Amount

表 D4　数量

Symbol	Meaning
符　号	含　义
a	year
E	10^{18}
M	10^{6}
n	10^{-9}
Nm^{3}	1 atm，0 ℃时 1 m^{3} 的气体
t	1 000 kg

Postscript

后 记

From 1945, the global population grew rapidly, resulting in a significant increase in demand for energy, other minerals, food, and wood. By the end of 2023, the global population had exceeded 8 billion, and the contradiction between the rapidly increasing demand for human activities and the limited resources that the Earth's natural ecosystem can provide for sustainable development of human society was prominent.

自 1945 年,全球人口快速增长,形成了对能源、其他矿产、粮食和木材需求的大幅度增长。2023 年年底,全球人口已经超过 80 亿,全球人类活动的需求快速增长的无限性与地球自然生态圈可以提供的人类社会可持续发展的资源数量的有限性之间矛盾突出。

The significant consumption of non renewable energy sources such as oil, natural gas, coal, and nuclear power has led to the emission of a large amount of low-temperature waste heat. At the same time, the global forest area has been decreasing year by year, forming the first type of bare land, reducing the functions of forests in carbon sequestration and energy storage. The high demand for food has led to saturation of marine fishing, reduced carbon sequestration and energy storage in the marine biosphere, and formed the second type of bare land. The emission of a large amount of low-temperature waste heat has led to the melting of glaciers worldwide, resulting in the creation of a third type of bare land, including new bare land, grasslands, and shrubs. The formation of three types of bare land reduces the Earth's albedo, enhances the Earth's ability to absorb the Solar energy, and further exacerbates glacier melting and sea level rise. All of this is due to the rapid growth of the global population. Therefore, in order to address the three major ecological disasters of continuous global temperature rise, sea level rise, and atmospheric CO_2 concentration increase in the future, the global population should be reduced with large scale and significantly increase the global forest area.

石油、天然气、煤炭、核电等非可再生能源的大量消费,引起了大量低温废热的排放。同时,全球森林面积逐年降低,形成了第一类裸地,减少了森林在固碳、储能方面的功能。食品的大量需求,导致了海洋捕捞量的饱和,降低了海洋生物圈的固碳、储能作用,形成了第二类裸地。大量低温废热的排放导致了全球冰川的融化,产生草地和灌丛等第三类裸地。三类裸地的形成降低了地球的反照率,提高了地球对太阳能的吸收能力,进一步加剧了冰川融化和海平面的上升。这一切都是由全球人口的快速增长引起的。因此,要解决未来的全球气温持续提高、海平面持续提高、大气 CO_2 浓度持续提高三大生态灾难,应当大幅度减少全球人口数量以及大幅度提高全球森林面积。

A significant reduction in the global population can significantly reduce the demand for energy, minerals, food, and wood from human activities worldwide, thereby slowing down the growth rate of the three types of bare land. If the global population decreases to a sufficiently low level, the global forest area can be expanded through artificial forest cultivation. The decrease in global ocean fishing can restore the carbon sequestration capacity and energy storage function of the marine ecosystem. The decrease in global demand for energy and minerals can significantly reduce the CO_2 emissions and low-temperature waste heat emissions caused by the consumption of non renewable energy. Meanwhile, increase the global forest area greatly can absorb the excess low-temperature waste heat and the excess CO_2 in the atmosphere. As a result, the self repair and climate regulation functions of the Earth's surface ecosystem will be ultimately restored, so that global temperatures will no longer rise and will decrease to a reasonable level, which make the Earth a common, permanent, safe, and harmonious home for humanity worldwide.

大幅度降低全球人口数量,可以大幅度降低全球人类活动对于能源、矿产、食品、木材的需求量,从而降低三类裸地的增长速度。如果全球人口数量降到足够低的程度,全球森林面积可以通过人工种植森林扩大。全球海洋捕捞量的降低,可以恢复海洋生态圈的固碳能力和储能功能。全球能源、矿产的需求量的降低,可以大幅度降低非可再生能源消费引起的 CO_2 排放量和低温废热的排放量。大幅度提高森林种植面积可以吸收多余的低温废热,吸收大气中多余的 CO_2,最终恢复地球表层生态圈的自我修复和气候调节功能,使得全球气温不再升高,并将降低到合理的水平,地球成为人类共同、永久、安全、和谐的家园。

The research conclusions of this monograph are limitedonly to the academic research level and are not related to cultural traditions and policies around the world.

本书的研究结论仅限于学术研究层面,与世界各地的文化传统和政策无关。

The cumulative effect, scale effect, and correction effect are the characteristics of systematic engineering. There is no exception in the systematic project of reducing global material resource consumption, decreasing population, and expanding forest area. Itwill takes a long time, sustained effort, and coordinated development to achieve.

累积效应、规模效应、修正效应是系统性工程的特点。这在降低全球物质资源消耗量、降低人口和扩大森林面积这一系统性工程中也不例外,将需要长时间、持续努力和协调发展才能实现。